Historische Entwicklung der Gefangenenmitverantwortung in den deutschen Gefängnissen

Europäische Hochschulschriften

Publications Universitaires Européennes
European University Studies

Reihe II
Rechtswissenschaft

Série II Series II
Droit
Law

Bd./Vol. 4535

PETER LANG
Frankfurt am Main · Berlin · Bern · Bruxelles · New York · Oxford · Wien

Klaus-Peter Ohlemann

Historische Entwicklung der Gefangenenmitverantwortung in den deutschen Gefängnissen

PETER LANG
Europäischer Verlag der Wissenschaften

Bibliografische Information der Deutschen Nationalbibliothek
Die Deutsche Nationalbibliothek verzeichnet diese Publikation in der Deutschen Nationalbibliografie; detaillierte bibliografische Daten sind im Internet über <http://www.d-nb.de> abrufbar.

Zugl.: Mainz, Univ., Diss., 2006

D 77
ISSN 0531-7312
ISBN-13: 978-3-631-56423-3

www.peterlang.de

Danksagung

Die vorliegende Arbeit entstand neben meiner beruflichen Tätigkeit als Rechtsanwalt. Mein besonderer Dank gilt Herrn Prof. Böhm für die geduldige Unterstützung der Arbeit und das besondere Interesse, welches er der Thematik entgegenbrachte. Die Anregungen und Ratschläge, mit denen er diese Arbeit begleitet hat, haben wesentlich zum Gelingen des Vorhabens beigetragen. Die wunderbaren Diskussionsnachmittage, in denen er aus seinem reichen Erfahrungsschatz Denkanstöße und Impulse geben konnte, werden mir unvergesslich bleiben.

Ich danke auch Herrn Prof. Dr. Dr. Bock, der sich nach dem plötzlichen Tod von Herrn Prof. Böhm bereit erklärt hat als Erstberichterstatter die Arbeit zu übernehmen. Er hat auch bereits im gemeinsamen Doktorandenkolloquium mit Herrn Prof. Böhm Anregungen zu der Thematik gegeben und damit ebenfalls einen Teil der Arbeit geprägt.

Herrn Prof. Dr. Zopfs danke ich für die rasche und wohlwollende Zweitbegutachtung.

Ganz herzlicher und besonderer Dank gilt meiner Frau für ihr unermüdliches Engagement und die moralische Unterstützung, die sie mir neben ihrer beruflichen Tätigkeit über die Jahre entgegengebracht hat. Sie hat in einer Vielzahl von Stunden die gesamten Schreibarbeiten durchgeführt und Korrektur gelesen. Ohne diese Mithilfe hätte die Dissertation nicht entstehen können.

Abkürzungsverzeichnis

1. DB zum STVG	Erste Durchführungsbestimmung zum Strafvollzugsgesetz
a.a.O.	Am angegebenen Ort
ALR	Allgemeines Landrecht
AV	Allgemeinverfügung
BlfGK	Blätter für Gefängniskunde
BMJ	Bundesminister der Justiz
BVerfG	Bundesverfassungsgericht
BVerfGE	Entscheidungen des Bundesverfassungsgerichts
DAF	Deutsche Akademische Freischar
DB	Deutscher Bund
DDR	Deutsche Demokratische Republik
DJV	Deutsche Justizverwaltung
DVollzO	Dienst- und Vollzugsordnung
EKD	Evangelische Kirche Deutschlands
f., ff.	folgende
GG	Grundgesetz
HJ	Hitlerjugend
Hrsg.	Herausgeber, herausgegeben
JGG	Jugendgerichtsgesetz
JuS	Juristische Schulung
JVA	Justizvollzugsanstalt
JVollzO	Jugendstrafvollzugsordnung
KZ	Konzentrationslager
MDI	Ministerium des Innern
MschrKrim	Monatsschrift für Kriminologie und Strafrechtsreform
NJW	Neue Juristische Wochenschrift
NSDAP	Nationalsozialistische Deutsche Arbeiterpartei

NSKK	Nationalsozialistisches Kraftfahrkorps
OGH	Ordnung für das Gefängniswesen in Hessen
RGS	Reader Gefängnisseelsorge
RJGG	Reichsjugendgerichtsgesetz
RJM	Reichsjustizminister
RStGB	Reichsstrafgesetzbuch
SA	Sturmabteilung
SBZ	Sowjetische Besatzungszone
SGM	Sportgemeinschaft Marienschloß
SMA	Sowjetische Militäradministration
SMAD	Sowjetische Militäradministration in Deutschland
SS	Schutzstaffel
StGB	Strafgesetzbuch
StPO	Strafprozessordnung
StVG	Strafvollzugsgesetz der DDR
StVollzG	Strafvollzugsgesetz
StVO	Strafvollzugsordnung für die Sächsischen Justizgefängnisse
SV	Abteilung Strafvollzug
SVWG	Strafvollzugs- und Wiedereingliederungsgesetz
Thür. DuVO	Dienst- und Vollzugsordnung der thüringischen Landesstrafanstalten
USA	United States of America
VO	Verordnung
VVJuG	Verwaltungsvorschriften zum Jugendstrafvollzug
ZfStrVo	Zeitschrift für Strafvollzug und Straffälligenhilfe
ZSTW	Zeitschrift für die gesamte Strafrechtswissenschaft

Inhaltsverzeichnis

I. Kapitel: Einführung in den Gegenstand der Untersuchung

In § 160 StVollzG heißt es:

> "Den Gefangenen und Untergebrachten soll ermöglicht werden, an der Verantwortung für Angelegenheiten von gemeinsamen Interesse teilzunehmen, die sich ihrer Eigenart und der Aufgabe der Anstalt nach für ihre Mitwirkung eignen.[1]"

Diese am 01.01.1977 in der BRD in Kraft getretene Bestimmung markiert den vorläufigen Schlusspunkt einer längeren Entwicklung in Theorie und Praxis des Strafvollzugs. Diese Entwicklung soll in dieser Arbeit dargestellt werden. Dabei soll eine Beschränkung auf den Strafvollzug in Deutschland nach der Aufklärung stattfinden.

Zwar wird der Beginn der modernen Freiheitsstrafe auf Mitte bis Ende des 16. Jahrhunderts datiert, weil danach der Besserungsgedanke an Boden gewann. Zuvor diente die Freiheitsentziehung in der Regel nur der Verwahrung des Verdächtigen bis zur Aburteilung. Im Falle der Verurteilung wurden vornehmlich Todesstrafen oder Prügelstrafen verhängt.

Unter dem Einfluss religiöser Strömungen, insbesondere dem Calvinismus, stießen diese Strafen auf Kritik. Der Gedanke der Besserung und die begrenzte Freiheitsstrafe begannen, die Strafzwecke der Vergeltung und Unschädlichmachung zu verdrängen.

Zunächst wurde 1555 in London im ehemaligen Schloss Bridewell ein Arbeitshaus (später: house of corrections) eingerichtet. Die Landstreicher, Bettler, Prostituierte sowie kleinere Diebe sollten dort an Arbeit gewöhnt werden, um sie auf diese Weise wieder besser in die Gesellschaft eingliedern zu können. Möglicherweise von diesem Arbeitshaus angeregt wurde in Amsterdam im Jahre 1595 ein Zuchthaus errichtet[2] und bald danach wurden in den Hansestädten Bremen 1609, Lübeck 1613, Hamburg 1622 und Danzig 1629, ferner in Frankfurt 1679, München 1682 und Berlin 1712 Häuser dieser Art eröffnet.[3]

Zuchthaus wurden diese Einrichtungen deshalb genannt, da das zuchtlose Volk durch strenge Zucht an ein ordentliches Leben gewöhnt werden sollte. Geleitet wurden die Anstalten von angesehenen Bürgern. Zum Hauspersonal gehörten ein Hausvater mit Frau, mehrere Werkmeister für die Anstaltsbetriebe, ein Lehrer und ein Arzt.

Für die länger Untergebrachten war als Anreiz eine Arbeitsprämie gedacht, die zum Teil ausgezahlt, zum Teil als Entlassungsgeld gespart wurde.

---

1 Calliess/Müller-Dietz (1986): S. 552

2 Frede (1975): S. 255

3 Frede (1975): S. 256; Schwind (1976): S. 5; Brisinski (1982): S. 11; Bennecke/Fuhr (1891): S. 767, (s. a.: Zuchthausordnung von Bremen nachzulesen in: Hippel (1898): S. 614)

Durch Arbeit und Prügel, Unterricht und Seelsorge sollten die Einsitzenden zu einer arbeitsamen und gesetzestreuen Lebensführung veranlasst werden.[4]

Schon in diesem System wurden Gefangene für Tätigkeiten eingeteilt, die der Aufrechterhaltung des Betriebs galten. Die überlieferten Gefängnisordnungen erwähnen etwa die „Schaffer“, die im Rahmen der Arbeit, die die Gefangenen zu leisten hatten, koordinierende Aufgaben übernahmen. Sie unterstützten so die für die Arbeitsorganisation zuständigen Bediensteten und waren, so kann man sagen, in Vertrauensstellungen tätig. Das galt auch für die Gefangenen, die mit Arbeiten im Bereich der Versorgung befasst waren.[5]
Sicher handelte es sich um (im heutigen Sinn) Hausarbeitertätigkeiten. In der Praxis hatten solche Gefangenen eine Stellung mit besonderem Einfluss erhalten. In gewisser Hinsicht wird ihnen Vertrauen entgegengebracht und ihr Tun kann als Mitwirkung angesehen werden. Eine weitergehende Beteiligung der Gefangenen am Vollzugsgeschehen lag aber nicht vor. Es ging auch nicht im Ansatz um gesonderte Interessen der Gefangenen, die wahrgenommen wurden, noch repräsentierten diese Hausarbeiter die Mitgefangenen.

Aber diese ersten dort geschilderten Ansätze konnten überwiegend nicht weiter verfolgt werden.

Die insgesamt bestehenden Zuchthäuser dienten in der Folgezeit vermehrt der Ausnutzung billiger Arbeitskräfte, um die merkantilistischen Pläne einiger Landesfürsten umzusetzen.[6]

Hinzu kam, dass in Preußen im Jahre 1774 das „Allgemeine Landrecht für die Preußischen Staaten“ (ALR) an die Stelle der Leibesstrafen die Freiheitsstrafe setzte und somit die Gefängnisse überfüllt wurden.[7]

Als Gefängnisse dienten um das Jahr 1800 nach wie vor irgendwelche Keller der Rathäuser oder Türme, in die die Gefangenen wahllos zusammengeworfen wurden.
Schwer- und Leichtverbrecher, Gesunde und Geisteskranke, Frauen, Männer und Kinder waren auf engstem Raum zusammengepfercht. Es fand keine Trennung der Geschlechter statt. Die Unterbringungsmöglichkeiten waren feucht, schmutzig und ohne Luft und Licht. Die Beköstigung war unzulänglich, da der Zuchtmeister oder Gefängnisinspektor die Lebens- und Genussmittel an die Gefangenen verkaufte, um möglichst viel Geld zu verdienen. Trotz der grausamsten Disziplinarstrafen war die Zucht schlecht und gewaltsame Ausbrüche an der Tagesordnung.[8]

---

4 Radbruch (1950): S. 120 f.; Brenner (1980): S. 151
5 Frede (1927): S. 126
6 Frede (1975): S. 257; Brisinski (1982): S. 13
7 Schwind (1976): S. 2-4; Fasoli (1985): S. 63
8 Schulze/ Ellger (1925): S. 117; Kern (1958): S. 29; Saal (1915): S. 16

Die gegen Ende des 18. Jahrhunderts bestehenden Zuchthäuser boten das gleiche düstere Bild wie die Gefängnisse und erinnerten kaum noch an das Amsterdamer Vorbild und den Besserungsgedanken. Für viele wurde die Zuchthausstrafe bereits als die schwerere angesehen.[9]

Die politischen Verhältnisse waren für geordnete Vollzugsverhältnisse nicht günstig. Erst die kriminalpolitischen Gedanken und Bewegungen in der Zeit der Aufklärung, auf dem Gebiet des Strafvollzugs besonders die Werke John Howards, brachten eine Wende zum Besseren. In einem nach zahlreichen Exkursionen 1777 entstandenen Buch "The State of the Prison in England and Wales" beschrieb er die europäischen Gefängnisse als "Kloaken, Verbrecherschule, Bordell, Spielhölle und Schnapskneipe, nur nicht als eine Anstalt im Dienste des Strafrechts zur Bekämpfung des Verbrechens".[10]

Die Reformbestrebungen sollten in erster Linie die Disziplin der Gefangenen und damit die Zustände in den Strafanstalten verbessern helfen. Erstmals taucht der Gedanke einer Differenzierung der Gefangenen in der Anstalt auf verschiedenen Stufen auf und führt damit den Gedanken der Belohnung der fleißigen Arbeiter aus den Arbeitshäusern („gute Führung Lehre") fort.

Im deutschen Sprachraum nahm sich der Gefängnisprediger H. B. Wagnitz aus Halle an der Saale[11] (1755 – 1838), Zuchthausprediger seiner Stadt von 1784 - 1817, der Aufgabe an, die Verhältnisse in den deutschen Gefängnissen und Zuchthäusern aufzuzeigen und Reformen auf dem Gebiet des Gefängniswesens einzufordern.[12] Er stützte sich dabei einerseits auf die Beobachtungen John Howards[13], sowie auf eigene Erfahrungen bei seiner Studienreise durch deutsche Gefängnisse.[14] Er versuchte einerseits diese Ideen Howards für die deutschen Strafanstalten umzusetzen, forderte aber andererseits eine moralische Verbesserung der Verbrecher, so dass sie nach der Verbüßung der Freiheitsstrafe dem Staat nicht mehr schaden könnten.[15] Zur Erreichung dieses Ziels drängte er auf eine bessere Ausbildung und angemessene Besoldung sowie eine ausreichende Anzahl von Aufsichtsbeamten.[16]

Hieraus ist zu erkennen, dass Disziplinierung und Resozialisierung keine Gegensätze sind. Sieht man den Straffälligen als undisziplinierten Menschen, so kann in der Disziplinierung durchaus eine Resozialisierung gesehen werden. Allerdings dürfte Disziplinierung nicht reichen. Wagnitz hat deshalb von äußerer

9 Frede (1975): S. 257; Krebs: (1978a): S. 83

10 Eisenhardt (1978): S. 35.f; Arndt (1981): S. 23; Krebs (1978 a): S. 83

11 Frede (1975): S. 259

12 Krebs (1978 a): S. 81

13 siehe auch: (zur Lebensgeschichte John Howards weiter nachzulesen bei Krebs (1978a und 1978i: S. 41 ff.) und Frede (1975))

14 Frede (1975): S. 259

15 Krebs (1978 a): S. 86 f.; Eisenhardt (1978): S. 39

16 Krebs (1978a): S. 88 ff.; Schulze/Ellger (1925): S. 117

und innerer Besserung geredet, die „äußere" - Ordnung, Sauberkeit, gute Führung, Fleiß - sei Sache der Aufsichtsbeamten, die „innere" Sache des Pfarrers.

Dieses Modell findet man bei den evangelischen Pfarrerkonferenzen bis in die zweite Hälfte des vorigen Jahrhundert.[17] Das macht die Bewertung von Modellen schwierig. Man kann auch die Meinung vertreten, die „gute Führung Lehre" habe mit Resozialisierung nichts zu tun und habe allein den Sinn, das Funktionieren der Anstalt zu gewährleisten und den Bediensteten das Leben zu erleichtern. Das ist natürlich auch richtig. Unter den guten Gefangenen sind viele, die immer wieder straffällig werden. Freilich sind auch anpassungsunfähige, unwillige Vollzugsstörer unter den Rückfälligen stark vertreten. Regelmäßige, fleißige Arbeit im Knast hält das BVerfG für ein wichtiges Mittel zur Resozialisierung, es betont sogar das ordnungsgemäße Vollzugsverhalten (beanstandungsfreie Führung) als wichtiges Prognosemerkmal für vorzeitige Entlassung gegenüber (länger zurückliegenden) Vorstrafen. (1803 und 2003 liegen geistig näher beieinander als man manchmal denkt).

In eigenen Kapiteln werden die Vollzugssysteme bis zur Reichsgründung, bis zum Ende des ersten Weltkriegs, bis zum Ende der Weimarer Republik, in der NS-Zeit und in der Zeit von 1945 bis zum Inkrafttreten des StVollzG mit Blick auf die Mitwirkung der Gefangenen am Vollzugsgeschehen behandelt.

Innerhalb der Kapitel werden die gesetzlichen Regelungen, die Regelungsvorhaben, die Vollzugstheorien und die Umsetzung in der Praxis dargestellt und wer für die Vollzugssysteme der deutschen Länder sowie für die Durchführung des Vollzugs etwa von 1935 – 1945 und in der DDR zuständig war.

Ab der Reichsgründung werden vorab die länderübergreifenden Regelungen und Regelungsvorhaben vorgestellt.

Hierbei können nicht alle Anstalten und nicht alle Regelungen der deutschen Länder ermittelt und einbezogen werden. Es muss eine Beschränkung auf die in der allgemein zugänglichen Literatur mitgeteilten Vorgänge stattfinden. So werden auch nur die Länder und Anstalten erörtert, in denen besondere Beobachtungen zur Mitwirkung von Gefangenen gemacht worden sind.
Hierbei werden Bezüge zu den jeweils (mehr oder weniger) befolgten Vollzugstheorien hergestellt. Denn die Mitwirkung Gefangener soll besonders unter dem Gesichtspunkt, wie sie sich zu den Zwecken des Vollzugs verhält, behandelt werden. Dadurch erhält sie die Besonderheit gegenüber der Mitwirkung Gefangener bei anderen Freiheitsentziehungen (etwa in der Kriegsgefangenschaft). Das rechtfertigt aber auch einen gelegentlichen Ausblick auf die Mitwirkung von auch kriminell gefährdeten Insassen von mehr oder weniger geschlossenen Erziehungsanstalten. Dass die Mitwirkung zugleich anderen Zwecken dient, etwa einer sparsamen Vollzugsgestaltung, weil Verantwortungsübernahme etwa Personal spart, oder weil sie von Gefangenen als faire Behandlung empfunden

---

17 Böhm (2002): S. 35

wird sowie für eine entspannte Atmosphäre in der Anstalt sorgt, ist unschädlich, zumal sich die unterschiedlichsten Effekte kaum isolieren lassen, wie zu zeigen sein wird.

Obwohl die Jugendbewegung nicht zu einer besonderen Vollzugstheorie geführt hat, wird sie in einem besonderen Abschnitt behandelt. Sie hat Auswirkungen auf die Heimerziehung gehabt und mit ihren Ideen viele Menschen beeinflusst, die später in der Jugendarbeit, in Aus- und Fortbildung, in der Schule und in Heimen tätig wurden. Vor allem im Jugendstrafvollzug, aber auch im allgemeinen Vollzug hatte diese Entwicklung Auswirkungen, insbesondere durch engagierte Vollzugsbedienstete in den unterschiedlichsten Positionen.

Es wird die These aufgestellt, dass bereits zu Beginn des 19. Jahrhunderts Ansätze von Verantwortungsübertragung auf Gefangene vorhanden waren und sich tatsächlich, rechtlich und gesetzgebungsgeschichtlich soweit fortentwickelten, bis sie zum Erlass des § 160 StVollzG führten.

Es soll der Versuch unternommen werden, folgende Fragen im Rahmen der Arbeit zu klären:

1. Welche normativen Grundlagen sahen eine Übertragung von Verantwortung im weitesten Sinn auf Gefangene vor?
2. Wie sah die Verantwortungsübernahme in der Praxis konkret aus und wie entwickelte sie sich?
3. Welche Vollzugstheorien begünstigten diese Entwicklung?

Einige Begriffe sind zu klären, die im Rahmen der hier zu behandelnden Themen verwendet werden und sich in der Arbeit an verschiedenen Stellen wieder finden.

1. **Vertrauen**: ist gegeben, wo die Behörde (Anstalt) Aufgaben im Rahmen der Anstaltsorganisation auf Gefangene überträgt und davon ausgeht, dass die Gefangenen diese Aufgaben gewissenhaft erfüllen und deren Einräumung als Privileg empfinden.
2. **Mitsprache**: bedeutet, dass Gefangene sagen dürfen, was sie zu bestimmten Themen beizutragen haben.
3. **Mitverantwortung**: bedeutet, an Entscheidungen, wenn auch nur beratend mitzuwirken. Am Ergebnis des Entscheidungsprozesses wird so Mitverantwortung getragen.[18]
4. **Mitbestimmung**: ist die nächste Stufe nach der Mitverantwortung. Hier ist der Gefangene nicht nur beratend an Entscheidungsprozessen beteiligt, sondern seine Stimme trägt in einer festgelegten Gewichtung zur Lösungsfindung bei.

---

18 Rotthaus (1983): S. 591

5. **Selbstverwaltung**: bedeutet beim Wort genommen den Vollzug durch die Gefangenen. Der Begriff geht davon aus, dass Vollzug eben (auch) Verwaltung sei, wobei das „selbst“ der Gefangenen in Gegensatz zu den an sich zuständigen Beamten tritt.[19]
   Die Selbstverwaltung verlangt die tätige freiwillige Mitarbeit der Gefangenen an Rahmenbedingungen ihrer Erziehung unter eigener Verantwortung.[20] Sie erfolgt durch Nutzbarmachung des freien guten Willens zur Ordnung, Gestaltung der Freizeit und Selbstdisziplin in der Gruppe.[21]

6. **Mitwirkung**: ist eine tatsächliche Handlung, ein Mittel, um Mitverantwortung, Mitbestimmung oder Selbstverwaltung ausüben zu können.[22].

7. **Stufenvollzug**: Zunächst wird unter diesem Begriff eine Einteilung des Strafvollzugs in der Anstalt in mehreren Klassen oder Stufen verstanden. Diese waren verbunden mit in steigendem Maße gewährten Vergünstigungen und der Möglichkeit des Wechselns von einer Stufe in die andere, wobei dieser Wechsel nur durch eine aktive Rolle des Gefangenen zu erreichen war. Entweder erfolgte dies je nach System durch gute Führung, Übernahme von mehr Verantwortung oder erkennbarer sittlicher Reife. [23]

19 Schüler-Springorum (1969): S. 234
20 Muntau (1954): S. 68
21 Mittermaier (1954): S. 107
22 Calliess (1981): S. 50
23 Loos (1970): S. 19; Muntau (1961): S. 68

II. Kapitel: Verantwortungsübertragung im Rahmen der ersten Reformversuche bis zum Jahre 1871

1. Das militärische System in der Strafanstalt

a) Der preußische Generalplan

Die unhaltbare Situation in den deutschen Gefängnissen veranlasste den preußischen Justizminister von Arnim zu einer 1803 anonym veröffentlichten Analyse der Haftverhältnisse verbunden mit Verbesserungsvorschlägen.
Diese Gedanken von Arnims, der von der Idee der Besserung der Gefangenen ausging, hatten vermutlich Einfluss auf den am 16.09.1804 veröffentlichten Generalplan des preußischen Justizministeriums "zur Einführung einer besseren Kriminalgerichtsverfassung und zur Verbesserung der Gefängnis- und Strafanstalten".[24]

Dieser Plan beruhte auf dem Gedanken, dass der Staat die Einsperrung von Menschen nur dann verantworten könne, wenn der ganze Vollzug darauf abgestellt wurde, den Gefangenen in seiner Eigenart zu erkennen und mit Hilfe vernünftiger, sittlich einwandfreier Vollzugsmethoden entweder in das soziale Leben zurückzuleiten oder als hoffnungslos sicher einzusperren, damit die Allgemeinheit vor ihnen geschützt ist.

Zu den wichtigsten Neuerungen des Generalplans gehörten:

- Klassifizierung nach besserungsfähigen und unerziehbaren Gefangenen;
- Anfänge des Stufenvollzugs;
- Vorschriften über eine sinnvolle Arbeitserziehung;
- Differenzierung zwischen Untersuchungs- und Strafhaft sowie der Aufbau einer Entlassenenhilfe.

Zuerst sollte eine Klassifizierung bei den Gefangenen in besserungsfähige und unerziehbare vorgenommen werden. Nur die besserungsfähigen kamen für den Stufenvollzug in Betracht.

Zur Verbesserung der Gefängnis- und Strafanstalten waren eine Straf-, eine Probe- und eine Besserungsklasse vorgesehen. Um den Besserungszweck der Strafe zu verwirklichen, sollten die besserungsfähigen Gefangenen einer dieser drei Klassen zugeordnet werden.[25]
Diese einzelnen Klassen sollten sich durch Kleidung, Lebensweise und Behandlung unterscheiden.

---

24 Schwind (1976): S. 11; Frede (1975): S. 256; Fasoli (1985): S. 63; Krebs (1950a): S. 17
25 Frede (1975): S. 259; Fasoli (1985): S. 63; Krebs (1950 a): S. 17

Die Möglichkeit der Versetzung zwischen diesen einzelnen Klassen lässt eine weitere Konkretisierung eines Progressivsystems erkennen. Der gesamte Strafvollzug sollte nach spezialpräventiven Gesichtspunkten ausgerichtet werden. Ziel des Strafvollzugs war es, durch nutzbringende Arbeit eine Eingliederung nach der Entlassung in die Gesellschaft zu erreichen.
Dieser frühe Reformansatz konnte jedoch wegen der Wirren infolge der napoleonischen Kriege (1806 – 1815) zunächst nicht weiter verfolgt werden.[26]

Die Klasseneinteilung der Gefangenen in verschiedene Stufen mit einer Besserungsklasse als letzter Stufe lässt eine gewünschte besondere Behandlung der Gefangenen erkennen. Dies wird bestätigt durch die Ausrichtung des Strafvollzugs nach spezialpräventiven Gesichtspunkten. Diese differenzierte Behandlung der Gefangenen setzt notwendigerweise ein von der Behörde den Gefangenen der Besserungsklasse entgegengebrachtes Vertrauen voraus. Vor dem Hintergrund der Resozialisierung als Ziel des Vollzugs kann dies mit Sicherheit angenommen werden. Von der Besserungsfähigkeit einiger Gefangener mit dem Ziel der Wiedereingliederung wurde bereits als Selbstverständlichkeit ausgegangen.[27]

b) Einführung militärischer Formen im Vollzug

aa) Die Situation nach den Befreiungskriegen

Der Zusammenbruch Preußens nach Jena und Auerstedt 1806 und die sich daran anschließenden Zeiten der Wirren in Mitteleuropa ließen es, wie oben erwähnt, nicht zu einer Reform des Gefängniswesens kommen. Erst nach den Befreiungskriegen 1813 - 1815 bemühte man sich, wenigstens in den größeren Gefängnissen Pünktlichkeit, Reinlichkeit und Ordnung zu schaffen.

Es sollte zunächst durch harte Zucht und militärischem Drill eine sichere Verwahrung der Gefangenen ermöglicht werden. Gleichzeitig hoffte man, eine Abschreckungswirkung zu erzielen. Wenigstens sollte aber äußerlich überall Ordnung herrschen, wodurch auch eine einigermaßen gerechte Behandlung erreicht werden konnte[28], wie die nachfolgenden Ausführungen zeigen.

Bis um das Jahr 1840 war in allen deutschen Staaten das unterschiedslose Zusammentreffen der Gefangenen in großen und kleinen Gefängnissen, die notdürftig zu diesem Zwecke hergerichtet waren, die Regel. Hier und dort herrschte eine Art militärische Zucht und Ordnung.[29]

---

26 Fasoli (1985): S. 63
27 Schwind (1976): S. 11
28 Schulze/Ellger (1925): S. 118
29 Eisenhardt (1978): S. 38

Die Gefangenen wurden an militärische Kommandos gewöhnt. Sie marschierten in Reih und Glied und hatten stramm zu stehen, wenn ein Vorgesetzter mit ihnen sprach.[30]
Das Personal rekrutierte sich nach den Napoleonischen Kriegen, regional unterschiedlich, vorwiegend aus ehemaligen Soldaten und Offizieren, denen nach Erfüllung ihrer Dienstpflichten die Versorgung zu diesen Diensten (also auch im Strafvollzug) zustanden. Die alten Soldaten und Offiziere sollten versorgt sein.[31]

War das militärische System einerseits durch Ordnung und harte Disziplin geprägt, so stand andererseits der Gefangene nicht außerhalb der unteren Charge, sondern er gehörte dazu und war nicht der Feind. Die gern vermittelte Vorstellung, militärischer Drill sei ein Strafübel, übersieht, dass dieser Drill für die Soldaten Teil einer zweckdienlich empfundenen Ausbildung war. Das sollte er also auch für die Gefangenen sein.
Geht man davon aus, dass die Elemente militärischer Ordnung für ein straffreies Leben nützlich (notwendig) sind, und das Kriminelle auch deshalb versagen, weil ihnen diese Ordnung fremd ist, dann handelte es sich bei deren Erziehung im militärischen System um Resozialisierung.

In diesem System kam dem einfachen Gefangenen also die Ehre zu, wie einem gemeinen Soldat. Dies zeigte sich bereits in dem Bestreben der Gefangenen wie der Aufseher, gegenseitig einen Verstoß gegen die Gefängnisordnung festzustellen.

bb) Die Umsetzung in Preußen und das Reglement zu Rawitz

In Preußen war die Leitung des Gefängniswesens so geregelt worden, dass dem Ministerium des Innern die Verwaltung der Strafgefängnisse (Zuchthäuser und große Gefängnisse), dem Justizministerium die Verwaltung der Untersuchungsgefängnisse (Inquisitoriate) zugewiesen waren. Dieser Dualismus hemmte Reformbestrebungen noch zusätzlich erheblich, da sich niemand für Neuentwicklungen zuständig fühlte.[32]

Die Anstalten in Preußen wurden organisiert wie Bataillone, wobei der Direktor der Kommandeur war, die Inspektoren die Offiziere, die Unterbeamten die Unteroffiziere und die Gefangenen die Mannschaften.[33] Der Direktor kommandierte das Ganze, stand allerdings seinerseits unter der Aufsicht der vorgesetzten Behörde und war zur Einhaltung von Dienstanweisungen verpflichtet.

> "Was aber immerhin den Betrieb dieser Zuchthäuser gegenüber dem vorhergegangenen Jahrhundert auszeichnete, das war die geregelte äußere Ordnung, erreicht durch

30 Eisenhardt(1978): S. 45 f.
31 Eisenhardt (1978): S. 45; Frede (1975): S. 261; Krebs (1978 a): S. 92 f.
32 Schulze/Ellger (1925): S. 118; Eisenhardt (1978): S. 45
33 Frede (1927): S. 126; Schulze/Ellger (1925): S. 126

> die ins einzelne gehenden Hausordnungen und Instruktionen für sämtliche Beamten, vom Direktor bis zum Nachtaufseher und zum Torwärter", so Frede.[34]

Eine ganze Reihe preußischer Gefängnisse wie in Brandenburg, Görlitz, Sagan und Krontal sind unter dem Einfluss dieser Ideen in den ersten Jahrzehnten des 19. Jahrhunderts eröffnet worden.[35]

Bei der Einführung des militärischen Drills in den Strafanstalten, die dem Innenministerium in Preußen unterstanden, hatte das im Jahre 1835 in allen preußischen Gefängnissen eingeführte Reglement zu Rawitz in Posen als Verwaltungsgrundlage besondere Bedeutung bekommen, welches mit geringen Änderungen grundsätzlich bis zum Jahre 1902 gegolten hat.[36]

Es sah nach dem Muster der zwei Klassen des Soldatenstandes zwei Sträflingsklassen vor, wobei die erste Klasse die bessere war. In diese kamen Ersttäter, es sei denn, sie waren besonders gefährlich oder verwahrlost.

In die zweite kamen alle Vorbestraften sowie die besonders Gefährlichen. Rückfalltäter der zweiten Klasse mussten statt der normalen Tuchmütze eine Papiermütze, auf der die Zahl der Vorstrafen deutlich sichtbar stand, tragen.
Eine Versetzung von einer in die andere Klasse war möglich.[37]

cc) Die Umsetzung in anderen deutschen Staaten

Koch führt zu Württemberg im 19. Jahrhundert folgendes aus:

> "In Württemberg galt seit dem ersten Viertel des vorigen Jahrhunderts ein Klassifikationssystem mit drei Klassen (Bessere, Zweifelhafte, Schlechte) für Zuchthaus und zwei Klassen für Gefängnisgefangene, jeweils mit Versetzungsmöglichkeiten. Die Hausordnungen von 1874 und zuletzt von 1899 hielten dieses System aufrecht, so dass es bis in die Weimarer Zeit bestand."[38]

In Sachsen wurde 1854 ein sogenanntes Disziplinarklassensystem eingeführt. Die Einführung des Einzelhaftsystems hätte umfangreiche Neubauten erforderlich gemacht, deren Kosten die Regierung durch die Klassifizierung der Gefangenen in drei Gruppen umgehen wollte. Die Verteilung in diese Gruppen erfolgte nach dem Schweregrad ihrer Strafe in Schlechte, Mittelmäßige und Bessere. So sollte wenigstens zum Teil die gegenseitige schlechte Beeinflussung verhindert werden.
Ein Aufsteigen in die sog. Besserungsklasse war möglich, wenn die Straftäter „innerhalb einer je nach Strafzeit bemessenen Frist disziplinär nicht wesentlich bestraft worden waren, sich gut geführt haben und ernstlich bestrebt waren, sich zu bessern".

---

34 Frede (1975): S. 261
35 Schulze/Ellger (1925): S. 118
36 Eisenhardt (1978): S. 46; Fulda (1873): S. 6; Krebs (1974): S. 93; Frede (1975): S. 261
37 Frede (1975): S. 261; Saal (1915): S. 15; Krebs (1978 b) S. 111
38 Koch (1972): S. 50

Spezielle Vergünstigungen kennzeichneten diese oberste Stufe. Hier erfolgte eine Verbindung der Klassifizierung mit einer Progression.[39]

Frede gibt zu den thüringischen Kleinstaaten folgende Ergänzungen:

> „Feiner durchgebildet war das Klassifizierungssystem in den Zuchthäusern zweier thüringischer Kleinstaaten.
> Auf der Leuchtenburg (Sachsen-Altenburg) wurde durch die sehr sorgsam abgefasste und den Betrieb ins einzelne regelnde Hausordnung vom 02.11.1832 (fortgebildet durch die Statuten vom 01.11.1838 und 14.07.1842) die Gliederung der Züchtlinge in 3 Klassen vorgeschrieben. Für die Zuteilung sollten nicht nur die Art der verhängten Strafe und die Vorstrafe, sondern auch die den Gefangenen mitgegebene „Charakteristik" maßgebend sein".[40]

Die Behandlung war in den einzelnen Klassen verschieden streng.
Noch bedeutsamer war der in Untermaßfeld (Sachsen-Meiningen) geübte Vollzug, der schon förmlich ein Progressivsystem darstellte.

> "Die unterm 20.III.1834 von dem Freiherrn von Speßhardt erlassene Hausordnung führte eine „Probeklasse", wie sie der preußische Generalplan vorgesehen hatte, und fünf weitere Klassen ein. Die Zugehörigkeit zu einer Klasse ist aber hier nicht mehr etwas Dauerndes und es gibt nicht, wie auf der Leuchtenburg, nur Strafversetzung in eine niedrigere Klasse, sondern es wird vierteljährlich von dem Inspektor unter Zuziehung des Hausgeistlichen, des Schullehrers und Unteraufsehers auf Grund des Sitten- und Strafbuchs neu klassifiziert, um einerseits die Gebesserten in bevorzugte Klassen versetzen zu können und anderen Teils die weniger Guten in die niederen Klassen zu versetzen."[41]

Hier wurde offensichtlich im militärischen System ein zusätzlicher Anreiz zur Verbesserung der eigenen Situation geschaffen. Indem der Gefangene sich anstrengte, seine Charakteristik bzw. Eintragungen im Sitten- und Strafbuch zu verbessern und in eine bevorzugte Klasse aufzusteigen, lernte er für das spätere Leben in der Gesellschaft nach der Haftentlassung.

Diese gewollte Übertragung des militärischen Systems einschließlich der Klasseneinteilung und dem Entwickeln des Ehrgefühls sollte nach dem anfänglichen Bestreben nach den napoleonischen Kriegen die Gefangenen wieder in die Lage versetzen, in die Gesellschaft am Ende ihrer Strafzeit integriert zu werden. Der Strafvollzug mit dem militärischen Drill sollte somit resozialisierend wirken.

Das hat durchaus Parallelen zu einer allgemeinen Militarisierung der Verhältnisse, in denen das Militär und die allgemeine Dienstpflicht als „Schule der Nation" bezeichnet wurden, viele Berufsgruppen, mindestens bei feierlichen Anlässen, in Uniformen auftraten und in der Erfolge beim Militär, wie Beförderungen zum Unteroffizier oder Reserveoffizier, einen allgemeinen beruflichen Aufstieg bedeuteten.

---

[39] Schattke (1979): S. 91
[40] Frede (1975): S. 261
[41] Frede (1975): S. 261

c) Verantwortungsübertragung im Kölner Klingelpütz

In dieser Zeit der militärisch geführten Gefängnisse gab es Anzeichen von Verantwortungsübertragung auf Gefangene im Alltag einer Anstalt. In dem im Jahre 1838 in Dienst gestellten Kölner Gefängnis, Klingelpütz genannt, gab es sogenannte Saalälteste für die Zwölfmann-Zellen. Aufgabe dieser Saal- oder Stubenältesten war es, die Mitgefangenen zur äußeren Ruhe, Ordnung und Sauberkeit zu bringen.[42] Traditionell haben sich die Bediensteten des Strafvollzugs bestimmter "Obergefangener" bedient, um sich das Aufrechterhalten der äußeren Ordnung zu erleichtern.

Auch in den Anstalten, in denen es keine eingesetzten Gefangenensprecher (früher sogenannte Älteste) gab, wirkten sogenannte Haus- oder Flurwärter (früher Kalfaktoren) bei der Aufrechterhaltung der Ordnung mit und organisierten einfache Ordnungsprobleme selbständig.[43]

Erst mit dieser Umstellung auf den Strafvollzug mit militärischen Drill legte man die Grundlagen für eine wirkliche Gefängnisreform, die zu der erzieherischen Behandlung des Einzelnen, soweit möglich, führen musste.[44]

Neben der bereits beschriebenen resozialisierenden Zielsetzung im militärisch geführten Strafvollzug zeigt das obige Beispiel, dass es auch hier die Einräumung von Vertrauen bei einigen ausgesuchten Gefangenen gab. Die Saalältesten nahmen Aufsichts- und Behandlungsaufgaben wahr und die Anstalten sparten Personal. Klar ist, dass der Direktor die Saalältesten ausgewählt und eingesetzt hatte.

Sieht man von terroristischen Systemen (wie den KZ's der NS-Zeit) ab, so funktioniert die Position eines Saalältesten nur, wenn ihn die Mehrheit der Gefangenen im Saal anerkennt. Denn er verfügt nicht über die Gewaltmittel der Beamten oder des Direktors. Deshalb ist davon auszugehen, dass bei der Auswahl berücksichtigt wurde, ob eine Akzeptanz zu erwarten ist.

Auch heute wird nicht der „Anständigste" Hausarbeiter. Das würde nichts bringen. Es wird natürlich auch nicht der Störer oder Intrigant ausgewählt, vielmehr jemand, der einerseits mit dem Personal vernünftig zusammenarbeitet, andererseits aber auch bei den Gefangenen angesehen ist. Deshalb ist es gar nicht so unvernünftig, wenn z.B. der Direktor einige ihm geeignet erscheinende Gefangenen als Saalälteste vorschlägt und den Gefangenen des Saales die Auswahl überlässt.
Das wird aus mehreren Anstalten im 19. Jahrhundert berichtet wie beispielhaft noch aufgezeigt werden wird (S. 14 und S. 17). Es handelt sich um eine Vorstufe von Gefangenenmitverantwortung.

---

42 Koepsel (1988): S.308
43 Koepsel (1988): S.309
44 Schulze/Ellger (1925): S.118

d) Resümee

In dem preußischen Generalplan von 1804 erscheint der Differenzierungsgedanke in einem Stufenstrafvollzug mit der Präzisierung, dass sogar drei Klassen eingerichtet werden sollten. Die Einteilung sollte nach spezialpräventiven Gesichtspunkten erfolgen und lässt den Gefangenen ein entgegengebrachtes Vertrauen erkennen. In der Zeit der napoleonischen Kriege und der Nachkriegszeit ist eine Umsetzung jedoch unterblieben und in den Strafanstalten erfolgte nur eine Disziplinierung der Gefangenen mit militärischem Drill.
Im Jahre 1835 wurde mit der Einführung des Reglements zu Rawitz in den preußischen Gefängnissen der Differenzierungsgedanke durch die Einführung von zwei Klassen wieder aufgegriffen und versucht, durch Drill und Entwickeln von Ehrgefühl Resozialisierung zu ermöglichen. Dies „militärische System" entwickelte sich auch in anderen deutschen Staaten wie einige Berichte belegen. Die militärische Ordnung ermöglichte zudem ein kostengünstiges „Funktionieren" der Durchführung des Freiheitsentzuges an vielen Menschen.

Konkrete Verantwortungsübertragung ist für den Gefängnisalltag im Kölner Klingelpütz durch die Bestimmung der Saalältesten nachgewiesen.
Auch in anderen Anstalten gab es Saalälteste, die Vertrauen eingeräumt bekommen und selbständig Ordnungsaufgaben zu erfüllen hatten.
Durch die begrenzte Auswahlmöglichkeit unter mehreren Kandidaten war eine Vorstufe der Gefangenenmitverantwortung erreicht.

2. Auseinandersetzung zwischen den Anhängern der Einzel- und der Gemeinschaftshaft

a) Zellers Vorstellungen eines Stufensystems mit Vertrauenseinräumung

In den Zwanziger Jahren des 19ten Jahrhunderts trat ein Wandel ein, und die Probleme des Strafvollzugs und des gesamten Gefängniswesens fanden wissenschaftliches Interesse.[45] Einige trugen zur Diskussion in den kommenden Jahren bereits mit praktischen Erfahrungen bei wie Zeller und Obermaier.

In der gesamtdeutsch wohl vergleichbaren Anstaltssituation mit dem militärischen Drill in den meisten Anstalten schlug Zeller 1824 in seinem „Grundriss der Strafanstalt, die als Erziehungsanstalt bessern will" eine neue Ordnung vor. Nach Ausscheiden der leichten als auch schweren Verbrecher wollte er die kleinere Minderzahl der mittleren Verbrecher einer sogenannten Erzieh-Anstalt als Strafanstalt zuführen. Die leichteren Verbrecher sollten unter einer Art Bewährungsaufsicht unter Pflegern leben, die schwereren in Verbannung gehen.[46]

Er schlug vor, dass eine Probe-, Bewähr-, und Vorbereitungsklasse eingerichtet werden soll. Ab der Bewährklasse sollten die Gefangenen in den Genuss vorläu-

---

[45] Fasoli (1985): S. 64
[46] Krebs (1978 b): S. 111; Schattke (1979): S. 77 f.

figen Vertrauens kommen. Aus ihrer Mitte, und zwar aus den Bewährtesten, sollten die Ordner vom Vorsteher nach Beratung mit den Hausbeamten ernannt werden, deren Aufgaben genau vorgeschrieben waren. Diese beschränkten sich auf den Freizeitbereich und die Unterbringung bei Nacht.[47] Des weiteren sollte ein Hausrecht eingerichtet werden, welches bei Verstößen das Recht einräumte, im Hausrechtsverfahren unter Vorsitz des Vorstehers mit dem Hausverwalter als Ankläger und dem Katecheten als Verteidiger den Verstoß überprüfen zu lassen. Die Gefangenen könnten als Zeugen aussagen und zur Lösung des Streitfalls beitragen. Damit würde den Angehörigen der Bewährklasse ein vorläufiges Vertrauen als Gruppe entgegengebracht, an der Lösung von Streitfällen mitwirken zu dürfen.[48]

Zeller hatte aus seinem Königsberger Waisenhaus Erfahrungen mitgenommen. Er hatte dort bis ins kleinste ein geregeltes Internatsleben, aber auch im Sinne gegenseitiger Erziehung ein Helfersystem mit der Benennung von Ordnern und Aufsehern aus den Reihen der Insassen aufgebaut. Dieses System wollte er auf die Strafanstalten übertragen.[49]

Sein Stufenkonzept sah erstmals in der zweiten Stufe, der Bewährklasse, eine Gefangenenmitverwaltung vor, da die Gefangenen selbst Ordner benennen und diese Aufsicht hätten ausführen dürfen.
Einen Tatsachenbericht, in der praktische Versuche über dieses Stufenkonzept erläutert werden, gibt es nicht, obwohl Zeller sich darauf berief, dass sich „sein Erziehungsverfahren in einer Strafanstalt eines Staates einmal bewährt habe", und dabei Bezug nahm auf die westpreußische Strafanstalt Graudenz.
(Krebs hat in einer bereits 1938 vorgenommenen Anfrage bei den Staatsarchiven von Berlin und Königsberg keine näheren Einzelheiten ermitteln können.)[50]

b) Das System von Obermaier

G. M. Obermaier hatte als Inspektor am Bayerischen Gefängnis zu Kaiserslautern (1830 – 1842) und später als Direktor des Münchner Gefängnisses (1842 – 1862) einen ganz auf den Besserungsgedanken ausgerichteten Strafvollzug eingerichtet. Er hat 1835 in seiner „Anleitung zur vollkommenen Besserung der Verbrecher in den Strafanstalten" sein Wirken in der Strafanstalt schriftlich dargelegt.[51]

Danach propagierte Obermaier ein Strafensystem mit einer Einteilung in die Besserungsanstalt I. und II. Klasse und Geldstrafe.

---

47 Krebs (1978 b): S. 114 – 116

48 Krebs (1978 b): S. 117 f.; Schattke (1979): S. 78

49 Krebs (1978 b): S. 119;

50 Schattke (1979): S. 78; Krebs (1978 b): S. 111

51 Krebs (1974): S. 95; Frede (1975): S. 262; Schulze/Ellger (1925): S. 120 f.; Mittermaier (1954): S. 102

In die Besserungsanstalt der II. Klasse kamen alle Gefangenen mit einer Freiheitsstrafe bis zu ein Jahr.

Interessant war die Besserungsanstalt I. Klasse, die sich wiederum in fünf Strafklassen aufgliederte:

1. Strafklasse: 15 J. – Lebenslänglich
2. Strafklasse: 10 J. – 15 J.
3. Strafklasse: 5 J. – 10 J
4. Strafklasse: 3 J. - 5 J
5. Strafklasse: 1 J. - 3 J

Zwischen den einzelnen Klassen sah er jedoch keinen Austausch vor. Die Gefangenen blieben in der ihnen zugeteilten Klasse, die sich nach der Mindest- und Höchstgrenze der Strafe orientierte.[52]

Obermaier sah eine, je nach Charakter und Bedürftigkeit der Gefangenen ausgerichtete Behandlung vor und lehnte jede starre Systembildung im Strafvollzug ab.[53] Bildung sei es, was diese Vernachlässigten entbehrten und was sie auf die Bahn des Guten zurückführen könne. Dieses Ziel sei mit allen Mitteln in der Besserungsanstalt anzustreben.[54]

Dazu bildete er innerhalb der Klassen einzelne Gruppen bestehend aus Gebesserten und Neuankömmlingen.
Die innere Dienstordnung für die Angestellten der Besserungsanstalt sah in § 25 vor, dass der Werkmeister ohne Vorwissen des Inspektors Büßer weder im Gefängnishof noch außerhalb der Anstalt verwenden durfte. Im Umkehrschluss bedeutet dies, dass grundsätzlich Außenarbeit möglich war. Da die Beschäftigung außerhalb der Anstalt stets das Risiko einer Flucht vergrößerte, stellte diese Möglichkeit für die begünstigen „Büßer" bereits eine Vertrauenseinräumung dar.[55]

Nach § 32 durfte sich der Werkmeister für Schreibarbeiten zur Aushilfe eines Sträflings bedienen, der jedoch „noch" vom Inspektor ausgewählt wurde.[56]

Im Schlafsaal sollte noch während der Nacht dafür gesorgt werden, dass eine Überwachung erfolgt, damit die Büßer in der Besserungsanstalt überall beobachtet werden. Diese Überwachung erfolgte von den Gefangenen selbst, da überall dort, wo die Mehrzahl von bestem Geist beseelt waren und die Besserung bereits vorherrschte, der Gebesserte versuchte, das Gute zu fördern, also seinen Einfluss auf die anderen Gefangenen innerhalb des Schlafraums geltend machte.[57]

---

52 Obermaier (1835): S. 12 ff.
53 Schattke (1979): S. 86; Koch (1972): S. 45
54 Obermaier (1835): S. 35 f.
55 Obermaier (1835): S. 46
56 Obermaier (1835): S. 47
57 Obermaier (1835): S. 73

Damit wurde den Gefangenen gegenüber nicht nur Vertrauen eingeräumt, wie bei der Einrichtung der Außenarbeit oder Mithilfe bei den Schreibkräften, sondern sogar einer ganzen Gruppe in den jeweiligen Schlafsälen die Aufgabe übertragen, selbst die Überwachung während der Nacht vorzunehmen.
Erreicht wurde eine Miterziehung in der Gruppe, weil mehrere Gebesserte auf einzelne Neuankömmlinge in den jeweiligen Gruppen positiv einwirkten, wie Obermaier ausführt. Er bestätigt, dass sein Werk auf praktischen Erfahrungen beruht, diese Erziehung innerhalb der Gruppe also tatsächlich erfolgte.

Vertrauen war bei den Gefangenen, die er bereits „bekehrt" hatte, vorhanden, wie folgendes praktisches Beispiel zeigt:

Das Gefängnis in München war bei einem in unmittelbarer Nähe ausgebrochenen Brand in großer Gefahr. Da die Löschmannschaften überfordert waren, führte Obermaier seine Gefangenen heraus, bildete eine Kette zum Wasserreichen und ging mit ihnen nach dem Löschen des Brandes zurück in die Anstalt. Es waren etwa 200 Gefangene gewesen, darunter auch acht, die eine lebenslange Freiheitsstrafe zu verbüßen hatten.[58]

Das Einzelhaftsystem lehnte er kategorisch ab.[59] Er ging in seinen Besserungsanstalten von Gemeinschaftshaft aus, obwohl eine Klasseneinteilung erfolgte und jeder Gefangene innerhalb der Klassen individuell nach seinen Fähigkeiten zur Arbeit angehalten wurde. Die Vertrauenseinräumung und Miterziehung in der Gruppe galt generell für alle in den Besserungsanstalten. Mit dem zuletzt genannten Ansatz war Obermaier seiner Zeit weit voraus.

c) Die Strafanstalt Rockenberg

Wenigstens in der Theorie muss dies offenbar auch in der Strafanstalt Rockenberg so gewesen sein.
In dem ehemaligen Zisterzienserinnenkloster Marienschloss in Rockenberg war mit Erlass vom 13.11.1804 des Landgrafen ein „allgemeines Zuchthaus für das ganze Land" eingerichtet worden. Nach der Beendigung des Umbaus konnte 1811 mit der Belegung mit Gefangenen begonnen werden.[60]

Die Dienstanweisung von 1811 sah folgendes vor:

> „Für jede Schlaf- und Arbeitsstube wählt der Direktor einen Gefangenen aus, der dort die Aufsicht führt, vor allem verpflichtet ist, jede Unordnung anzuzeigen, welche sich die Gefangenen, wenn sie nicht von einem Bediensteten beobachtet werden, zuschulden kommen lassen."

Auch eine gewisse Gruppenerziehung sollte stattfinden, erkennt man die Gefangenen in einer Stube als Gruppe an.

---

58 Haenell (1866): S. 79
59 Krebs (1974): S. 95
60 Böhm (2002): S. 1

Dieser ausgewählte ordentliche Gefangene sollte „morgens und abends eine Betrachtung aus einem guten Buch vorlesen“ und damit positiv auf die Gruppe in der Stube einwirken.

> „Gegen Ende des 19. Jahrhunderts wählte der Direktor für jede Stube drei ihm geeignet erscheinende Gefangene aus; wem von ihm die Aufgabe zu übertragen ist, wird der jeweiligen Stubengemeinschaft überlassen.“

Dadurch bekam die Gruppe in der Stube die Möglichkeit eingeräumt, selbst Einfluss auf den auszuwählenden Gefangenen durch die Stimmabgabe nehmen zu können, also Mitverantwortung für die Entscheidung zu tragen, wenn auch nur innerhalb des erlaubten Rahmens durch die Anstaltsleitung.[61]

Ebenfalls vorgesehen war eine Verteilung der Gefangenen je nach der Schwere ihrer Verurteilung in drei Klassen mit unterschiedlicher Vergünstigung. Diese waren ursprünglich besseres Essen oder die Ausgabe von Branntwein, zuletzt auch die Möglichkeit zur gemeinschaftlichen Freizeit zugelassen zu werden sowie eine besondere Unterbringung in anderen Hafträumen. Ein Wechsel von der einen in die andere Klasse war möglich und die Kriterien für ein Aufsteigen waren gutes sittliches Betragen (Fleiß und Gehorsam) und bemerkbare Zeichen von Reue und Besserung. Sowohl objektive als auch subjektive Elemente wurden zur Entscheidungsfindung herangezogen und sollten den Gefangenen als Maßstab dienen. Umgekehrt erfolgte bei schlechtem Benehmen die zeitweise Rückversetzung in eine schlechtere Klasse.[62]

In Rockenberg wurde die Gemeinschaftshaft betrieben. Zur Kontrolle der Gespräche und des Verhaltens der Gefangenen während der Nacht hatte die Anstaltsleitung die Aufsicht auf bestimmte Mitgefangene delegiert, sie in die Aufrechterhaltung der Ordnung einbezogen vergleichbar den „Saalältesten“ im Kölner Klingelpütz (siehe S. 12 f.)[63] (siehe zu Hessen im übrigen S. 21 und S. 40).

d) Das pennsylvanische und das auburnsche Gefängnissystem

Gleichzeitig entbrannte zu dieser Zeit ein heftiger Kampf zwischen den Anhängern der Einzel- und der Gemeinschaftshaft.[64]

Im Quäkerstaat Pennsylvanien war das Strafrecht stark vom christlichen Buß- und Besserungsgedanken beeinflusst. Bereits im Jahre 1776 hatte sich in Philadelphia eine Gefängnisgesellschaft gebildet, die sich vor allem die Besserung der "schrecklichen und verhärteten Verbrecher" zur Aufgabe gemacht hatte. Unter ihrem Einfluss wurde im Jahre 1790 ein neues Zellengefängnis errichtet, in

---

61 Böhm (2002): S. 3
62 Böhm (2002): S. 3 u. 13
63 Böhm (2002): S. 14
64 Schulze/Elger (1925): S.119

dem nur Einzelzellen vorgesehen waren. Die Gefangenen sollten in ihrer Einsamkeit zu innerer Einkehr und dadurch zur Buße und Gott kommen.[65]

Im bewussten Widerspruch zum pennsylvanischen System ließ der Gouverneur des Staates New York 1823 in Auburn ein Gefängnis einrichten, in dem die Gefangenen (nach dem Vorbild des "maison de force" in Gent) am Tag gemeinsam in Werkstätten arbeiten mussten (Umwandlung der Gefängnisse in Fabriken) und nur des nachts und in ihrer Freizeit in Einzelzellen (isoliert) ihre Strafe verbüßten.

Die Argumente waren, dass die dauernde Isolierung eines Menschen eine Grausamkeit sei, die gesundheitliche Schäden hervorrufen könne. Die Gefangenen durften aber bei der Arbeit nicht sprechen.
Da das Bedürfnis, gegen diese Regelung zur verstoßen groß war, konnte das Schweigeverbot in der Praxis trotz brutaler Zwangsmaßnahmen, nämlich durch Bedrohung und Misshandlung mit Nilpferdpeitschen, nicht durchgesetzt werden.[66]

Beide Systeme, besonders das pennsylvanische, beruhen auf der Vorstellung, dass der Umgang der Menschen miteinander besonders prägend ist. Verbrecher hatten danach bis zur Strafverbüßung keinen guten Umgang gehabt. Die Chance des Vollzugs war es, sie von ihrer „schlechten" Umwelt zu trennen. Die Mitgefangenen stellten keine „bessere" Umwelt dar. Also musste der Vollzug so organisiert werden, dass die Gefangenen miteinander nicht in Kontakt treten konnten. Der Umgang der Gefangenen beschränkte sich auf ausgesuchte fromme Besuche von außen und auf die Bediensteten der Anstalt (Leiter, Pfarrer, Lehrer, Aufseher), die sie regelmäßig in ihren Einzelzellen aufsuchten.

Die Umsetzung des pennsylvanischen Systems in Preußen forderte Julius. Er trat für den Erziehungsgedanken im Strafvollzug ein und propagierte das System der Einzelhaft, da er das Umsetzen des Schweigegebots in der Praxis für undurchführbar hielt.[67]
Während seiner Vorlesungen 1828 hatte Julius noch die Einrichtung des Zellerschen Stufensystems gelobt und dessen vollständige Übernahme empfohlen. Damit hätte er aber auch die Mitverantwortung der Gefangenen im Rahmen der Anstaltsorganisation akzeptiert. Nach seiner Reise in amerikanische Gefängnisse von 1834 bis 1836 lernte er das amerikanische Einzelhaftsystem kennen und trat fortan hierfür ein. Vom Zellerschen Stufensystem und der Mitverantwortung der Gefangenen hatte er sich damit verabschiedet.[68]

---

65 Frede (1975): S. 260; Saal (1915): S. 16; Dünkel (1983): S. 29; Arndt (1981): S. 24 f.
66 Schwind (1976): S. 8; Eberle (1970): S. 41 f.; Dünkel (1983): S. 30; Arndt (1981): S. 30 f.
67 Frede (1975): S. 261; Krebs (1978 c): S. 132
68 Krebs (1978 c): S. 129; Schattke (1979): S. 79

Die Teilnehmer des ersten internationalen Gefängniskongresses, der im Jahre 1846 in Frankfurt am Main stattfand, sprachen sich in der Mehrzahl für das System der Einzelhaft nach pennsylvanischem Muster aus. Die Vertreter der Gemeinschaftshaft und insbesondere Obermaier mit seinen Vorstellungen befanden sich in einer kleinen Minderheit.[69]
In der Strafvollzugsliteratur hatten die Vertreter eines Einzelhaftsystems nach der Empfehlung des Kongresses den Sieg davongetragen. Sie prägten in entscheidendem Maße die Diskussion über den Strafvollzug ab der Mitte des 19. Jahrhunderts.
Strenge Einzelhaft setzte sich in der Praxis jedoch nur eingeschränkt durch. Da die Gefängnisbauten für den Einzelvollzug sehr teuer waren, beschränkte man sich in Preußen in den folgenden Jahren mit einer mehr äußerlichen Reorganisation der Zuchthäuser, in denen es Einzelzellen nur für besonders schwierige Gefangene gab. Ansonsten waren alle in Schlafsälen untergebracht und tagsüber befanden sie sich in großen Arbeitsräumen. Nachts und während der Arbeit bestand teilweise Schweigegebot.[70]

Erforderlich war weiterhin der militärische Drill in den Strafanstalten, da somit genaue Instruktionen der Beamten ergingen und eine strenge Hausordnung zumindest äußerlich Ordnung schaffte.[71] Damit war in der Praxis auch sichergestellt, dass das militärische System mit seiner bereits geschilderten Einrichtung von Vertrauensleuten de facto fortbestand.

Nur in wenigen Anstalten wurde die Einzelhaft streng umgesetzt, so in dem von König Friedrich Wilhelm IV. in Moabit 1848 errichteten Gefängnis.[72] (nachfolgend beschrieben)

e) Das Reformmodell J. H. Wicherns

Johann Hinrich Wichern wurde am 21.04.1808 in Hamburg geboren und lebte bis 1881.
1851 hatte er von König Friedrich Wilhelm IV. den Auftrag zur Revision des Preußischen Gefängniswesens erhalten. Nach mehreren Inspektionsreisen zu den verschiedenen Strafanstalten des Landes[73] erhielt er nach Rücksprache beim König den Auftrag, in der neuen, nach pennsylvanischen Muster in Strahlenform errichteten und 1848 fertig gestellten Strafanstalt zu Moabit in Berlin einen grundsätzlich am Prinzip der Einzelhaft ausgerichteten Strafvollzug zu organisieren.[74] 1856 hatte es Wichern geschafft, dass das ganze Aufsichtspersonal aus

69 Krebs (1978 a): S.93; Krohne (1889): S. 196
70 Frede (1975): S.263; Schwind (1976): S.12
71 Frede (1975): S.263
72 Schulze/Ellger (1925): S.119; Eisenhardt (1978): S.48 f.; Saal (1915): S.16
73 Schulze / Ellger (1925): S. 119; Müller-Dietz (1974): S. 408 Sp. 2
74 Kern (1958): S. 33; Saal (1915): S. 16

seiner Bruderschaft rekrutiert wurde.[75] Damit hatte er im Strafvollzug streng das Einzelhaftsystem unter ausschließlichem Kontakt seiner aus der Bruderschaft rekrutierten Beamten umgesetzt.
Die Behandlung der einzelnen Gefangenen erfolgte aus einem gemeinsamen christlichen Geist. Die Gefangenen trafen in der Anstalt (da sie die Mitgefangenen nicht sahen) nur dienende Menschen.

Moabit stellte wohl den Idealtypus des Einzelhaftsystems dar. Er basierte auf der strengen Trennung der Gefangenen und kannte den Gefangenen nicht als Mitglied einer Gefangenengruppe, sondern als einzelnen sündigen und zu bessernden Menschen.

Die strenge Einzelhaft sollte die verbrecherische Gemeinschaft gerade sprengen und die Beamten, vom christlichen Geist beseelt, sollten die Gefangenen durch ihr Vorbild positiv beeinflussen.[76]
Aber bereits 1863 scheiterte die Fortführung dieses Modells an der zunehmenden Gegnerschaft im Parlament, insbesondere seinem schärfsten Kritiker, dem Strafrechtler von Holtzendorff (1829 – 1889), der sich im Parlament vehement gegen das theologische Weltbild Wicherns und der kirchlich-religiösen Orientierung der Tätigkeit seiner Bruderschaft im Vollzug aussprach.[77]

f) Die Situation in den anderen deutschen Staaten

aa) Das Großherzogtum Baden

In dem Großherzogtum Baden herrschte bis 1838 in den Strafanstalten der Grundsatz der Gemeinschaftshaft mit dem dazugehörigen Schweigegebot. Ab 1838 wurde unter dem Einfluss der angloamerikanischen Gefängnisreformbewegung auf dem Verwaltungswege begonnen, die Einzelhaft Stück für Stück einzuführen.[78]
In dem Großherzogtum war bis zum Jahre 1831 die Staatsanstaltenkommission des Innenministeriums für das Gefängniswesen zuständig. Durch eine Verordnung vom 17.02.1831 wurde das Gefängniswesen als Teil der Rechtspflege betrachtet und daher dem Justizministerium unterstellt.

Am 1. März 1851 trat ein neues Strafgesetzbuch in Kraft und gleichzeitig ein Gesetz über den Strafvollzug im neuen Männerzuchthaus zu Bruchsal. Dieses Gefängnis wurde nach dem englischen Zellengefängnis Pentonville angelegt.
In dieser bereits am 6. März 1845 vorliegenden endgültigen Fassung wurde der Grundsatz der Einzelhaft im § 1 festgeschrieben. Nur ausnahmsweise war die Gemeinschaftshaft tagsüber im Arbeitssaal gestattet und zwar nach § 5, wenn die Dauer der Einzelhaft die maximale Zeit von sechs Jahren erreicht hatte oder

75 Schulze / Ellger (1925): S. 119
76 Eisenhardt (1978): S. 53
77 Müller-Dietz (1974): S. 408 f.; Frede (1975): S. 262
78 Fasoli (1985): S. 65

das siebzigste Lebensjahr. Ausnahmsweise war die Versetzung auch früher möglich, „wenn die Einzelhaft die Gefangenen vor der Zeit verrückt gemacht hat.“[79]

> „Die Gefangenen, welche diese gesetzliche Erleichterung genießen, bringen nur die Arbeitsstunden in den Sälen zu; in den Freistunden, Sonntags und während der Nacht sind sie einzeln in die Zellen gesperrt.“

Dies schildert Corvin, ein ehemaliger Gefangener, aus dem Einzelhaftgefängnis Bruchsal.[80]
Den Gefangenen war auch untersagt, mit den Mitgefangenen „durch Worte, Zeichen oder Gebärden oder sonst zu verkehren“.[81]

Herausragend war in Baden, dass der Gesetzgeber den Zusammenhang zwischen Strafgesetz und Strafvollzugsgesetz erkannt hatte und beide gleichzeitig in Kraft traten. Baden war das einzige Land zu dieser Zeit mit dieser abgestimmten Gesetzgebung.[82]

In der Strafanstalt Bruchsal war die Einzelhaft erstmals in einer Anstalt auf europäischen Boden konsequent umgesetzt worden, so dass auch Preußen sich an dieser Anstalt orientierte.[83]

bb) Das Großherzogtum Hessen

Im Großherzogtum Hessen ist die strenge Einzelhaft nach der pennsylvanischen Theorie nie durchgesetzt worden.
Bischof Ketteler aus Mainz forderte 1858 von der Regierung des Großherzogtums Hessen die Trennung der staatlichen Anstalten nach Konfessionen und Übergabe der katholischen Anstalten an geistliche Korporationen. Kritisiert wurde von ihm beim jetzigen Zustand in den Anstalten die Art der Beschäftigung und insbesondere die Ausübung der Seelsorge.
Wegen der bei deren Umsetzung erforderlichen hohen Kosten wurde diese Forderung jedoch abschlägig beschieden. So unterlagen letztlich die Vertreter der konservativen Kräfte, Bischof Ketteler und Wichern, in Hessen, die dass Ziel verfolgten: „Retten mit religiösen Mitteln“.[84]

Für die Einzelhaft als System in Hessen eingesetzt haben sich Nöllner und Graf Görtz. Letzterer stellte im Dezember 1859 einen Antrag in der Ersten Kammer auf Einführung der Einzelhaft. Von den Justizbehörden wurde das Einzelhaftsystem befürwortet, aber statt der strengen Form des Philadelphia-Systems wurde eine kombinierte Form vorgeschlagen.

---

[79] Freßle (1970): S. 88 f.; Corvin (1857): S. 17 f.; Koch (1972): S. 88 f.
[80] Corvin (1857): S. 19
[81] Corvin (1857): S. 20
[82] Freßle (1970): S. 174 f.
[83] Freßle (1970): S. 179 f.
[84] Krebs (1978 b): S. 21 f.; Hoffmann (1899): S. 26 f.

Hoffmann schreibt dazu:

> „Von dem Philadelphia-System sollte der Grundsatz der faktischen Isolierung der Gefangenen bei Tag und Nacht in besonderen Zellen beibehalten, jedoch durch häufigen Besuch von Seiten der Gefängnisbeamten, durch zeitweilige Gestattung des Besuchs von Verwandten und durch Gemeinsamkeit bei Gottesdienst und Unterricht gemildert werden.
>
> Der Grundsatz der untätigen Beschauung sollte durch denjenigen der Beschäftigung mit entsprechenden Arbeiten, auch mit landwirtschaftlichen Arbeiten im Freien ersetzt werden, endlich sollten nach Ansicht der Justizbehörde überhaupt den Gefangenen unter Berücksichtigung von Individualität, Gesundheit, Charakter und Betragen Erleichterungen der Strafe auch gemeinsame Arbeit, gestattet werden."[85]

Auch das Ministerium des Innern erklärte sich grundsätzlich damit einverstanden, dass die Einzelhaft der Gemeinschaftshaft vorzuziehen sei, behielt sich eine Entscheidung über deren Ausformung und Zeitpunkt der Einführung jedoch vor.[86]

Am 3. Juli 1860 kam ein Antrag des Grafen Görtz auf Einführung der Einzelhaft in der Ersten Kammer des Landtags zur Beratung. Graf Görtz, von reinen und edlen Beweggründen beseelt, konnte die Kammer vollständig überzeugen.
Auch die Zweite Kammer kam zwei Wochen später bei ihrer Sitzung zu dem Schluss, dass „die Notwendigkeit einer Reform von keiner Seite verkannt werde" und trat dem Beschluss einstimmig bei.
Ebenso erklärte der Großherzog die Einführung der Einzelhaft für erwägenswert, wollte er doch nicht hinter dem preußischen König und der Strafanstalt Moabit sowie dem badischen Großherzog und der Strafanstalt Bruchsal zurückstehen. [87]
Das Ministerium des Innern hatte jedoch wieder einen Ausschuss zur Klärung verschiedener Fragen, insbesondere einer Bestandsaufnahme zur Erfassung des Bedarfs, bestellt, so dass sich die Umsetzung eines entsprechenden Systems wieder verzögerte. Der Krieg 1870/71 und die Reichsgründung taten ihr übriges.

g) Resümee

Das pennsylvanische und das auburnsche System beeinflussten das englische und danach das Gefängniswesen in den Deutschen Ländern maßgeblich. Für die Entwicklung eines Stufenstrafvollzugs und der Gefangenenmitverantwortung war es jedoch contraproduktiv.

Während die Vertreter der Gemeinschaftshaft, allen voran Obermaier, den Besserungsgedanken propagierten, und Obermaier begrenzt auf „seine" Anstalt die Selbstverwaltung bei der Disziplin im Freizeitbereich und im Schlafsaal durch die Gruppe umsetzen konnte, setzten sich die Ideen von Julius unter König

---

85 Hoffmann (1899): S. 32
86 Hoffmann (1899): S. 32
87 Hoffmann (1899): S. 34 f.; Böhm (2002): S. 14

Friedrich Wilhelm IV. in Preußen und anderen deutschen Ländern vorläufig durch.

Insbesondere Wichern hatte mit dem Einsatz seiner Bruderschaft den Versuch in der Strafanstalt Moabit unternommen, das Einzelhaftsystem nach pennsylvanischem Vorbild zur Resozialisierung der Gefangenen einzusetzen.
Dieses pennsylvanische System funktioniert allerdings bereits aus finanziellen Gründen nicht, da eine strenge Einzelhaft in den bestehenden Anstalten ohne teure Umbauten nicht umzusetzen war.[88] (Die neu erbaute Strafanstalt in Moabit stellte den Idealtypus eines Einzelhaftgefängnisses und damit eine Ausnahme dar).
Auch kennen sowohl das pennsylvanische als auch das auburnsche System keinerlei Miteinander der Gefangenen und damit auch keine Mitverwaltung.

Die Berichte Zellers, Obermaiers und aus Rockenberg bestätigen, dass auch während dieser Zeit Vertrauenseinräumung, Mitverantwortung und Miterziehung in der Gruppe theoretisch weiterentwickelt und praktisch angewandt wurden.
Wie sich aus den umfangreichen Ausführungen zu Preußen und Thüringen als auch den anderen deutschen Staaten zeigt, gab es im Strafvollzug in Theorie und Praxis im 19. Jahrhundert erhebliche Unterschiede. Das Einzelhaftsystem hatte sich als Haftform in der Praxis nicht durchgesetzt. Auch in der Theorie blieb der Wert dieses Systems als Besserungsmodell umstritten.

> „Sprach sich auch auf den seit 1847 stattfindenden Internationalen Gefängniskongressen die Mehrheit für die Einzelhaft aus und trat der wohl größere Teil der in den 50er und 60er Jahren in die Breite geschwollenen Gefängnisliteratur dafür ein, so ist es doch verfehlt ..... von einem Sieg der Einzelhaft zu sprechen. Weder praktisch noch in der Gefängnisliteratur .... hat sie sich durchgesetzt, auch nicht gesetzgeberisch."[89], so Frede.

3. Die weitere Entwicklung der Mitwirkung im Stufenvollzug

a) Die Entwicklung im englischsprachigen Raum bis zum irischen Modell

Neben diesen Auseinandersetzungen zwischen den Anhängern der Einzel- und der Gemeinschaftshaft im Verlauf der zweiten Hälfte des 19. Jahrhunderts begannen ab Mitte des 19. Jahrhunderts Bestrebungen in Preußen und den übrigen Deutschen Ländern, den Strafvollzug in Stufen nach irischem Vorbild einzuführen.[90]

Von grundlegender Bedeutung für die Entwicklung des Progressivsystems bis zum irischen Vorbild war der Leiter der englischen Transportation in Australien, Maconochie (1787 - 1860), der den Transportierten bedingte, vorläufige Freiheit

---

88 Frede (1975): S. 263
89 Frede (1975): S. 263
90 Schulze/Ellger (1925): S. 120

mit einem "Ticket of leave" gab, und um dieses zu verdienen, ein System von Marken oder Strichen einführte.[91]

Ab 1788 hatte England als Ersatz für die fehlende Verbannungsmöglichkeit nach Amerika mit Deportationen nach Australien begonnen. Zunächst leisteten die Deportierten harte Kolonisationsarbeiten und bekamen nach ihrer Entlassung Land zur Besiedlung zugewiesen. Da dennoch die meisten nach England zurückkehren wollten, wurde dem Gouverneur in Australien das Recht eingeräumt, schon vor Ablauf der regulären Strafzeit Gefangene unter der Bedingung zu entlassen, dass sie in der Kolonie bleiben und einen straffreien Lebenswandel führen.[92]

Um 1820 entstand eine weitere Stufe zwischen der schweren Arbeit und der vorläufigen Entlassung unter Auflagen, nämlich die sogenannte „Assignation" und kurze Zeit später eine weitere, die sogenannten „clearing gangs". Bei letzterer wurden die Gefangenen gegen Geld an private Unternehmer unter Staatsaufsicht entliehen, was auch mit gewissen Erleichterungen für die Gefangenen verbunden war.[93]

Bei weiterer guter Führung wurde der Gefangene in der 3. Stufe in die Obhut freier Ansiedler gegen Kost und Logis übergeben, (die oben erwähnte Assignation), um schließlich in einer 4. Stufe unter Auflagen vorzeitig in die Kolonie entlassen zu werden mit einem „ticket of leave".

Dieses Stufensystem wurde durch den Gouverneur Maconochie durch das Marken- oder Strichsystem dahingehend verfeinert, dass die Gefangenen als Ansporn für gutes Benehmen und große Arbeitsleistung eine bestimmte Menge Lohnmarken angerechnet bekamen. Wer schneller die geforderte Anzahl Marken verdient hatte, konnte eher in eine höhere Stufe aufsteigen und bedingt entlassen werden.[94]

Die Idee, wonach Mehrarbeit im Gefängnis eine Haftverkürzung zur Folge hat, findet sich später sowohl als Vorschlag von Wenzel (s. S. 27) wieder als auch in den 22 Grundsätzen eines Kongresses 1870 in Cincinnati (s. S. 61) und dem Reformatory-System in Amerika.
Auch im Deutschen Reich z.B. in Verbindung mit dem Stufensystem ist dieser Gedanke wieder zu finden.
Sogar dem Bundesverfassungsgericht hat diese Idee gefallen, und sie hat Eingang in eine Entscheidung vom 1. Juli 1998 gefunden.

> Dort heißt es: Der Gesetzgeber „wäre des weiteren nicht gehindert, eine angemessene Anerkennung von Arbeit dadurch vorzusehen, dass der Gefangene – sofern general-

---

91 Schüler-Springorum (1969): S. 231
92 Kriegsmann (1912): S. 39
93 Aschrott (1887): S. 42
94 Wahlberg (1888): S. 121

oder spezialpräventive Gründe nicht entgegenstehen – durch Arbeit seine Haftzeit verkürzen (good time) oder sonst erleichtern kann".[95]

Dies hat auch zur Neugestaltung des § 43 IV – XI des Strafvollzugsgesetzes vom 27.12. 2000 geführt.
Böhm meint hierzu zustimmend, dass es dem Resozialisierungsgedanken nicht widerspricht, wenn Gefangene nach einer ordnungsgemäßen Nutzung ihrer Arbeitszeit eine geringfügige Haftverkürzung erhalten.[96]

Hier bestätigt sich einmal mehr, dass Gedanken von Mitte des 19. Jahrhunderts nach wie vor aktuell sind.

Um den Gedanken der Besserung noch zu verstärken, wurde 1842 ein verbessertes Probation System eingeführt, wonach bereits in England eine Klassifizierung der Gefangenen in drei Gruppen vorgenommen wurde.[97]

In Deutschland wurde dieses Progressivsystem mit anschließender Deportation zwar nicht eingeführt.[98] Es bildet jedoch eine Grundlage für die Entwicklung späterer Haftsysteme und kann als Vorläufer des späteren offenen Strafvollzugs bezeichnet werden, dem ein Stufenstrafvollzug vorgeschaltet war.[99]

Als England die Transportation 1857 aufgab,[100] behielt es das Progressivsystem bei, verbunden mit dem in Nordamerika entwickelten Gedanken der Einzelhaft, um so fortschreitend vom Strafvollzug in die Freiheit überzuleiten.
Die Gefangenen waren der ständigen Beurteilung durch das Personal ausgesetzt. Das Aufrücken innerhalb der drei Klassen in eine höhere war erst im Mittelstadium durch Verdienen von Marken möglich verbunden mit Hafterleichterungen. Bei schlechter Führung war der Entzug von Marken möglich. Wenn jemand die erste Klasse erreicht hatte, konnte er bedingt entlassen werden.[101]

Somit hatte sich in England neben dem „solitary system" (Philadelphia) und dem „silent system" (Auburn) das englische Progressivsystem entwickelt, welches auch in Pentonville umgesetzt wurde. Die Einzelhaft stellte nur noch ein Glied in einem an Besserungsideen orientierten Stufen-Strafvollzug dar, wobei maßgeblich für die Klasseneinteilung und die bedingte Entlassung die Charaktereigenschaft und das Benehmen war.

Im Jahre 1856 hatte Sir Walter Crofton (1853 - 1914) in Irland das englische System dadurch ausgebaut, dass er eine halboffene Zwischenstation (interme-

---

95 BVerfGE (1998): 169, S. 202 (s. a. NJW 1998, S. 3337)

96 Böhm (2003): S. 169 (s. a. den Aufsatz von Rolf-Peter Calliess „Die Neuregelung des Arbeitsentgelts im Strafvollzug" in NJW 2001: S. 1692 f.)

97 Koch (1972): S. 27 f.; Aschrott (1887): S. 44

98 Fasoli (1985): S. 73 f.; Koch (1972): S. 25 f.

99 Loos (1970): S. 18 (Weiter nachzulesen: Aschrott (1887): S. 36; Weißenrieder (1924/25): S. 26; Kriegsmann (1912): S. 25

100 Aschrott (1887): S. 45

101 Sagaster (1933): S. 16

diate system) vor der bedingten Entlassung einfügte, also eine Vierteilung schuf, nämlich strenge Einzelhaft, Gemeinschaftshaft und die Zwischenstation vor der bedingten Entlassung.[102] Dieses System wurde als „Irisches System" bezeichnet.[103]

Die einzelnen Stufen sahen folgendermaßen aus:

In der ersten Stufe befand sich der Gefangene in strenger Einzelhaft. In der zweiten Stufe, der Gemeinschaftshaft, erfolgte ein Wechsel in eine andere Anstalt, in der die Gefangenen gemeinsam arbeiteten und durch diese Leistungen zunehmend Vergünstigungen erhielten. Sie wurden mit Punkten prämiert ähnlich dem Markensystem von Macanochi, die einen Aufstieg nach Erreichen einer bestimmten Punktzahl in eine höhere Klasse mit mehr Vergünstigungen, insbesondere Belohnungen, ermöglichten. Insgesamt gab es fünf solcher Klassen.
Aus der letzten, der Musterklasse, erfolgte der Wechsel in eine Zwischenanstalt. Hier wurde der Übergang in die Freiheit durch praktisch orientierte Arbeit und zunehmenden Kontakt mit der Außenwelt geübt.[104]
Es handelte sich praktisch um die ersten Freigängerhäuser. Die Gefangenen arbeiteten meistens in der Landwirtschaft. Einige wurden sogar zu Botengängen unbeaufsichtigt über weite Strecken eingesetzt. Gegen Fluchtversuche waren keine Vorkehrungen getroffen worden. Durch das Einsetzen dieses psychologischen Mittels, dem entgegengebrachten Vertrauen, sollte das Verantwortungsgefühl der Gefangenen gestärkt werden. Damit sollte den Gefangenen einerseits die Wiedereingliederung erleichtert, andererseits den Arbeitgebern auch die Möglichkeit eröffnet werden, sich an die Ernstlichkeit des Arbeitswillens und an die Zuverlässigkeit der Gefangenen zu gewöhnen und sie eventuell als bedingt Entlassene später übernehmen zu wollen.[105] Der Strafzwang und die Sicherungsvorkehrungen traten mehr und mehr zurück.

Mit der Einrichtung der Zwischenanstalt wollte Crofton nicht nur bloße Anreize zur Verbesserung der Disziplin gewähren. Wichtiger war ihm, dass durch die Ersetzung der mechanischen Hilfsmittel durch psychologische das Verantwortungsgefühl der Gefangenen gestärkt und durch größtmögliche Annäherung der Lebensbedingungen an die Freiheit der Übergang in das bürgerliche Dasein erleichtert werden sollte.

Einige Gefangenengruppen blieben von der Versetzung grundsätzlich ausgeschlossen, nämlich z. B. Lebenslängliche, Kapitalverbrecher und Rückfällige, die die Zwischenstufe bereits einmal durchlaufen hatten.[106]

---

102 Schüler-Springorum (1969): S. 231; Eberle (1980): S. 44
103 Schulze/Ellger (1925): S. 102; Frede (1975): S. 264; Loos (1970): S. 20 ff.; Schwind (1976): S. 11
104 Eberle (1980): S. 44 f.; Koch (1972): S. 31 ff.
105 Loos (1970): S. 20 ff.; Haenell (1866): S. 70
106 Koch (1972): S. 32 (Zur Vertiefung des irischen Systems S. 32 ff)

1864 trat Crofton von der Leitung des Gefängniswesens zurück. Da das System sehr stark auf seine Person fixiert war, fehlte der Bezugspunkt, so dass es in den Folgejahren bis zur Auflösung sämtlicher Stufeneinrichtungen im Jahre 1887 langsam verfiel.[107]
Diese aufgezeigte Entwicklung des Stufensystems enthält zwar keine Mitverantwortung oder Selbstverwaltung wie sie zum Beispiel Obermaier praktiziert hatte, hatte aber in dem Irischen Modell in der Musterklasse durch die Botengänge der Gefangenen ohne Aufsicht großes Vertrauen diesen gegenüber eingeräumt.

Für die weitere Entwicklung im deutschen Strafvollzug sollte dieses Stufensystem die Grundlage bilden.

b) Lex Wentzel

In Preußen sollte durch das von dem Präsidenten des Appellationsgerichts zu Ratibor und Abgeordneten Wentzel angeregte Gesetzeswerk, nach dem Willen des Urhebers ein Progressivsystem eingeführt werden, bei dem auf einsame Haft eine Gemeinschaft mit Schweigegebot und zuletzt Arbeit außerhalb der Anstalt (Feldarbeit, Wegebau, Kalkbrüche, Festungsbauten) folgten.[108]

Wentzel wollte drei Ziele bei der Behandlung der Gefangenen verwirklichen, und unterbreitete einen Entwurf, der ab 1855 diskutiert wurde:

- die Beschäftigung der Gefangenen außerhalb der Anstalt sicherzustellen;
- das Verhalten der Gefangenen durch ein Markensystem zu bewerten;
- ein Beurlaubungssystem zur Abkürzung der Strafen einzuführen.

Danach sollte der Gefangene für einen Tag Arbeit bei einem festgelegten Pensum eine Marke erhalten. Wenn der Gefangene dieses Pensum übererfüllte und immer mehr arbeitete, bekam er mehr Marken, so dass er seine Strafzeit früher abarbeiten konnte. Ein Tag Arbeit bei einem bestimmten Pensum entsprach nämlich einer Marke.

Weiter wurde ein Stufensystem von Wentzel vorgeschlagen als Weiterentwicklung des Markensystems Maconochies. Danach sollten innerhalb der Anstalt verschiedene Stufen durchlaufen werden. Zunächst sollte der Gefangene die Strafe in Einzelhaft verbüßen, danach folgte gemeinschaftliche Arbeit mit Schweigegebot, sowie anschließend Arbeiten, die der Gefangene auch nach seiner Entlassung ausüben konnte, teilweise sogar außerhalb der Anstalt. In allen drei Stufen sollte das Markensystem gelten, so dass der Gefangene die einzelnen Stufen schneller durchlaufen konnte. In der dritten Stufe winkte die vorzeitige Entlassung.

---

107 Aschrott (1898): S. 303 ff.; Kriegsmann (1912): S. 51
108 Eisenhardt (1978): S. 52 f.; Krebs (1954): S. 100; Frede (1975): S. 264

Über das Markensystem sollte der Gefangene den äußeren Zwang nicht mehr empfinden, sondern aus eigenem Antrieb und eigener Verantwortung den Vorteil der vorzeitigen Beurlaubung anstreben.
Der Vorschlag Wentzels wurde aber im wesentlichen abgelehnt. Sowohl das Stufen-, als auch das Markensystem wurden nie eingeführt.[109]

Die dritte Neuerung, nämlich die vorzeitige Beurlaubung des Gefangenen nach Erreichen der erforderlichen Marken, sollte sich erst kurz vor Ende des 19ten Jahrhunderts als bedingte Strafaussetzung durchsetzen.[110]

Übrig blieb nach Durchlaufen der Kommissionen und der Verabschiedung in erster Linie ein Gesetz zur Beseitigung der totalen Überfüllung der Gefängnisse, wonach die Gefangenen auch mit Außenarbeit beschäftigt werden durften, der sogenannten am 11.04.1854 erlassenen „lex Wentzel".

§ 72 Abs. 1 der Preußischen Gefängnisordnung bestimmte bezüglich Außenarbeiten: Gefangene können auch zu Arbeiten außerhalb der Anstalt, insbesondere öffentlichen oder von einer Staatsbehörde beaufsichtigten Arbeiten verwendet werden; hierbei müssen sie jedoch von freien Arbeitern getrennt gehalten werden.[111]

Diese Außenarbeiten waren auch von der obersten Justizbehörde in Preußen im Interesse der Forst- und Landwirtschaft empfohlen worden und eine entsprechende Instruktion war am 30. Mai 1854 ergangen. Gerade in den großen Gefängnissen, in denen eine Beschäftigung innerhalb der Anstalt nicht in ausreichendem Maße möglich war, sollte zumindest durch Außenarbeiten eine ständige Beschäftigung gewährleistet werden. Es wurde schon während dieser Zeit besonderes Gewicht darauf gelegt, dass durch die Arbeit die Kräfte der Gefangenen besonders angespannt würden und letztlich durch die Tätigkeit ein angemessener Gewinn erzielt werden würde.[112]
Auch dieses Gesetz hat sich wegen der Passivität der Behörden zunächst nicht weiter durchgesetzt, da seit 1848 das Einzelhaftsystem vorangetrieben wurde.[113]

Der Dualismus in Preußen zwischen den Gefängnissen, die dem Innenministerium und denjenigen, die dem Justizministerium unterstanden und in denen das Gesetz unmittelbar nach den Ausführungsbestimmungen vom 30. Mai 1854 galt, führte in der Folgezeit zu einem gewissen Wetteifer der beiden Verwaltungen, wer Schrittmacher bei reformerischen Leistungen sei.[114]

---

109 Eisenhardt (1978): S. 53; Krebs (1978 d): S. 231
110 Eisenhardt (1978): S. 52
111 Wulff (1900) (Preußische Gefängnisordnung): abgedruckt im Anhang S. 67 ff., hier S. 89 f.
112 Wulff (1900): S. 541 f.
113 Schulze/Ellger (1925): S. 121; Mittermaier (1954): S.103; Krebs (1954): S. 100
114 Krebs (1954) S. 101

Während der Sommermonate 1857 und 1858 war im Obra-Bruch (Kreis Kosten) in Ostpreußen eine Strafanstalt etabliert, gebildet aus Detachements der Strafanstalten zu Rawitz, Breslau, Brieg, Striegen, Görlitz und des Correctionshauses zu Schweidnitz. Diese Anstalt, im ersten Jahr 900 im zweiten 644 Gefangene stark, war in einem im ersten hart an einem Wald, im zweiten auf freiem Feld errichteten Barackenlager untergebracht.
Jeden Tag ging es morgens früh raus durch Sumpf und Bruch zu schwerer Arbeit und abends zum Einbruch der Dunkelheit zurück. Für je 20 Rotten gab es einen Aufseher, der selbst jedoch keine vier Schritte weit sehen konnte. Es wurde von der Leitung des Außenlagers an das Ehrgefühl der Gefangenen zur Unterstützung der Anstaltsaufgaben appelliert und das ihnen entgegengebrachte Vertrauen wurde nicht enttäuscht.
Außer ganz am Anfang ist nie ein Fluchtversuch unternommen worden. Bei diesem Fluchtversuch aus dem Lager hatten sich sofort einige, der polnischen Sprache mächtige, Gefangene freiwillig gemeldet und den Flüchtling nach sechs Stunden zurückgebracht.
Hier hatte die Gruppe darauf geachtet, dass das ihr übertragene Vertrauen seine Berechtigung hatte.
Es wäre ein großer Verstoß gegen ihre Ehre als Gruppe und jeden Einzelnen gewesen, wäre der Fluchtversuch geglückt. Jeder fühlte sich für die Gruppe verantwortlich. Einzelinteressen, wie der Fluchtversuch zeigte, wurden unerbittlich von der Gruppe selbst sanktioniert. [115]

Bestätigt wird die Gruppenerziehung, die unerbittlich eingreift, sobald sich Außenseiter in der Gruppe zeigen. Diese Idee der Selbsterziehung findet sich im Militär und, wie sich in späteren Kapiteln zeigen wird, in der Schule und der Kollektiverziehung im Sozialismus.

Inwieweit einzelne Gefangene auch als Aufseher tätig waren, ergibt sich aus dem Bericht selbst nicht, soll daher auch nicht unterstellt werden. Bestätigt wird aber zumindest die Miterziehung jedes Einzelnen in der Gruppe, für diese zu handeln und Einzelinteressen zurückzustellen und damit das der Gruppe entgegengebrachte Vertrauen nicht zu enttäuschen.

c) Verantwortungsübertragung nach den preußischen Verfügungen von 1854 und 1856

Zeitgleich wurden weitere Regeln über Verantwortungsübertragung in den Anstalten und außerhalb aufgestellt, obwohl sie eine Durchbrechung des strengen Einzelhaftsystem bedeuteten, welches Wichern auf Befehl des Königs durchsetzen wollte.

---

[115] Valentini (1954): S. 330 f.

aa) Organisation der Sauberkeit und Ordnung der Zelle

Bereits in der allgemeinen Verfügung vom 10.04.1854 der Justizverwaltung in Preußen, ergänzt durch die allgemeine Verfügung vom 05.06.1856 bezüglich der Beschäftigung der Gefangenen ist innerhalb der Anstalt eine Unterscheidung zwischen den eigentlichen Hausarbeiten und denjenigen, welche, wie das Reinigen der Zellen und der Nachtkübel, von den Gefangenen selbst zu verrichten waren, getroffen worden. Letztere sind der Regel nach von mehreren in derselben Zelle befindlichen Gefangenen abwechselnd zu verrichten gewesen.[116]

In der jeweiligen Hausordnung sollte nach einer Empfehlung angeordnet werden, dass für jede Gemeinschaftszelle ein Gefangener als Zellenältester zu bestimmen sei, der, ohne den übrigen Gefangenen vorgesetzt zu sein, für die Ordnung in der Zelle verantwortlich wäre.

Der Zellenälteste musste jede Unordnung, jede Beschädigung oder Verunreinigung der Wände und Einrichtungsgegenstände und jeden Verstoß gegen die Hausordnung bei eigener Bestrafung melden und auf Befragen darüber Auskunft geben. Im übrigen hatte er dafür zu sorgen, dass jeweils einem der übrigen Gefangenen etwa von Woche zu Woche der Zellentagesdienst mit der Aufgabe übertragen wird, täglich für die Reinigung der Zelle zu sorgen.
Um eine reibungslose Kontrolle zu ermöglichen, wurde der Name des Zellenältesten auf der Belegungstafel unterstrichen und der Name desjenigen, der den Tagesdienst zu verrichten hat, mit einem Kreuz versehen.

Bei Eintritt einer Aufsichtsperson in diese Gemeinschaftszelle erstattete der Zellenälteste kurz Meldung über die Belegungszahl. Der Zellenälteste sollte in Gegenden, in denen eine sprachlich gemischte Bevölkerung lebte und entsprechende Strafgefangene in der Anstalt einsaßen, bereits aus praktischen Gründen danach auszuwählen sein, ob er beider Sprachen mächtig sei.[117]

Diese Empfehlungen nach den preußischen Verfügungen sind in der Praxis auch angewandt worden, wie Schilderungen vom Kölner Klingelpütz (s. S. 12) und anderen Anstalten zeigen.

bb) Reinigung der Flure

Zur Reinigung der Flure konnten nach einer entsprechenden Hausordnung dem Gefangenenaufseher zuverlässige Gefangene als Flurwärter zugeordnet werden. Diese waren dann für die Reinlichkeit der Flure verantwortlich. Bei einer Station für jugendliche Gefangene waren auf dieser auch nur solche dazu zu verwenden.

Allerdings sollte eine Beschäftigung auf dem Flur bzw. evtl. Höfen nur unter Aufsicht eines Aufsehers erfolgen. Wenn Gefangene von der Reinigung ihrer

---

116 Wulff (1900): S. 542 f.
117 Wulff (1900): S. 381

Zellen und deren Einrichtungsgegenständen entbunden wurden, so erfolgte die Arbeit durch die Flurwärter.[118]
Zur Aufrechterhaltung der Disziplin und ordnungsgemäßen Abwicklung bot sich diese Angliederung an das militärische System an.
Auch diese Haus- oder Flurwächter (früher Kalfaktoren) sind zur Aufrechterhaltung der Ordnung in der Praxis eingesetzt worden und organisierten einfache Ordnungsprobleme selbständig.[119]

Wie bereits oben erwähnt wurde (s. S. 30), wurden in den preußischen Verfügungen neben diesen von den Gefangenen selbst zu verrichtenden Arbeiten zur Reinigung und Ordnung auch eigentliche Hausarbeiten übertragen. Diese wurden gesondert entlohnt im Gegensatz zu den obigen Reinigungsarbeiten.
Die Allgemeine Verfügung von 5. Juni 1856 führt dazu aus, dass nur zuverlässige Personen dazu auszuwählen seien, Arbeiten wie das Reinigen und Heizen der Lokale sowie die Hilfsleistungen bei den Küchengeschäften vorzunehmen.
Grundsätzlich zählten zu diesen Hausarbeiten im weiteren Sinne diejenigen Arbeiten, die zu Zwecken der Gefängnisverwaltung und zwar zur Aushilfe für den Gefangenenaufseher nach Anordnung des Gefängnisvorstehers verrichtet werden sollten.[120]

Die Abgabe der Reinigungs- und Ordnungsarbeiten als Hausarbeiten im engeren Sinne an die Gefangenen unter Leitung eines von der Verwaltung bestimmten Zellen- oder Fluraltesten stellt bereits die Einräumung von Mitverantwortung dar. Die Gefangenen einer Zelle oder Flures hätten jeweils abwechselnd für die Ordnung zu sorgen gehabt und damit für die ganze Gruppe in der Zelle oder dem Flur Tätigkeit entfalten müssen.
Der jeweilige Zellen- oder Flurwärter seinerseits musste einerseits das Vertrauen der Mitgefangenen besitzen, damit die Ordnungsaufgaben auch nach seiner Einteilung funktionierten, andererseits das der Anstaltsleitung, denen gegenüber er Rechenschaft ablegen und das in ihn gesetzte Vertrauen rechtfertigen musste. Da er den anderen Gefangenen nicht vorgesetzt war, war er besonders auf das Mitwirken seiner Mitgefangenen angewiesen, damit die Ordnungsaufgaben erfüllt werden konnten. Jeder Gefangene war für das Gelingen, innerhalb der ganzen Gruppe verantwortlich.

Im Gegensatz zu dieser tatsächlichen Mitverantwortung war die Übertragung von Hausarbeiten im weiteren Sinne, also die besondere Auswahl zu Hilfsarbeiten in der Küche eine reine Vertrauenseinräumung einzelnen Gefangenen gegenüber. Eine Mitwirkung oder sogar Verantwortung für andere lag nicht vor.

---

118 Wulff (1900): S. 382; Koepsel (1988): S.309
119 Koepsel (1988): S. 309
120 Wolf (1935): S. 543 f.

Daneben wurden von Arbeitgebern Arbeiten in die Anstalt vergeben. Diese Arbeiten wurden als hervorragendes Mittel verstanden, um „die sittliche Aufgabe der Strafe zu lösen".[121]
In der Gemeinschaftshaft ist der Verkehr zwischen einem Werkmeister bei der privaten Arbeitsvergabe und den Gefangenen als möglich angesehen worden. Der Werkmeister war der Vertreter des privaten Arbeitgebers, welcher in der Anstalt die Arbeitsabläufe erklärte, überwachte und die fertigen Produkte abnahm.

Bei der Einzelhaft hätte der Werkmeister jeden in der Zelle aufsuchen müssen. Dies wurde wegen möglicher Beeinflussung und verbotener Vergünstigungen als Aufweichung der Einzelhaft verstanden, deren Kontrolle kaum möglich war. Der Strafzweck der sittlichen Hebung durch Arbeit würde zerstört werden.[122]

d) Die weitere Vertrauenseinräumung nach dem irischen Modell

In der oldenburgischen Strafanstalt Vechta waren praktische Versuche mit einem Progressivsystem nach irischem Vorbild von dem dortigen Anstaltsleiter Hoyer, allerdings nur von kurzer Dauer, unternommen worden.
Ab 1860 wurde eine Beobachtungsstufe und eine Gemeinschaftshaft eingeführt. In einem Führungsbuch wurde vermerkt, ob der Gefangene sich sittlich und im Betragen gebessert hat, sowie bei der Arbeit fleißig war, bevor er in die Gemeinschaftshaft aufsteigen durfte. Danach konnte er in das sogenannte Correctionshaus begnadigt werden, wo die Gefangenen meistens mit Außenarbeit beschäftigt wurden. Geplant war auch eine Übergangsanstalt nach irischem Vorbild. Da Hoyer 1863 starb, ist das Vorhaben wieder beendet worden.[123]

Hänell hatte in seinem System der Gefängniskunde im Jahre 1866 für die Deutschen Länder drei Stufen vorgeschlagen: Einzelhaft ohne feste Zeitbestimmung, Gemeinschaftshaft, Zwischenanstalt, wobei die Gruppen ab der zweiten Stufe höchstens 12 – 15 Personen betragen sollten. Hierbei sollte, wie bei Obermaier, die Einflussnahme auf die Gruppe und die Disziplin innerhalb der Gruppe verbessert werden.[124]

Sowohl in der Strafanstalt Vechta als auch in dem Vorschlag Hänells zeigt sich die Ausstrahlung des irischen Systems auf den deutschen Strafvollzug. Es sollte eine Zwischen- bzw. Übergangsanstalt eingerichtet werden, was notwendigerweise einen Kontakt mit der Außenwelt bedeutet hätte und damit auch die Einräumung von Vertrauen. Dies gilt insbesondere für die angeordnete Außenarbeit in der Strafanstalt. Wie bereits aus einem Bericht des Außenlagers im Obra-Bruch geschildert, war die Außenarbeit ohne Vertrauenseinräumung und dem Appell an die Ehre jedes Einzelnen und der ganzen Gruppe, keinen Fluchtver-

---

[121] Krohne (1882): S. 10 f.; Kaldewey (1889): S. 22
[122] Krohne (1882): S. 7 f.
[123] von Liszt (1888): S. 179; Schattke (1979): S. 88 f.
[124] Mittermaier(1954): S. 103; Haenell (1866): S. 149 f.

such zu unternehmen, nicht denkbar, so dass auch hier zumindest diese Übertragung von Vertrauen auf die Gruppe unterstellt wird.

e) Resümee

Das irische Modell, welches sich aus dem englischen entwickelt hatte, stellte bereits ein komplettes Stufensystem dar, das die Gefangenen in der sogenannten Zwischenanstalt an die Arbeit und das Leben in Freiheit gewöhnte. Auch gab es durch das Markensystem Anreize, von den niedrigeren in die höheren Klassen im Gefängnis aufzusteigen, um eher die Zwischenanstalt zu erreichen. Dort war durch Außenarbeit und die Einsetzung von Boten ohne Aufsicht Vertrauen auf die Gefangenen übertragen worden.

In der lex Wentzel war durch die Regelung der Außenarbeit und dem Tatsachenbericht der Umsetzung dieser Regelung aus dem Obra-Bruch nicht nur diese große Vertrauenseinräumung in jeden Einzelnen sondern auch die Verpflichtung der ganzen Gruppe, dieses Vertrauen nicht zu enttäuschen, dokumentiert worden. Es war für die Gruppe eine Frage der Ehre, dafür Sorge zu tragen, dass Fluchtversuche unterbunden wurden. Sie achtete selbst darauf, dass kein Vertrauensbruch stattfand, übernahm damit aber auch einen Teil der Verwaltungsaufgaben, nämlich Fluchtversuche zu unterbinden. Diese freiwillige Selbstdisziplinierung in der Gruppe zur Erfüllung der übertragenen Aufgabe stellt eine Selbstverwaltung in diesem Bereich dar.

Der deutsche Strafvollzug machte von der gesetzlichen Möglichkeit der Außenarbeit jedoch bis 1890 nur wenig Gebrauch.[125]

Mit den Verfügungen von 1854 und 1856 in Preußen für die der Justiz unterstehenden Anstalten wurde auch für die Situation in den Anstalten diese Vertrauenseinräumung durch die Bestimmung von Vertrauensleuten als Saalälteste etc. festgeschrieben, zumal er den anderen Gefangenen nicht vorstehen sollte. In der Praxis gab es die Einrichtung von Saal- oder Flurältesten bereits früher. Hier war aber eine Person besonders mit der Umsetzung der Verfügung betraut und die Lösung der Aufgabe auf diesen übertragen worden. Er war zwar auf das Wohlwollen der Mitgefangenen angewiesen, dürfte also auch ihr Vertrauen benötigt haben, da sonst die Durchführung der Arbeit in der Zelle oder dem Flur nicht möglich gewesen wäre. Die Gruppe der Mitgefangenen wird dadurch im geringen Rahmen Mitverantwortung gehabt haben, da nur mit ihrer Hilfe die Umsetzung gelang, andererseits auch nur ein Mitgefangener mit Autorität die Erfüllung der Ordnungsaufgaben durchsetzen und das Vertrauen der Kollegen erlangen konnte.
Die Übertragung von Hausarbeiten stellte dagegen nur eine Vertrauenseinräumung für bestimmte Gefangene dar, wie es sie schon früher gab.

---

[125] Kriegsmann (1912): S. 217

Sowohl Hänell in literarischer als auch in der Anstalt in Vechta in praktischer Form dürfte die Vertrauensübertragung zumindest im irischen Stufensystem versucht worden sein.

III. Kapitel: Die Gefangenenmitwirkung während der Kaiserzeit

1. Die Rechtsgrundlagen den Strafvollzug betreffend im Deutschen Reich

Das Jahr 1871 bedeutete die Einheit des Reichs. Seither haben wir (in Grenzen) eine reichseinheitliche Entwicklung in der Gesetzgebung.
Am 15.05.1871 war das Strafgesetzbuch für das Deutsche Reich (RStGB) erlassen worden. In diesem war die Einzelhaft nur noch auf die Dauer von drei Jahren für zulässig festgesetzt worden.[126]
Einzelhaft bedeutete dabei keine strenge Einzelhaft, wie es das pennsylvanische System vorsah. Dies ließ sich (wie bereits oben unter Kap. II. 2 ausgeführt worden ist) bereits aus praktischen wie finanziellen Gründen - sieht man von vereinzelten Anstalten ab - nicht umsetzen.

Die Einzelhaft beschränkte sich auf die Unterbringung eines einzelnen Gefangenen in einer Zelle auf einen begrenzten Zeitraum (max. drei Jahre). Ohne Zustimmung des Gefangenen durfte diese Zeit nicht überschritten werden (§ 22).[127]
Sie konnte tagsüber durch Arbeitsaufnahme und Bewegung im „Freien" (Gefängnishof) unterbrochen werden,[128] wobei es Unterschiede zur Gemeinschaftshaft gab, wie ein Bericht aus Preußen zeigen wird (s. u.).

Irgendwelche Beiträge zur Reform des Strafvollzugs leistete dieses Gesetz jedoch nicht, da es diesen weitgehend ausklammerte. Es enthielt lediglich neben Bestimmungen über Art und Dauer der möglichen Freiheitsstrafen (Zuchthaus, Gefängnis, Festungshaft usw.), Vorschriften über die Unterbringung der zu diesen Strafen Verurteilten.
Der Unterschied zwischen Zuchthaus und Gefängnis wurde unter anderem darin gesehen, dass der Zuchthäusler arbeiten musste (§ 15: Arbeit als Verschärfung der Strafe), während der Gefängnisgefangene grundsätzlich arbeiten durfte (§ 16).

Für die Zuchthäusler war ein bedingter Zwang zu allen im Zuchthaus eingeführten Arbeiten innerhalb und außerhalb der Anstalt festgelegt, während die zu Gefängnis Verurteilten nur auf eine ihren Fähigkeiten angemessene Weise beschäftigt werden durften und nur auf ihr Verlangen werden mussten. Eine Beschäftigung außerhalb der Anstalt bedurfte ihrer ausdrücklichen Zustimmung.[129]

Die Vorschrift betreffend die Außenarbeit für Zuchthausgefangene entspricht im wesentlichen dem §72 Abs. 1 der Preußischen Gefängnisordnung (lex Wentzel) von 1854, die jedoch als Errungenschaft die Außenarbeit für alle Gefangenen regelte.

---

126 Schulze/Ellger (1925): S. 121
127 Vormbaum / Welp (1999): S. 6
128 Schwind (1976): S. 14
129 Schwandner (1915): S. 147

Zuchthaus konnte lebenslänglich oder zeitig von 1 bis 15 Jahren verhängt werden, Gefängnis von 1 Tag bis 5 Jahren. Zuchthausgefangene sollten mit „Du" angeredet und durften körperlich gezüchtigt werden.[130]

Die Zuchthausstrafe wurde von den Gefangenen als entehrende Strafe, als Verlust der Ehre empfunden.[131]

Der Strafvollzug selbst wurde weiter landesrechtlich unterschiedlich geregelt. Um dies zu ändern, wurde auf Initiative des Reichstags von der Reichsregierung 1879 dem Bundesrat der Entwurf eines „Gesetzes über die Vollstreckung der Freiheitsstrafe" zugeleitet. Darin sollte u.a. die Einzelhaft als Regelvollzugsform in Zuchthaus und Gefängnis festgeschrieben werden.
Im Bundesrat ist dieser Entwurf am „Machtwort" Bismarks gescheitert, der hohe Kosten für die Einrichtung von Zellengefängnissen befürchtete.[132]

Um trotzdem eine einheitlichere Gestaltung des Deutschen Strafvollzugs herbeizuführen, gab der Bundesrat durch Beschluss vom 28. Oktober 1897 als Vereinbarung der Landesregierungen die Grundsätze, welche bei dem Vollzug gerichtlich erkannter Freiheitsstrafen bis zu weiterer gemeinsamer Regelungen zur Anwendung kommen sollten, in allgemeinen Richtlinien heraus.[133]

In diesen Grundsätzen war im § 11 festgelegt worden, dass die Einzelhaft vorzugsweise im Zuchthaus und Gefängnis angewandt wurde.[134]
Die Dauer der Einzelhaft war während der Verbüßung der Strafe ohne Zustimmung des Gefangenen nicht über drei Jahre erlaubt und bei Gefahr für das körperliche und geistige Wohl des Gefangenen ausgeschlossen.

Die §§ 15 und 16 handeln von der Gemeinschaftshaft, die notwendigerweise neben der Einzelhaft erforderlich war. Bezüglich der Gemeinschaftshaft wurde ausgeführt, dass eine Absonderung der Gefangenen am Tag, nämlich in der Kirche, in der Schule sowie bei der Bewegung im Freien nicht ausgeschlossen ist, sie aber in der Nacht tunlichst voneinander zu trennen waren.[135]
Die Geschlechter waren in den Anstalten getrennt unterzubringen. Für Jugendliche unter 18 Jahren waren in den Anstalten besondere Abteilungen zu bilden und für sie war die Einzelhaft ausgeschlossen.[136]

Mit Rücksicht auf die verschiedenen Auffassungen der Länder waren diese Grundsätze sehr allgemein gehalten worden und ließen den Ländern Gestaltungsspielraum für die inhaltliche Ausgestaltung. Über die Aufgaben und das

---

130 Schwind (1976): S. 14
131 Corvin (1857): S. 72
132 Schulze/Ellger (1925): S. 121; Schwind (1976): S. 14
133 Aschrott (1898): S. 400 ff. Anhang; Schulze/Ellger (1925): S. 121; Schwind (1976): S. 14
134 Muntau: S. 46
135 Muntau (1961): S. 46 f.
136 Saal (1915): S. 23

Ziel des Strafvollzuges ist in diesen Grundsätzen genauso wenig enthalten wie über Mitverantwortung, Freizeitgestaltung oder Gruppen.[137]

2. Die weitere Gestaltung in den Ländern des Deutschen Reichs

a.) Die Entwicklung in Preußen

Soweit in Preußen das Einzelhaftsystem tatsächlich umgesetzt worden war, schildert Eisenhardt deren Handhabung wie folgt:

> „Die Gefangenen hatten eine halbe Stunde Zeit für Bewegung, sie gingen in einer Reihe einzeln hintereinander mit einem Zwischenabstand von 3 Schritten bei Gemeinschaftshaft (5 Schritten bei Einzelhaft); das Marschtempo betrug 120 Schritte pro Minute."[138]

Dieses Beispiel verdeutlicht, dass Einzel- und Gemeinschaftshaft in einer Anstalt nebeneinander betrieben wurden und das Einzelhaftsysteme Ausnahmen zuließ.
Die Justizverwaltung in Preußen verkündete am 10. Februar 1873 einen Erlass bezüglich Außenarbeit.

Im § 15 dieses Erlasses hieß es, dass die einzelnen einem Aufseher übergebenen Abteilungen so zu bilden seien, dass sich in jeder Abteilung ein oder mehrere Gefangene befänden, welche den Aufseher in der Aufsicht über die anderen Gefangenen unterstützen und in der Verhinderung von Fluchtversuchen benutzt werden sollten. Die hierzu von den Beamten bestimmten Gefangenen konnten mit einem Abzeichen auf dem linken Arm z. B. einer festgenähten farbigen Binde, versehen werden.[139]

In einer Versammlung des Vereins der deutschen Strafanstaltsbeamten aus dem Jahre 1880 wurde noch darauf gedrängt, dass die Außenarbeit tunlichst eingeschränkt werde, damit der Strafzweck nicht gefährdet würde. Die Form der Unfreiheit sollte gewahrt und der Verkehr mit dem Publikum gänzlich unterbunden werden.[140]

Zur Vergabe von Arbeit in die Strafanstalt durch private Arbeitgeber ist durch den Ausschuss des deutschen Handelstages zwar die Notwendigkeit einer produktiven Beschäftigung der Gefangenen nicht bestritten worden, aber über Art und Umfang die unterschiedliche Ansicht deutlich gemacht worden.
Gesehen wurde insbesondere eine starke Konkurrenz zur übrigen Privatwirtschaft. So sollten vorwiegend Arbeiten für Verkehrsanstalten, Gerichts- und Verwaltungsbehörden und das Militär vergeben werden. Allerdings ist vom De-

137 Muntau (1961): S. 47; Frede (1975): S. 265
138 Eisenhardt (1978): S. 56
139 Wulff (1900): S. 559
140 Organ des Vereins der deutschen Strafanstaltsbeamten (1882): S. 31

zernenten für Gefängniswesen im Ministerium des Innern 1883 - 84 die Auffassung vertreten worden, dass bezweifelt würde, das

> „eine größere Anzahl von Sträflingen zu Arbeiten im Freien angehalten werden könnte; ebenso stellte er in Abrede, dass die Strafanstalten in der Lage wären, eine größere Menge Militärarbeiten zu übernehmen."[141]

Erst ab 1895 wurde der Wert der Außenarbeit für Moorkulturen, Deichbefestigungen, Flussregulierungen etc. erkannt und verstärkt Gefangene dort eingesetzt. Österreich und die Schweiz hatten bereits positive Erfahrungen gemacht und den Auslöser im Deutschen Reich gezündet.[142]

Von den gegen Ende des 19. Jahrhunderts eingerichteten Gefangenen – Außenlagern im Raum Bielefeld wird berichtet, dass es dort sogenannte Lagerälteste gab.[143]
Dort fanden sich erstmals Vertrauensleute nicht nur in der Anstalt, wie die Saal- oder Flurältesten, sondern mit den Lagerältesten auch außerhalb in einem Arbeitslager.
Im Strafvollzug auch im Außenlager war allerdings weiterhin der beherrschende Gedanke gewesen, dass die Gefangenen durch die Beschäftigung an Ordnung und Gehorsam gewöhnt werden, durch längere Haftdauer keinen gesundheitlichen Schaden nehmen und ihnen letztlich nach der Entlassung ein besseres Fortkommen in der Gesellschaft ermöglicht wird. Man glaubte, ihnen die wiedererlangte Neigung zur Arbeit und der Entlohnung beigebracht und damit eine Notwendigkeit zu erneuter Straftat verhindert zu haben.[144]

Die Preußische Justizverwaltung gab, nachdem der Bundesrat durch Beschluss die Vereinbarung der Landesregierungen über die Grundsätze betreffend den Strafvollzug am 28.10.1897 beschlossen hatte, die Gefängnisordnung vom 21.12.1898 heraus.[145] In deren § 37 war ausgeführt, dass für jedes Gefängnis eine von dem oberen Staatsanwalt zu genehmigende Hausordnung zu erlassen wäre, welche alle die Behandlung der Gefangenen regelnden Vorschriften enthalten sollte.[146]

Wie bereits vorher in den allgemeinen Verfügungen vom 10.04.1854 und 05.06.1856 sollten diese Hausordnungen Anordnungen über die Übertragung von Verantwortung auf einzelne ausgesuchte Gefangene als sogenannte Saal- oder Flurälteste enthalten. Nach der Ausführungsverfügung vom 27. Dezember 1898 sollte darauf geachtet werden, dass diese Hausordnungen für die einzelnen Gefängnisse im wesentlichen übereinstimmten.[147]

---

141 Kaldewey (1889): S. 20 ff., 31
142 Kriegsmann (1912): S. 219 f.
143 Schwind (1976): S. 308
144 Wulff (1900): S. 527
145 Muntau (1961): S. 46; Aschrott (1898) Grundsätze abgedruckt Anhang: S. 400 ff)
146 Aschrott (1898): S. 400 Anhang, S. 406
147 Wulff (1900): S. 167

In den Hausordnungen, die in den preußischen Gefängnissen herausgegeben werden sollten, die dem Justizministerium unterstanden, waren bereits die Saal- oder Fluräeltesten erwähnt.[148] Es war ausdrücklich von Verantwortungsübertragung auf Gefangene die Rede, da für die Reinlichkeit in der Zelle oder dem Flur die Gefangenen mit ihrem Ältesten verantwortlich waren.[149]
Allerdings diente dies auch hier wie 1838 im Kölner Gefängnis oder in den Außenlagern grundsätzlich nur der Übertragung von Aufsichtsmaßnahmen auf ausgesuchte Gefangene, um das eigentliche Aufsichtspersonal zu entlasten, auch wenn dabei Gefangene als Vertrauensleute eingesetzt wurden und Verantwortung für den Zustand der Zelle zu übernehmen war, sowie sogar an die Ehre der Gefangenen appelliert wurde. Bei der Arbeit der Gefangenen herrschte allerdings kein Schweigegebot mehr, da es sich in der Praxis nicht durchsetzen ließ. Dagegen überwachten „zuverlässige" Gefangene die Disziplin der anderen.[150]

Das Ministerium des Innern gab am 14.11.1902 für seine Anstalten die Dienstordnung für die dem Ministerium des Innern unterstellten Strafanstalten und größeren Gefängnisse heraus. Bis dahin hatte zumeist noch das alte Rawitzer Reglement mit einigen Änderungen gegolten, also das militärisch geprägte System (s. S. 9).

§ 3 handelte ausdrücklich über das Ziel des Strafvollzugs. Durch den Vollzug sollte der Verurteilte unter die Rechtsordnung gebeugt, sittlich gebessert und zu einem geordneten Leben nach der Entlassung erzogen werden.

Weitere Details sind in den Verordnungen nicht enthalten, so dass die weitere Ausgestaltung über die Umsetzung dieses Ziels und eventuelle Mitgestaltung des Vollzugs in den Händen der jeweiligen Anstaltsleitungen lag.

Der Vollzug war immer noch von Teilstaat zu Teilstaat verschieden und variierte sogar innerhalb dieser Staaten. So gab es 1908 in Preußen 1061 Gefängnisse und jedes hatte seine eigene Hausordnung.[151]

Über die Wirkung des Strafvollzugs auf den Gefangenen machte man sich nicht viel Gedanken. Er war willenloses Objekt des Strafvollzugs.[152]

Innerhalb Preußens gab es somit zum Anfang des 20. Jahrhundert verschiedene Haftsysteme in den Anstalten und damit auch durch eingerichtete Gemeinschaftshaft und Arbeitseinrichtung innerhalb und außerhalb der Anstalt vielfältige Möglichkeiten, Gefangene als Vertrauensleute einzusetzen.

Von entscheidender Bedeutung war, dass jetzt erstmals Juristen in den Strafvollzug als leitende Beamte übernommen wurden. Diese hatten als Richter, Staats-

---

148 Wulff (1900): S. 179
149 Wulff (1900): S. 167, 381
150 Eisenhardt (1978): S. 56
151 Eisenhardt (1978): S. 56
152 Frede (1975): S. 265

anwälte oder Assessoren bereits Erfahrungen gesammelt und lösten die bis Ende des 19. Jahrhunderts fast ausschließlich aus dem Militärdienst rekrutierten pensionierten Offiziere ab.
Nach § 53 der Dienstordnung waren die Stellen der männlichen Unterbeamten mit Militäranwärtern nach den Grundsätzen vom 10.09.1832 zu berufen.

Muntau schildert von einer Anstalt 1910 in Preußen:

> „Alles ging damals militärisch zu, wie das Grüßen, das Meldungmachen der Beamten und der Gefangenen."

Vom preußischen Justizministerium war ihm vor Antritt seiner ersten Stelle als Gefängnisdirektor mitgegeben worden, dass „ein Direktor zu sein habe wie der Kapitän auf einem Schiff".[153]

Dies bestätigt, dass noch 1910 das militärische System sowohl vom Justizministerium als auch in der Praxis Bestand hatte.

b.) Die Entwicklung in Hessen

Nach der Reichsgründung wollte Hessen zunächst ein einheitliches Reichsgesetz über den Strafvollzug abwarten.
Der Gesetzentwurf über den Strafvollzug von 1879 scheiterte jedoch am Antrag Bayerns, die der Auffassung waren, dass in der Systemfrage jeder Staat freie Hand behalten sollte.

Die Missstände in den überfüllten Strafanstalten zwangen die Regierung jedoch zum Handeln und nach Genehmigung und Bau wurde im Juli 1894 die neue Zellenanstalt in Butzbach als einziges Einzelhaftgefängnis in Hessen seiner Bestimmung übergeben.[154]

Daneben wurde in der weiteren Zentralstrafanstalt von Hessen, im Landeszuchthaus Marienschloss bei Rockenberg ein neuer Zellenbau errichtet, der 1907 bezugsfertig war.
Diese Anstalt behielt jedoch grundsätzlich das System der Gemeinschaftshaft bei.

> „Die strenge Einzelhaft wurde in Rockenberg nie durchgeführt, in Kirche und Schule gab es keine Einzelsitze, die meisten Arbeitsplätze waren in Gemeinschaftsräumen. Aber der Anfangsvollzug mit Zellenarbeit fand in Einzelhaft statt."[155]

Auch in den übrigen Strafanstalten in Hessen wie Darmstadt, Mainz und Gießen wurden zwar teilweise Einzelzellen eingerichtet, aber überwiegend die Gemeinschaftshaft praktiziert.[156]

---

153 Muntau (1961): S. 48
154 Hoffmann (1899): S. 37
155 Böhm (1996): S. 22
156 Hoffmann (1899): S. 47, 50, 52

c) Die Entwicklung in anderen Ländern

In Württemberg wurde auch während der Kaiserzeit ein Klassifikationssystem, welches bereits im ersten Viertel des 19. Jahrhunderts eingeführt worden war, fortgesetzt. Es gab in diesem System eine Aufeinanderfolge von Einzel- und Gemeinschaftshaft.[157]

In Baden brachte die 1877 vorgenommene Einrichtung von Gemeinschaftsräumen für 60 Gefangene im Zellengefängnis Bruchsal bereits eine Durchbrechung des Einzelhaftsystems in dieser Anstalt mit sich.[158] Während des I. Weltkriegs erfolgte eine Beschäftigung der Gefangenen tagsüber in Gemeinschaftshaft unter Schweigegebot und nur des Nachts wurden sie wieder in die Einzelzellen verbracht.[159]
In Sachsen wurde 1883 das sogenannte Disziplinarklassensystem ausgebaut.
Es wurden weitere Vergünstigungsunterschiede zwischen den einzelnen Klassen geschaffen, so z.B.: die Teilnahme am Kirchenchor und die Erlangung von Vertrauensstellungen.
Am 20. Juni 1899 wurde eine gemeinsame Hausordnung für alle sächsischen Landesstrafanstalten verabschiedet, die Regeln zur Klassifizierung der Gefangenen und den Aufstiegsmöglichkeiten usw. enthielten.[160]

3. Resümee

In dem Bereich der Gesetzgebung wurde vom Deutschen Reich während der Kaiserzeit kein Beitrag zur Entwicklung einer Mitverantwortung in den Deutschen Gefängnissen gegeben.

Die Länder hatten zwar Grundsätze den Strafvollzug betreffend herausgegeben, darin aber auch nichts neues geregelt, was es nicht bereits gab. So sollte jedes Gefängnis eine Hausordnung erlassen. Ansonsten waren diese Grundsätze sehr allgemein gehalten, um den Ländern Gestaltungsspielraum zu lassen.

In den einzelnen Ländern wurden Vertrauensstellungen in einzelnen Gefängnissen bei der Einrichtung der Lager oder Flur- und Saalältesten vergeben. Es kam auch zur Aufweichung der Einzelhaft, indem, durch äußere Umstände gezwungen, Gemeinschaftshaft dort eingerichtet wurde, wo es nur die Einzelhaft gegeben hatte, wie in Bruchsal und Moabit.
Butzbach wurde dagegen erst während der Kaiserzeit eröffnet.
Im wesentlichen galt jedoch nach wie vor das militärische System und es gab zunächst mit der Reichsgründung eine gewisse Vollzugsverschärfung.

---

157 Schattke (1979): S. 89 f.
158 Freßle (1970): S. 225
159 Freßle (1970): S. 220
160 Schattke: S. 92

IV. Kapitel: Die Zeit der Weimarer Republik

1. Die Jugendbewegung und deren Einfluss auf den Strafvollzug

Die Behandlung der Jugendbewegung im Rahmen der Weimarer Republik hat für diese Arbeit seine Berechtigung, da der Einfluss auf die Erziehungsheime, Jugendgefängnisse und den Erwachsenenstrafvollzug sich erst während dieser Zeit auswirkte.
Alle guten Ansätze der Jugendbewegung und deren Ideen hatten sich wegen des Ersten Weltkrieges in der Kaiserzeit nicht mehr gewinnbringend im Strafvollzug umsetzen lassen.

Die Jugendbewegung wird hier etwas ausführlicher dargestellt, weil sie für die Entwicklung der Mitverantwortung im Vollzug von entscheidender Bedeutung ist. Der hier erarbeitete Gedanke der Selbst- oder Miterziehung in der sozialen gleichaltrigen Gruppe eröffnet insoweit eine neue Dimension.
Die Gedankenwelt der Jugendbewegung erfasst mehr oder weniger große Bevölkerungsgruppen, vor allem aber Erzieher und Lehrer. Die beruflich mit der Erziehung gefährdeter junger Menschen befassten Personen, Pfarrer, Lehrer und Handwerksmeister waren oft „jugendbewegt".
In dem sich entwickelnden Jugendstrafvollzug, der, wie es die Jugendbewegung forderte, erzieherisch gestaltet werden sollte, fassten reformpädagogische Ansätze Fuß und gelangten in abgeschwächten Formen so auch in den allgemeinen Vollzug.

Personen, die einerseits im Vollzug verantwortlich tätig, andererseits auch im fachlichen Schrifttum präsent waren, bekannten sich zur Jugendbewegung.
So z.B.

- Albert Krebs: Heimerziehung, akademisch ausgebildeter Fürsorger im thüringischen Jugend- und später Erwachsenenvollzug ab 1923, Direktor der thüringischen Landesstrafanstalt Untermaßfeld 1928 bis 1933, Leiter des Gefängniswesens in Hessen 1945 bis 1965;[161]
- Walter Herrmann: (mit Curt Bondy) 1922 an der Einrichtung Pädagogischer Strafvollzug auf einer zu Hamburg gehörenden Elbinsel Hahnöversand beteiligt,[162] nach 1945 Leiter der Strafanstalt Wolfenbüttel;[163] (s. S. 60)
- Robert Werner: wegen verbotener Weiterführung des jungdeutschen Ordens 1935 zu Gefängnis verurteilt, 1949 u. 1960 Leiter der Jugendstrafan-

161 Sagaster (1980): S. 19 (Sie schreibt allerdings, dass er bis 1962 den hessischen Strafvollzug leitete. Er tat dies bis 1965)
162 Liepmann (1928): S. 112
163 (siehe Personalakte W. Herrmann's beim Niedersächsischen Landesarchiv - Staatsarchiv Wolfenbüttel)

stalt Rockenberg[164], danach der früheren Erziehungsanstalt Dansweilerhof[165], um nur einige zu nennen.

Im wesentlichen entfalteten die Gedanken der Jugendbewegung ihre Wirkung in der Heimerziehung, dann vor allem aber im Jugendstrafvollzug. Im Strafvollzug für Erwachsene lassen sich erst nach 1918 Einflüsse nachweisen und zwischen 1933 und 1945 vor allem im Jugendstrafvollzug sowie nach 1945 prägen ihre Gedanken die Vollzugsreformen.

a) Die Entwicklung der Bünde bis zum Ende des I. Weltkrieges

Nach 1871 verstärkte sich die Industrialisierung im deutschen Reich, bei der neue Technologien und Organisationsformen die Arbeitsplatzstruktur völlig veränderten. Dies führte in der Folgezeit zu großen Binnenwanderungen in die neuen Industriezentren.
Für einen großen Teil der Bevölkerung zerbrachen alte soziale Bindungen. Die Beschäftigungsstruktur zwischen Land- und Industriearbeitern, Beamten und Angestellten änderte sich, was zu Statusproblemen, vor allem bei mittelständischen Gruppen führte. Die neuen, unpersönlichen, auf materielles Wachstum ausgerichteten Prinzipien der Industrialisierung parzellierten die menschlichen Beziehungen. Sie waren ausschließlich auf den, jederzeit zur Disposition stehenden, Arbeitsplatz ausgerichtet. Gegen dieses neue Sozialgebilde "Gesellschaft" stand die verbindliche, personenbezogene, sozial gewachsene Gemeinschaft.[166]

Vor diesem Hintergrund eines rapiden normativen und sozialen Wandels in der Gesellschaft wurden die Mittelschichten von zwei Seiten bedroht:

- von der industriell - technologisch schon zur Monopolisierung neigenden Entwicklung und
- der immer größer und mächtiger werdenden Arbeiterbewegung.

Der Mittelstand spaltete sich im Zuge dieser Entwicklung in einen kaufmännisch und handwerklich geprägten Teil, der sich mit dem wirtschaftlich - technischen Fortschritt identifizierte, völkisch – imperialistischen Ideen anhing und Halt bei der staatlichen Macht suchte sowie einem als Bildungsbürgertum zu bezeichnenden Teil. Letzterer versuchte die neue Lage als Sinn- und Bildungskrise zu begreifen und gegen die Fortschrittsentwicklung Widerstand zu leisten.[167]

Auf der kulturellen Ebene war der Widerspruch von neuem Wirtschaftsbürgertum und altem Bildungsbürgertum deutlich erlebbar. Das Wirtschaftsbürgertum bediente sich der Bildung eher als gesellschaftliches Dekor, während das Bildungsbürgertum, zum größten Teil zusammengesetzt aus Beamten, akademi-

---

164 Espich (2000): S. 17 ff. (Mit Ausführungen zur Zeit der Jugendbewegung)
165 Werner (1973): S. 85
166 Giesecke: S. 12
167 Giesecke (1981): S. 16

schen freien Berufen, Professoren und Gymnasiallehrern, die klassische Bildung als verbindlichen Wert an sich, als fundamentales Stück der eigenen Identität ansah. Dieses überwiegend protestantische Bildungsbürgertum war der soziale Boden für die Kulturkritik, die um die Jahrhundertwende einsetzte, zu einer das ganze Deutsche Reich erfassende Bewegung anschwoll und die sich die Rettung der alten geistigen Werte auf die Fahne geschrieben hatte.
Giesecke beschrieb das Erlebte des Bildungsbürgertums treffend mit den Worten: „Bewegung ist eine Reaktion auf eine Situation, die als Krise erlebt wird."[168]

Charakteristisch für eine Bewegung ist, dass ihre Zielvorstellungen eher gefühlsmäßig als traditionell begründbar sind und deshalb der Zusammenhalt eher auf einem gemeinsamen Lebensgefühl beruht.
Typisch ist auch, dass die Bewegung ihre Ziele nicht in den vorhandenen gesellschaftlichen Institutionen angemessen realisieren kann und nach neuen gesellschaftlichen Organisationsstrukturen sucht.
Da die Bewegung von einer Vielzahl Personen getragen werden muss, die gleiche oder ähnliche Erfahrungen gemacht haben, lebt sie davon, eine auf die Verbesserung der gesamten menschlichen Verhältnisse gerichtete Ideologie zu entwickeln.[169]

Die Hoffnung auf eine Restitution der alten Werte stützte sich auf die Jugend und ihre Spontanität sowie ihre Unverdorbenheit, ihre Offenheit und moralische Unbedingtheit. Dieser Jugendkult bildete die Grundlage für die spätere Jugendbewegung und -pflege. Es kam dem Bildungsbürgertum auch insofern entgegen, als mit der Aufwertung der Jugend auch eine Aufwertung ihrer Erzieher einherging. Im Zuge dieser Veränderungen gewannen die Reform-Pädagogen immer mehr an Boden.[170]

Die bedeutendste Gruppierung innerhalb der Jugendbewegung war der Wandervogel. Seinen Ursprung nahm er von einem Steglitzer Gymnasium in Berlin im Jahre 1896. Eine Schülergruppe unternahm mit ihrem nur wenige Jahre älteren Lehrer Hermann Hoffmann Wanderungen in die nähere und fernere Umgebung. Als Hoffmann beruflich in die Türkei versetzt wurde, übernahm Karl Fischer, ein Primaner dieses Gymnasiums, die Organisation.[171]

In der Frühzeit der Wandervogelbewegung bis etwa 1910 fanden die Ideen der Kulturkritik nicht bewusst Eingang in die Bewegung. Getragen war die Zeit vor der Gründung des ersten Wandervogelvereins und die ersten Jahre danach allein von dem Gemeinschaftsgefühl und der Geselligkeit der Jugendlichen sowie der Verbundenheit zur Natur. Erst nach 1910 nutzte die Führerschaft ihr Wandervogeltum bewusst als Gegensatz zur bestehenden Zivilisation aus und betonte

---

168 Giesecke (1981): S. 11, 13
169 Giesecke (1981): S. 17
170 Giesecke (1981): S. 14
171 Messer (1920): S. 2

die alten Werte. Die Ideen der Kulturkritik waren eine Folge, aber nicht die Ursache der Gemeinschaftsbildung in der Wandervogelbewegung. [172]
Parallel hierzu entwickelte sich die proletarische Jugendbewegung in Deutschland aus der immer stärker werdenden Arbeiterbewegung. Im Jugendbund verstand man unter der proletarischen Jugend diejenigen zwischen 14 und 18 Jahren.[173]

Als Geburtsdatum der bürgerlichen Jugendbewegung gilt jedoch der 4. November 1901. An diesem Tag gründeten zehn Personen, darunter vier Schriftsteller und ein Arzt unter der Leitung von Karl Fischer in Steglitz bei Berlin den Verein "Wandervogel-Ausschuss für Schülerfahrten".[174]

Als Zweck des Vereins wurde angegeben:

- In der Jugend die Wanderlust zu pflegen,
- Sinn für die Natur zu wecken,
- zur Kenntnis der deutschen Heimat anzuleiten,
- kameradschaftlichen Geist zu pflegen,
- den Schädigungen des Leibes und der Seele entgegenzuwirken, die in und um die Großstädte die Jugend bedrohen, z.B.: durch Stubenhockerei und Müßiggang, Alkohol und Nikotin.[175]

Bei den Ausflügen ist der Führer einer Gruppe ein älterer Student oder Schüler gewesen, der sich äußerlich von den anderen nicht unterschied. Er war kein Lehrer oder Erzieher sondern Kamerad, während des Ausflugs für die Gruppe aber verantwortlich. Es wurde ein einfaches Leben mit Nachtlagern im Stroh bevorzugt. Jeder Teilnehmer sollte gleich viel Geld mithaben, damit Ärmere nicht zusehen mussten, wenn Reichere schlemmten.
1904 spaltete sich der Wandervogel in den "Wandervogel eingetragener Verein zu Steglitz", der auf Berlin beschränkt blieb, und den von Fischer weitergeführten "Altwandervogel", der sich über ganz Deutschland ausbreitete.[176] 1906 löste sich Fischer vom Wandervogel und legte alle seine Ämter nieder.[177] Der Altwandervogel entwickelte sich von 1904 - 1912 zum größten aller Wandervogelbünde mit ca. 15.000 Scholaren und 5.000 Mitgliedern. Er behielt jedoch eher eine konservative Haltung, während der Steglitzer e.V. die geistige Führung der Bewegung übernahm.[178]

---

172 Kindt (1968): S. 18f.
173 Bondy (1922): S. 33
174 Giesecke (1981): S. 54; Pohl (1966): S.26; Schneider (1965): S. 15
175 Giesecke (1981): S. 18
176 Bohnenkamp (1963): S. 43; Giesecke (1981): S. 19 ff.; Schneider (1965): S. 18 f.
177 Schneider (1965): S. 20
178 Kindt (1968): S. 104

Im Jan. 1907 wurde der Wandervogel, Deutscher Bund für Jugendwanderer (DB) von Ferdinand Vetter in Jena gegründet. Hierin war die Aufnahme von Mädchen gestattet, jedoch Alkohol und Nikotin verboten. Der DB brachte weitere lebensformerische und abstinenzlerische Bestrebungen in die Jugendbewegung ein.[179] Ostern 1912 wurde auf einem gemeinsamen Bundestag des Altwandervogels, dem Deutschen Bund für Jugendwanderer und dem Steglitzer e.V. der Wandervogel e.V. aus deren jeweiligen Hauptteilen gegründet.[180] Ein vollständiger Zusammenschluss aller Wandervogel - Gruppen gelang nicht.[181]

Träger der Vorkriegs - Jugendbewegung waren neben dem Wandervogel der Bund deutscher Wanderer und die Freischar. Der Bund deutscher Wanderer wurde im Herbst 1905 in Hamburg als Wanderverein von den Primanern Knud Ahlborn und Ferdinand Göbel gegründet und blieb bis auf den heutigen Tag erhalten. Das Ziel war die Umgestaltung der Lebensführung der großstädtischen Jugend. Sie hatten die Abstinenz von Alkohol und Nikotin sogar in ihre Satzung aufgenommen. Dem Bunde wurde zugleich eine starke problematische Einstellung zur Gegenwart zu eigen. Sie rang um die Idee der Brüderlichkeit und gegenseitigen Hilfe im Reich, dass allen Volksgenossen und Völkern ein Leben nach eigener Bestimmung, vor eigener Verantwortung und in innerer Wahrhaftigkeit ermöglicht.[182]

Von den Aktivitäten einzelner Mitglieder ging sowohl die Gründung der ersten Akademischen Freischar in Göttingen (DAF), gegründet von dem Studenten der Medizin Knud Ahlborn mit 15 Kommilitonen[183], die die neuen lebensreformerischen Ziele in die studentische Gemeinschaft hinein trugen, als auch die Vorbereitung des Festes auf dem Hohen Meißner aus.[184]
Innerhalb der Freischar wurde die Tragung von Verantwortung, Überzeugungstreue und Wahrhaftigkeit von den Mitgliedern erwartet.
Angestrebt wurde eine Befreiung der Persönlichkeit von allem ihr wesensfremden, eine Eindämmung minderwertiger und eine Stärkung wertvoller, eigener Kräfte.

Die Freischar wollte erzieherisch auf die Mitglieder einwirken, um Tugenden wie Natürlichkeit, Frische, Kameradschaftlichkeit, Einfachheit sowie Liebe zu Volk und Heimat herauszubilden und Launen sowie „Sichgehenlassen" zu bekämpfen. Der Einzelne sollte gerade nicht zu bestimmten parteipolitischen oder konfessionellen Gesinnungen sowie dogmatisch festgelegten Weltanschauungen hingeführt werden.[185]

---

179 Schneider (1965): S. 22
180 Schneider (1965): S. 29
181 Ziemer (1966): S. 50, Messer (1920): S. 3
182 Ahlborn (1966): S.65; Schneider (1965): S. 20
183 Schneider (1965): S. 21
184 Ehrenthal (1966): S. 7; Bias-Engels (1988): S. 60 (mit genauen Ausführungen zur Gründung)
185 Bias-Engels (1988): S. 64

Ihren Höhepunkt vor dem ersten Weltkrieg hatte die Jugendbewegung mit dem gemeinsamen Treffen der jugendbewegten Gruppen auf dem Hohen Meißner am 13. Oktober 1913, am hundertjährigen Jubiläum der Völkerschlacht bei Leipzig. 2000 - 3000 Abgesandte und Mitglieder jugendbewegter und lebensreformerischer Verbände fanden sich zu diesem Fest unter freiem Himmel zusammen.[186]

13 Verbände schlossen sich zur Dachorganisation der "Freien Deutschen Jugend" zusammen. Sie hatten sich die Entfaltung aller gemeinschaftsbildenden Kräfte auf die Fahnen geschrieben und wollten die Idee des Menschheitsreiches der Brüderlichkeit und gegenseitigen Hilfe, das allen Völkern ein Leben nach eigener Bestimmung, vor eigener Verantwortung und innerer Wahrhaftigkeit ermöglicht, erreichen.[187]
Vor Ausbruch des Krieges konnte sie sich nur noch als eine lose Organisation der Älteren aus der Jugendbewegung verwirklichen.[188]

Gemeinsam war allen Gruppen das Gruppenleben und die Kameradschaft, das Bedürfnis nach Selbständigkeit unter eigener Verantwortung und Eigenleben der Jugend, die Sehnsucht nach Selbstverwirklichung und nach einer besseren Welt. Man baute verlassene Burgruinen oder Stadttürme zu Treffpunkten aus. Die ersten Landheime entstanden z.B. 1907 in Hamburg.

Volkstänze und -trachten standen hoch im Kurs, das gemeinsame Liederbuch war der „Zupfgeigenhansl", aus dem zur Klampfenmusik am abendlichen Lagerfeuer gesungen wurde.

Die Mädchen wanderten in dem Bund der Wanderschwestern eifrig mit und genossen die ersten Schritte in Richtung Gleichberechtigung der Frau.
In diese Zeit fällt auch der Beginn des Jugendherbergswerks. Die erste wurde 1909 in Altena in Westfalen gegründet.[189]

b) Die Schulreform und die Jugendbewegung

Die Schulreform und die Jugendbewegung fußten auf dem gleichen Boden, nämlich der Kulturkrise im Deutschen Reich. Die Sekundaner und Primaner fühlten sich durch die veralteten Lehrinhalte und das vollkommen einnehmende Schulsystem von den Erwachsenen in der Pflicht gehalten. Der Lehrplan wurde „erteilt" und musste von den Schulen „wiedergegeben werden", ohne die Möglichkeit, bei der Gestaltung des Unterrichts aktiv Anteil nehmen zu können.
So konzentrierten sich die Aktivitäten vieler Schüler als Kompensation gegen dieses Streben nach Erreichen des Klassenziels auf die Freizeit.
Bei ihren Wanderungen, im Lager oder Landheim wurde altes abendländisches, deutsches, bürgerliches Gut lebendig. Die selbst gewählte Zucht in der Gruppe

---

186 Schneider (1965): S. 32
187 Ahlborn (1966): S. 65
188 Messer (1920): S. 3
189 Pohl (1966): S. 28

ermöglichte es ihnen, Urteilskraft und Selbstbestimmung zu erhalten. Damit erhielten sie Wertmaßstäbe, mit deren Hilfe das bloß vitale Verlangen nach Ungebundenheit in verantwortbare Kritik an Lebensformen und Gestalten der Schule verwandelt werden konnte.

Hier trafen sich die Jugendbewegung und die Schulreform, welche durch die Kulturkritik gegen den starren, zwanghaften und antiquarischen Charakter der bisherigen Bildungsformen literarisch aufgestanden war und bereits eine positive, pädagogische Wendung genommen hatte. Herausragende Stellen, an der die Kulturkritik auf positiven Nährboden gefallen war, sind die Landeserziehungsheime des Lehrers Hermann Lietz. Manche Wandervögel, die nach dem Studium Lehrer werden wollten, gingen zu solchen Landeserziehungsheimen, da sich dort die Impulse ihrer Bewegung mit den Ideen der Reform am ehesten verwirklichen ließen.

Durch die Schulreform wurde Wandern, jugendliche Feste mit Sport, Spiel und Wohnen im Landheim ermöglicht und trugen dazu bei, den Schulalltag lebendiger zu gestalten.
An die Stelle des distanzierten Autoritätsverhaltens trat der Versuch, eine Vertrauenssituation zwischen Lehrer und Lernenden zu schaffen, den Lehrer als Kameraden zu begreifen.

Die Schulreform war von dem Willen getragen, das Lernen auf die Selbsttätigkeit der Lernenden zu verlagern, die aktive Auseinandersetzung mit den Gegenständen zu suchen. Es sollte ein neuer Schülertypus mit starkem Selbstbewusstsein, größerem Stolz, mehr Selbständigkeit und Freiheit geschaffen werden.
Aber auch Texte und andere Zeugnisse des spirituellen Leben aus allen Bereichen des Geistes sind dem Lernenden zugänglich. Damit ist die Parallele zur Jugendbewegung gegeben, die neben der Selbsterfahrung in der Natur auch zur Erweiterung der inneren Erfahrung den Zugang zu Dichtern und Denkern sucht.[190]

Hermann Lietz selbst wollte die elende Lage der Landarbeiterschaft heben und die Kinder der Industriearbeiter aus der Stadt holen, da die Stadt kein erziehliches Milieu sei.
Von 1898 an schuf er nach und nach drei Heime und 1914 ein Landwaisenheim.[191]

Selbstverständlich gab es in diesen Heimen eine Schülerselbstverwaltung, da im Gegensatz zur staatlichen Schule ein großes Gebiet gemeinsamen Lebens vorhanden war.
Dies erstreckte sich vom Arbeiten auf dem Acker über Werkstatt, zu Hause bis zum Sport.

---

190 Bohnenkamp (1963): S. 35 ff.; Karsen (1923): S. 63
191 Karsen (1923): S. 62 f

Es gab die Einrichtung der freien Abende, an denen jeder Vorschläge machen, Klagen gegen Mitschüler vorbringen und eine Aussprache anregen konnte.
Die Schüler wählten sogar einen eigenen Schülerausschuss, deren Tätigkeit sich aber im wesentlichen auf das gute Gewissen der Schülerschaft beschränkte.[192]

Lietz wollte die Rettung der arbeitenden Klassen erreichen, indem er zwar einerseits die Erziehungsgemeinschaft in der Form einer Familie anstrebte und auf Freundschaft baute, aber andererseits einen patriarchalischen Führungsstil pflegte.[193]
Somit war die Einrichtung eines Schülerausschusses sowie die Mitwirkung am Schulleben tatsächlich noch rein deklaratorischer Natur.
Innerhalb der Jugendbewegung bildeten sich zwei Hauptströmungen heraus, ein konservativer, lebensreformerischer einerseits, der mit Wandern neue Formen der Lebensführung wie Nikotin- und Alkoholabstinenz, gesundes Essen und Kleiden sowie körperliche Ertüchtigung verband, und ein schulrevolutionärer, dessen bedeutendster Repräsentant Gustav Wyneken war. Letzterer Flügel wollte eine Jugendkultur gegen Elternhaus und Schule durchsetzen.[194]

Wyneken war Lehrer an einem Landerziehungsheim gewesen und gründete 1910 die Schulgemeinde Wickersdorf. Volle kameradschaftliche Gleichberechtigung von Lehrern und Schülern, Autonomie der Jugend und Eigenwerte des Jugendalters als einer wesentlichen Phase der Kultur überhaupt waren die herausragenden Punkte seines Programms.[195] Sprachrohr dieser Gruppe war die 1913 gegründete Schülerzeitung "Der Anfang". Durch ihre Attacken gegen die bürgerlichen Sozialisationsinstanzen Familie, Schule und Kirche erregte sie großes Aufsehen.[196]
Wyneken geriet wegen verschiedener Artikel, die von einem anderen Verlag auszugsweise wiedergegeben und polemisch kommentiert worden waren, politisch so unter Druck, dass er zur Rettung der Freideutschen Jugend sich gezwungen sah, aus dem Bund im März 1914 vor der Vertreterversammlung in Marburg auszutreten. Damit sollten die Gegensätze innerhalb des Freideutschen Bundes zwischen dem konservativ-völkischen Flügel und dem radikalen Engagement Wynekens und seiner Sympathisanten einerseits sowie mit der bürgerlichen Öffentlichkeit andererseits ausgeglichen werden.

Dies zeigt jedoch, dass der erhobene Anspruch der Jugend auf Selbstbestimmung und Wynekens radikale pädagogische Ideen nach einer Umgestaltung des Schulsystems nach dem Muster der Jugendkultur keine Chance in der bürgerlichen Struktur hatten.[197]

---

192 Karsen (1923): S. 66f.
193 Karsen (1923): S. 73
194 Bohnenkamp (1963): S. 50 f.; Gieseke (1981): S. 22 f.
195 Bohnenkamp (1963): S. 45
196 Gieseke (1981): S. 23
197 Gieseke (1981): S. 24 f.

Während Lietz die Schulreform durch die Einrichtung der Landerziehungsheime als praktische Beispiele erreichen wollte, setzte sich Wyneken aktiv mit der Gesellschaft auseinander und ging auch innerhalb der Schulgemeinde mit der vollen kameradschaftlichen Gleichberechtigung einen Schritt weiter.
Damit hätte es im Schulsystem genauso wie innerhalb der Jugendbewegung die Mitwirkung der Gruppe an dem Schulunterricht und die Miterziehung innerhalb der Gruppe gegeben.
Während Lietz der Jugend das Glück natürlichen, eventuell sogar etwas naturalistischen verklärten schönen Lebens geschenkt hatte, hatte erst Wynecken dem Jugendleben ihren ewigen Sinn, der sozialen Schule ihre soziale Seele gegeben und damit tatsächlich zur Entwicklung der Mitwirkung am Schulleben beigetragen.[198]

c) Die Kritik an der wilhelminischen Gesellschaft

Was die Wandervögel an der wilhelminischen Gesellschaft kritisierten war die phrasenweise Leere, die Unwahrhaftigkeit von Regeln und Ritualen, die in leeren Formen erstarrten menschlichen Beziehungen und vor allem die emotionale Rigidität, die Unfähigkeit, Gefühle auszudrücken und auszutauschen. Dies galt auch für die durchschnittliche Familienbeziehung.
Die Jugendbewegung entstand gerade in Kreisen des mittleren Bürgertums, weil hier im Unterschied zur Arbeiterjugend, die schon früh wirtschaftlich selbständig und damit unabhängig vom Vater wurde, die Unsicherheit der gesellschaftlichen Position zwischen den großen Klassen stark empfunden wurde.[199] Aufstieg und Fortkommen im mittleren Bürgertum musste die Jugendzeit und damit die materielle Abhängigkeit vom Vater verlängern.
Die Jugendbewegung wollte sich daher einen Freiraum schaffen und in Distanz zu Familie und Schule treten. Dieser neu geschaffene Freiraum musste von der Jugendbewegung irgendwie neu gestaltet und ausgefüllt werden, die von dem Vater entzogene Verantwortung selbst übernommen werden. Pädagogisch gesehen war die Jugendbewegung ein Versuch gleichaltriger jugendlicher Gruppen, den Prozess ihrer Sozialisation dadurch mitzubestimmen, dass sie in Distanz zu den dafür in der Gesellschaft vorgesehenen Erziehungsinstitutionen und Strukturen traten und diese in gleichaltrige Gruppen modifizierten und neu organisierten, damit eigene Erziehungsgemeinschaften im weitesten Sinn schufen. Damit entstand erstmals so etwas wie "Jugend" als soziale Gruppe.[200]

Die Jugendbewegung schuf ein neues Modell für den pädagogischen Bezug. Vorher kannte man als pädagogische Beziehungen nur Variationen des Familienmodels wie das Vater - Kind oder Mutter - Kind Verhältnis, sowie Lehrer - Schüler, Meister - Lehrling und Vorgesetzte - Untergebene Verhältnisse. In den gleichaltrigen Gruppen der Jugendbewegung war dieses Modell nicht mehr zu

198 Karsen (1923): S. 75
199 Bohnenkamp (1963): S. 41
200 Giesecke (1981): S. 32 f.; Neuendorf (1920): S. 64

realisieren. An ihre Stelle trat die Gruppe der Gleichberechtigten, die ihre Autorität selber wählte. Auch im Verhältnis zu den Erwachsenen, mit denen man in der Gruppe Kontakt aufnahm, war deren Autorität von der Zustimmung der Gruppe abhängig.[201]

Der pädagogische Ertrag der Jugendbewegung vor dem ersten Weltkrieg lässt sich wie folgt zusammenfassen:

- Der normale Sozialisationsprozess wird nicht nur durch die Schule und familiäre Beziehung gewährleistet, sondern es kommt ein außerschulischer Bereich hinzu;
- in diesem Bereich sind altershomogene Gesellschaftsformen das dominierende Sozialprinzip. Sie übernimmt Erziehungsaufgaben ohne die Anwesenheit von Erwachsenen; es erfolgt eine Selbst- bzw. Miterziehung innerhalb der Gruppe.
- die Führungsaufgaben in diesem freien Jugendraum werden von Gleichaltrigen oder nur unwesentlich Älteren wahrgenommen, die ihrer Verantwortung vor der Gruppe gerecht werden müssen;
- die Jugend entwickelt eigene Kommunikationsstile durch eigenen Gruppenjargon, eigene Mode, eigene Tänze usw.;
- das gemeinschaftsstiftende Element ist vorwiegend emotionaler Art, das heißt, dass die Gemeinsamkeit erlebt wird und weniger in einer rationalen Diskussion stattfindet;
- als Sozialmodell reicht die kleine, integrierte Gruppe der Gleichberechtigten aus.[202]

Innerhalb der einzelnen Gruppen genießt jeder das Vertrauen des anderen und ist für das Gelingen verantwortlich. Passt sich einer nicht an, wirkt die Gruppe erzieherisch auf ihn ein, um das gemeinsame Ziel, z. B. einen Wochenendausflug in die Natur, nicht zu gefährden.
Ganz besonders wichtig war die Auflösung des Über – Unterordnungsverhältnisses als soziale Struktur, die erstmals in der Jugendbewegung und der geforderten Schulreform in Erscheinung trat.

In der sozialen Begrenzung auf das gute Bürgertum als hauptsächliche Quelle lag eine Schwäche der Bewegung. Auch in der Folgezeit war es nicht gelungen, diese Begrenzung aufzuheben. Die Lebensumstände der Schüler und Studenten unterschieden sich zu sehr von der Belastung der Arbeiterkinder und den in der Berufsausbildung Befindlichen. Nur die sozialen Vorurteile, von denen her der Umgang mit anderen Schichten verpönt war, wurde weitgehend überwunden, da

201 Giesecke (1981): S.34
202 Giesecke (1981): S. 37 f.

sich jeder persönlich bewähren musste. Hier zeigte sich, dass Herkunft nicht entscheidend war.[203]

d) Die Neuorientierung der Bünde und einzelner Mitglieder nach 1918

Nach dem 1. Weltkrieg waren die aus dem Krieg Heimkommenden vor die Frage gestellt, wie es mit der sozialen und nationalen Frage weitergehen sollte.

Einzelne riefen zur Gewaltlosigkeit auf und traten für den Pazifismus ein, andere schworen auf die Weltrevolution des Bolschewismus, wieder andere gingen in die völkischen Verbände und Wehrorganisationen.

Die Entwicklung der freien Jugendbewegung der Nachkriegszeit wird charakterisiert durch die Verbindung dreier Strömungen zu immer stärkerer Einheit: Wandervogel, Pfadfindertum und jungnationale Bewegung.
Der deutsche Pfadfinderbund wurde 1911 gegründet. Anregung bot das englische Boyscout-System.[204]

Die erstgenannten Bewegungen Wandervogel und Pfadfindertum bestimmten vor allem die Form, während der in jedem Bund selbständig geprägte geistige Gesichtskreis immer stärker von Gedanken der Jungdeutschen, aber vor allem der Jungnationalen durchdrungen wurde.

Die verschiedenen Versuche in den ersten Nachkriegsjahren, die Freideutschen des Hohen Meißner wieder zu einem gemeinsamen Wirken zusammenzufassen, scheiterten. Trotz übereinstimmender Haltung im persönlichen Leben, nämlich einem Tätigwerden „aus eigener Bestimmung, vor eigener Verantwortung und mit innerer Wahrhaftigkeit" und einem ähnlichen Verständnis von öffentlichen Aufgaben, vermochten sie die äußeren, politischen Gegensätze nicht zu überbrücken. Sie spalteten sich in zwei Lager: die Freideutschen und die Jungdeutschen.

Der Jungdeutsche Bund hatte sich bereits während des Krieges als selbständiger Gesinnungskreis gebildet. Eine Anzahl Männer, die mit dem seelischen Ergebnis des Krieges in die freideutsche Bewegung zurück gekommen waren, fanden sich 1919 auf der Lauenstein-Tagung zusammen.[205] Hier geschah der Zusammenschluss von etwa 300 Führerpersönlichkeiten der Freideutschen zum Jungdeutschen Bund.

Ihr Ziel umschrieben sie so:

> „Wir jungen Deutschen wollen aus der Kraft unseres Volkstums eigenwüchsige Menschen werden, unter Überwindung der äußeren Gegensätze eine wahrhafte Volksge-

203 Bohnenkamp (1963): S. 41
204 Schneider (1965): S. 27
205 Schneider (1965): S. 46

meinschaft aller Deutschen schaffen und ein deutsches Reich als Grundlage und Gestalt unseres völkischen Lebens aufbauen helfen."[206]

Bei ihnen standen Fragen des Volkstums, die Erneuerung des Volkes obenan. Der Bund verzichtete auf eine feste Organisation zu Gunsten der freien Bewegung. Obwohl seine Mitglieder als Führer in den verschiedensten Bewegungen standen, gelang es, die Gesinnungseinheit aufrecht zu erhalten.

Der nationale Teil der Jugend scharte sich um die Standarte des alten Kaiserreichs im Deutschnationalen Bund. Nur ein kleiner Teil nahm die Ideen der Jungdeutschen auf und bildete im Deutschnationalen Bund die sogenannte jungnationale Opposition, die schließlich durch die zunehmenden Spannungen 1921 in Nürnberg zum Austritt gezwungen wurde. Dieser Kreis schloss sich noch im gleichen Jahr zu einer selbständigen Bewegung zusammen, dem Jungnationalen Bund.[207]

Bei den meisten Freideutschen war das Verhältnis zur Politik immer noch abwartend, sogar abwehrend. Sie bezeichneten den Wandervogel als das unpolitischste überhaupt. Das Meißnerfest und seine Formel stellte ihrer Meinung nach eine Absage an die Parteileute dar, die danach gierten, die Jugend in ihren politischen Bann zu ziehen. Die einzige Aufgabe der freideutschen Gemeinschaften sei es, freie, edle und gütige Menschen zu erziehen.

Da es nicht gelang, die Einheit aufrecht zu erhalten, zogen sich viele in die Vereinzelung zurück und brachten es dort zu beachtlichen Leistungen. Sie fanden neue Formen in der Sozialarbeit und die pädagogische Reform wurde entscheidend von Männern und Frauen aus der Jugendbewegung beeinflusst.[208] Einige von ihnen fanden den Weg in eine Betreuertätigkeit in Erziehungsheimen und den Jugendstrafvollzug.

Bis zur Mitte der 20 er Jahre dauerte die Phase der Neuorganisation der Bünde. Teile spalteten sich ab und bildeten neue Gruppen, andere schlossen sich kommunistischen oder sozialistischen Gruppierungen an. Ostern 1920 wurde von Heimgekehrten, den Älteren, die sich von den Jüngeren in den Bünden trennten, der Kronacher Bund der alten Wandervögel gegründet.[209]

Im Jahre 1922 bildeten Knud Ahlborn und Ferdinand Goebel den Freideutschen Bund.[210]
Ihr Versuch der Neubelebung der Jugendbewegung scheiterte endgültig auf dem Freideutschen Tag auf dem Hohen Meißner. Die Veranstaltung zerfloss in end-

206 Ehrenthal (1966): S. 8
207 Ehrenthal (1966): S. 8 f.
208 Puls (1963): S. 147
209 Schneider (1965): S. 52
210 Schneider (1965): S. 67

losen Diskussionen. Dies stellte das eigentliche Ende der ursprünglichen Jugendbewegung dar.[211]

Im März 1926 rief Ernst Buske die Bundesmitglieder zusammen. Mehrere Wandervogelbünde und der Großdeutsche Pfadfinderbund bildeten den „Bund der Wandervögel und Pfadfinder" (später Deutsche Freischar).
Durch die Deutsche Freischar entstanden die ersten deutschen Arbeitsdienstlager.[212]
Eine direkte politische Betätigung erfolgte von den freien Bünden nach wie vor nicht. Die Bünde hielten sich abseits von der Politik und engagierten sich ihrerseits vielmehr im vorpolitischen Raum. Volksbildung, freiwillige Arbeitsdienste, Wohnheime für Jungarbeiter und Studenten, Jugendherbergswerk und Studentenwerk wurden gefördert.[213]

Pfingsten 1928 konnten sich der Kronacher Bund und der Bund der Wandervögel vereinigen. Der Kronacher Bund der alten Wandervögel war der größte Älterenbund der Jugendbewegung von allen Wandervogelbünden außerhalb der Freischar. Da seine Mitglieder nur aus Älteren bestand, beschäftigte er sich überwiegend mit geistiger Gemeinschaft. Er wandte sich verstärkt Aufgaben zu wie Landerziehungsheimen, Volkshochschulen, Jugendpflege usw.[214]

Im Ganzen war das Streben der Jugendbewegung nach einer neuen Gesellschafts- und Volksordnung von ernster politischer, aber nicht parteipolitischer Bedeutung. Nicht die Wandlung des Staates, sondern der Gesellschaft zur Überwindung der sozialen Spannungen war vordergründiges Ziel.

Dann kamen die Jahre 1930 bis 1933 mit einem immer stärker werdenden Druck auf die Bünde, sich politisch zu entscheiden.
Noch zu Pfingsten 1928 hatte sich dem Bund die Mehrheit der Gruppen des Deutsch-Wandervogels angeschlossen. Ende des gleichen Jahres konnte die Vereinigung des Großdeutschen Jugendbundes mit dem Jungnationalen Bund eingeleitet werden.[215]

1930 dann hatten sich die größten Bünde, Wandervogel, Pfadfinder, Jungnationaler- und Großdeutscher Jugendbund im großen Bund der Freischar zusammengefunden.
Mit der Übernahme der Macht im Staat durch die NSDAP drohte die Auflösung der freien Bünde, so dass sich alle zum neuen Großdeutschen Bund zusammen schlossen. Dieser bestand aber nur wenige Wochen und musste dem politischen Druck nachgeben, da es bereits die Hitlerjugend als Vereinigung gab. Am 6. April 1933 wurde der Reichsausschuss der deutschen Jugendverbände aufge-

211 Schneider (1965): S. 71
212 Schneider (1965): S. 82
213 Puls (1963): S. 148 ff.
214 Ehrenthal (1966): S. 13; Schneider (1965): S. 91
215 Ehrenthal (1966): S. 10

löst. Am 17. Juni 1933 wurde der Großdeutsche Bund verboten und mit seinen Gliederungen aufgelöst. Die Angehörigen der Bünde wurden in der kommenden Zeit verfolgt.[216]

Mit dem letzten Fest der Bünde an Pfingsten 1933 ging die Jugendbewegung zu Ende. Gleichzeitig versanken ihre Denkentwürfe und Modellversuche sowie ihre gesamte faktische Lebenswirklichkeit.[217]

e) Resümee

Die eigene Not wies die Jugend zunächst auf die Bahn der Selbsterziehung. Die Revolutionierung begann unter dem Zeichen des Rousseauschen: Zurück zur Natur!

Kaum hatte sie die Sicherheit des eigenen Stils gefunden, da entdeckte sie ihre pädagogische Mission; erfüllte anschließend (1920) die Jugendpflege mit Wandervogelgeist, jugendlichem Gepräge und schlug Brücken vom Bürgertum zum Proletariat. Jugend hatte wieder erfahren, was Gemeinschaft war. Der eigene Freundschaftsbund wurde ihr wie jener studentischen Jugend von 1817 zum Bilde und Muster menschlichen Zusammenlebens überhaupt.

Die Bünde selber waren Erziehungsgemeinschaften im weitesten Sinne des Wortes geworden, zunächst wiederum unter dem Gesetze äußeren Druckes. Die Familie war häufig materialistisch orientiert, dem Geistigen fern bzw. ablehnend; die Schule, utilitaristisch oder kontemplativ rückwärts gewandt; Kirche war zumeist im formelhaften erstarrt. Die Jugend griff zur Selbsthilfe, nahm die geistige Erziehung selbst in die Hand.

Der Wandervogel sammelte: Volkslied, -tanz, Kunstgewerbe. Dabei entwickelte sich ein neuer Stil der äußeren Lebensführung, ein bescheidener Stil in neuer geistiger Haltung. Die Kritik richtete sich zunächst nach außen gegen Schule und Familie, wurde dann aber aufbauend verwandt, indem sie auch mehr und mehr die eigene Arbeit prüfte.

Die Jugend schöpfte ihre Kraft zu ihrer Arbeit an dem Aufbau eines neuen Volkstums aus der sozialen, künstlerischen und religiösen Komponente. Diese fand sie nicht in der Familie, der Schule und der Kirche.[218]

Die Beeinflussung der Gesetzgebung erfolgte über die praktischen Erfolge zunächst im Jugendstrafvollzug und Erziehungsheimen, später auch im Erwachsenenvollzug, wie die nachfolgenden Kapitel eindrucksvoll zeigen.

---

216 Puls (1963): S. 153; Ehrenthal (1966): S. 12 f.
217 Seidelmann (1966 a): S. 19 ff.
218 Neuendorf (1920): S. 64

2. Die Mitwirkungsrechte im Erziehungsheim und im Jugendstrafvollzug

Die nachfolgend behandelten Erziehungsheime und Jugendstrafanstalten haben ihre Anfänge in der Kaiserzeit, so dass die Übergänge zur Weimarer Republik fließend sind.
Der Schwerpunkt der für diese Arbeit maßgeblichen Mitwirkungsrechte liegt eindeutig in der Zeit der Weimarer Republik, so dass auch in diesem Kapitel näher auf sie einzugehen ist.
Das gesellschaftliche Klima der Weimarer Republik begünstigte eine Weiterentwicklung der maßgeblichen Mitwirkungsrechte. Demnach ist der Schwerpunkt dafür in dieser Zeit zu suchen.

a) Die Verwirklichung der Selbstverwaltung in der Fürsorgeerziehungsanstalt Lindenhof

Ein Versuch zur Einführung eines Selbstverwaltungsgedankens erfolgte in der Fürsorgeerziehungsanstalt Lindenhof bei Berlin unter der Leitung von Karl Wilker in der Zeit von 1917 - 1920. Dieser hat in dieser Fürsorgeanstalt, welche für 205 schulentlassene Jugendliche eingerichtet war, und fast 300 Jungen beherbergte, eine strenge Anstalt alter Schule in eine sich um den Einzelnen bemühende, auf Selbstverwaltung ausgerichtete moderne Anlage umgewandelt.

Wilker und eine Reihe junger Mitarbeiterinnen und Mitarbeiter stammten aus der Jugendbewegung und dem Freideutschtum im Gegensatz zu den meisten dort tätigen Beamten. Jene entstammten noch dem alten System der Erziehung durch stramme Ordnung, Zucht und Arbeit, also einem militärischem System mit der Wahrung der obrigkeitlichen Autorität.

Wilker und seine Freunde waren von der Vorstellung beseelt, den jungen, rat- und führerlosen Menschen, Hilfestellungen bei der Selbstfindung geben zu müssen. Sie sahen in ihren Zöglingen keine verwahrlosten und kriminellen Jugendlichen, die mit Strenge und Härte zu behandeln waren, sondern nach Liebe und Verständnis, nach Schönheit und Freiheit hungernde junge Menschen. Wilker sah diese von ihm angestrebte Reform nicht als System sondern als die Gewährung von möglichst viel Freiheit in einer lebendigen Gemeinschaft an.[219]

Als „Führer“ der Fürsorgeanstalt empfing er die Jugendlichen als deren Mitglieder entsprechend der Gruppen in der Jugendbewegung. Praktisch sah das folgendermaßen aus:
Die Jugendlichen organisierten sich in einer Gemeinschaft „Jugendland“ mit Vorstand und Satzung, welche ständig wandlungsfähig blieben. Je 10 Jungen wählten einen Vertrauensjungen, wobei die Gesamtheit den Jugendrat bildete. Dieser zählte zwischen 25 und bis zu 70 Jungen, in deren System die Erzieher integriert waren. Alle zwei Monate wurde neu gewählt. Der Jugendrat traf einmal pro Woche mit Wilker als Erzieher zusammen und besprach alles die Jun-

---

[219] Liepmann (1928): S.108 f.

gen Bewegende wie z. B. Essen, Kleidung, Arbeitsvorschläge usw. Sie kümmerten sich selbst um Unterhaltung, Sport und Spiel. So wurden Sonntagnachmittags auch Vorträge von Wilker und seinen Freunden gehalten, Elternnachmittage organisiert sowie eine Zeitung, die "Lindenblätter", herausgegeben.[220]

Nach einiger Zeit wurde von den Jugendlichen ein sogenanntes Jugendgericht eingerichtet, welche über beachtliche Verstöße wie Diebstahl und Fluchtversuche, Ungehorsam gegen die Erzieher, Schädigung der Anstalt, Beleidigung des Jugendrats usw. selbst entscheiden konnte.[221]
Das Jugendgericht setzte sich aus Mitgliedern des Jugendrates zusammen. Es bestand aus drei aus der Mitte des Jugendrates gewählten Jungen, dem Untersuchungsrichter, dem Ankläger und dem Verhandlungsleiter sowie aus fünf aus den Vertrauensjungen jeder Gruppe zu jeder Verhandlung zu wählenden Beisitzern. Das Urteil wurde durch den Verhandlungsleiter und die fünf Beisitzer gefällt.
Jeder Angeklagte konnte sich einen Jungen als Verteidiger wählen.
Auch eine Berufung war möglich.[222] Die zu verhängende Strafe ging von einem Verweis über Geschirr abwaschen und Verlust der langen Haare bis zur Besuchs- und Urlaubssperre. Zusatzstrafen waren die Stellung unter Aufsicht sowie die Deckung des Schadens aus einem vorhandenen Sparguthaben. Auch eine Strafausschließung aufgrund eines ärztlichen Gutachtens war geregelt.[223]

Wilker verließ mit seinen jungen Mitarbeitern am 01.11.1920 den Lindenhof, da die Zusammenarbeit mit den im System der Zwangserziehung alt gewordenen Beamten in der Anstalt unmöglich war.

Damit brach auch die mit beachtlichem Erfolg gekrönte Arbeit Wilkers zusammen, weil sie von seinem persönlichen Einsatz und Geist abhing. Die Einrichtungen wie Jugendwart und Jugendgericht sowie die Satzung lebte von seinem persönlichen Engagement. Als starres System war es nicht lebensfähig.[224]

b) Die Mitverantwortung im Jugendgefängnis Hahnöversand

Ein weiterer beachtlicher Versuch der Einführung einer Mitverantwortung der Gefangenen innerhalb eines progressiven Strafvollzugs erfolgte im Jugendgefängnis Hahnöversand bei Hamburg. Von 1921 - 1923 hatte sich der Gedanke, eine Vorbereitung auf das spätere Leben in Freiheit durch Erziehung in einer Selbstverwaltungsgemeinschaft verwirklichen zu können, in dieser Anstalt

---

220 Liepmann (1928): S. 109 f.
221 Liepmann (1928): S. 110 f. (mit einer genauen Aufstellung der Satzungen und Strafparagraphen.)
222 Liepmann (1928): S. 110
223 Liepmann (1928): S. 111
224 Liepmann (1928): S. 111

durchsetzen können. Ins Leben gerufen wurde dieser Versuch von Herrmann und Bondy in den zwei Jahren, in denen sie dort als Erzieher tätig waren.[225]
Die Jugendgruppe zählte etwa 30 Personen, während die Zahl der Gefangenen in den gesamten Hamburger Anstalten fast 4000 betrug. Die nachfolgenden Ausführungen beziehen sich ausschließlich auf diese Jugendgruppe.[226]

Herrmann und Bondy sahen die Jugendlichen zum großen Teil als Personen an, die in der Gesellschaft zumeist einer sozialen Randgruppe angehört hatten und die nicht fähig waren, ihr Leben selbst zu gestalten, so dass sie kriminell wurden.

In vielen Einzelgesprächen bemühten sich Herrmann und Bondy, in ihnen Verantwortungsgefühl für sich und ihre Gruppe zu wecken. Es wuchs bei den Jugendlichen die Kritikfähigkeit und das Vertrauen den Erziehern gegenüber, die sich als Führer der Gruppen und als deren Ratgeber empfanden. Die Jugendlichen lernten eine andere Autorität kennen als sie bisher gewohnt waren, nämlich Überlegenheit durch Wissen und Überzeugung, um Konflikte zu lösen.

Liepmann schreibt dazu:

> „... hier kamen Jugendliche, die nicht gelernt hatten, sich irgendeiner Autorität zu beugen, die in vielen Fällen der Autorität der Fürsorge- und Gefängnisbeamten Mißtrauen und Hass entgegenstellten, plötzlich in Berührung mit einer Form von Autorität, die trotz Vertrauen, Heranziehung ihrer Mitarbeit, Sich - mit– ihnen – an – einen –Tisch - setzen, Autorität blieb, ihnen imponierte und sie unterwarf. Eine Autorität, die mit dem teilweisen Verzicht auf äußerer Machtmittel nicht zusammenbrach, weil sie auf geistiger und menschlicher Überlegenheit ohne Überheblichkeit beruhte".

Bondy und Herrmann vergaben zunächst Vertrauensämter wie Bettwart, Spindwart, Gerätewart usw.. Diese Vergabe erfolgte, wo es angebracht war, mit feierlicher Einführung und Belobigung.[227]

Während einer der regelmäßig stattfindenden Aussprachestunden warf Bondy den Jugendlichen mehrfachen Vertrauensbruch vor und packte einige von ihnen an ihr Ehrgefühl. Sie entschlossen sich, einen „inneren Kern" zu bilden. Dazu wurden die beiden Schlafsäle in A- und B-Gruppe geteilt, die zusammen zwölf Vertrauensleute in diesen sogenannten „Inneren Ring" wählten.
Diese wollten als gutes Beispiel den anderen Jugendlichen der A- und B-Gruppe zeigen, wie vertrauenswürdiges und vorschrifteneinhaltendes Verhalten auszusehen hatte. Herrmann und Bondy waren selbst Mitglieder des Innenrings und nahmen an seinen Sitzungen teil.
Dieser Innenring hielt regelmäßige Sitzungen ab und bei dieser Gelegenheit entstanden eine "Saalordnung" und sogenannte "Merkworte".[228]

---

225 Liepmann (1928): S. 112
226 Liepmann (1928): S. 112
227 Liepmann (1928): S. 114
228 Liepmann (1928): S. 115

Diese von den Jugendlichen entworfenen Bestimmungen waren durchaus brauchbar und konnten mit geringen Abweichungen übernommen werden.[229]

In der Saalordnung war u. a. festgehalten, dass beim Läuten sofort aufzustehen, schnell und ruhig anzutreten war, Befehle des Wachtmeisters sofort und richtig auszuführen, beim Ein- und Ausrücken Ruhe zu herrschen und beim Antreten nach der Größe aufzustellen seien. Ehrlichkeit, gegenseitige Hilfe sowie Ordnung und Ruhe waren weitere Prinzipien in der Saalordnung.
Die Merkworte des Innenringes lauteten z. B.

> „Richte Deinen Willen darauf, Dir ein Ideal zu schaffen."
> „Lasse keinen schlechten Gedanken Herr über Dich werden."
> „Habe stets den Mut, einen Fehler einzugestehen."
> usw.[230]

Einige weitere Themen der Innenringsitzungen behandelten u. a. die Tabakfrage, Disziplin, Verhalten den Erziehern und den anderen Beamten gegenüber, Bestimmungen der Erzieher und ihr Verhalten gegen die Gruppe, Feste und Feiern sowie schlechte Gespräche im Schlafsaal usw.[231]

Verstieß ein Gefangener gegen diese Satzungen, so wurde in leichteren Fällen von den Vertrauensleuten oder von der Gesamtheit der Gefangenen über diesen Übeltäter befunden. Dieser konnte verwarnt oder auch durch besonderen Stubendienst oder ähnliches bestraft werden. In schwereren Fällen war der Vorsteher zu benachrichtigen.[232]

Die Erzieher sollten an den Sitzungen der Mitglieder des Innenrings so oft wie möglich teilnehmen, um anregend und belebend auf die Mitglieder des Innenrings einzuwirken. Zu diesem Zweck sollte er nicht nur vorlesen und erzählen, sondern auch Aussprachen über bedeutsame Gegenstände herbeiführen und leiten. Gefangene sollten veranlasst werden, bei diesen Gelegenheiten kleinere Vorträge zu halten.[233]

Während die Saalordnung lediglich Ordnungsvorschriften enthielt, zeigte sich bei der Abfassung der Merkworte durch den Innenring der erzieherische Charakter durch die Erzieher. Die Jugendlichen im Innenring entwickelten Selbstbewusstsein, lernten sich mit sich selbst zu beschäftigen und Achtung vor anderen zu haben. Sie strebten idealistischen Ideen nach, die sie unabhängig von Geld- und Machtstreben außerhalb der Anstalt machen sollten.

---

229 Frede (1927): S. 128 f.
230 Liepmann (1928): S.115 (mit der vollständigen Aufstellung.)
231 Frede (1927): S. 116
232 Frede (1927): S. 129
233 Frede (1927): S. 129

Während die Vergabe von einzelnen Vertrauensämtern als die ersten Stadien zur Erziehung zur Selbsttätigkeit zu verstehen waren, war mit der Mitgliedschaft im Innenring das letzte Stadium zu Selbsttätigkeit erreicht.[234]
Mit dieser Bildung und gruppenmäßigen Erfassung in A- und B-Gruppe (Schlafsaal) einerseits und der Gründung des Innenrings durch die Wahl der Vertrauensleute aus der A- und B-Gruppe andererseits ist die Selbst- bzw. Miterziehung in der Gruppe in eine höhere Stufe getreten. Hier ist nicht nur entsprechend den Gedanken der Jugendbewegung eine Gruppe mit ihrem Führer vorhanden, der die Erziehung in der Gruppe anleitet und überwacht, sondern hier ist eine Gruppe jugendlicher Gefangener durch eine Wahl als Gruppe eingesetzt, selbst erzieherisch tätig zu sein, sei es als Vorbild oder bei der Durchsetzung ihrer Merksätze und Satzung.
Hier wird durch den Innenring als Gruppe Miterziehung betrieben, da sie auch bei leichteren Verstößen disziplinarisch tätig sein durften. Damit war das Stadium einer teilweisen Selbstverwaltung erreicht.

Hahnöversand wurde als das erste offene Jugendlager Deutschlands bezeichnet.[235]

Allerdings war die Entwicklung durch häufige Zu- und Abgänge gestört und wurde nach dem Weggang Herrmanns und Bondys eingestellt.

Die Grundgedanken hat Herrmann als pädagogischer Leiter 1925 in der thüringischen Fürsorgeerziehungsanstalt Hildburghausen und seit 1926 im Fürsorgeerziehungsheim Blankenhain in Thüringen weiter zu verwirklichen versucht.[236]
Nach 1945 war er Leiter der Strafanstalt Wolfenbüttel. (s. S. 42)

c) Die Selbstverwaltung im Jugendgefängnis Wittlich

Ein beachtlicher Versuch, die Selbstverwaltung in einem Strafvollzug in Stufen im Deutschen Reich einzuführen, wurde erstmals in dem 1912 eröffneten Jugendgefängnis in Wittlich unternommen.[237]
Freudenthal trat bereits auf der Versammlung der Landesgruppe Deutschland der Internationalen Kriminalistischen Vereinigung in Frankfurt am Main im Jahre 1906 werbend für ein Progressivsystem ein. Freudenthal hatte 1905 eine ausgedehnte Studienreise nach England und in die Vereinigten Staaten von Amerika unternommen, um die dortigen Strafanstalten kennen zu lernen.
Die Muster-Anstalt in Elmira im Staate New York hatte ihn dabei die Überzeugung gewinnen lassen, dass es möglich sein müsste, wie in England auch in ein oder zwei Anstalten im Deutschen Reich ein solches Reformsystem für Jugend-

---

234 Liepmann (1928): S. 114
235 Loos (1970): S. 28
236 Liepmann (1928): S. 118
237 Sagaster (1980): S. 13; Schulze/Ellger (1925): S. 121

liche, angepasst an die deutschen Verhältnisse und die deutsche Gesetzgebung, einzurichten.[238]

Das „Reformatory-System" in Amerika war die Antwort auf Ideen eines Gefängniskongresses in Cincinnati 1870. Sie waren die Reaktion auf die große Unzufriedenheit sowohl mit dem Pennsylvanischen als auch Auburnschen Systems und entstanden aufgrund des Druckes der großen Gefängnisgesellschaften in Amerika und der bekannt gewordenen Vorzüge des Irischen Systems.[239]

Als Ergebnis seiner Beratungen wurden mehrere Thesen - Deklaration der Grundsätze - beschlossen, wovon einer der wesentlichen Gedanken die absolute Verwerfung des Vergeltungsgedankens im Strafvollzug war. Alle Bemühungen waren nur auf die Besserung des Häftlings abgestellt und sollten in einem Progressivsystem erfolgen.[240]

Nach der Meinung der Teilnehmer des Kongresses sollte die Besserung durch Hoffnung und eigene Anstrengungen des Inhaftierten erreicht werden und zwar in einem System von Belohnungen für Betragen, Fleiß und Arbeit, da sie wichtiger sind als Strafen. Das Aufrücken sollte wie im englisch - australischen als auch im irischen System nach Marken erfolgen.[241] Im Unterschied zum englisch-australischen Progressiv-System wurde von den Gefangenen als Voraussetzung für das Aufsteigen und dem Erwerb von Punkten nicht nur ein tadelloser Arbeitseifer sondern auch ein Gesamtverhalten verlangt, das einer sittlich gefestigten, inneren Einstellung entsprechen musste. Darüber hinaus sollte eine unbestimmte Strafdauer eingeführt werden.[242] Der Gefangene sollte es selbst durch seine Arbeit und sein Allgemeinverhalten in der Hand haben, wann er entlassen werde. Dies stellte damit auch eine Weiterentwicklung des Progressivsystems auf dem Boden eines unbestimmten Strafurteils, wie es Obermaier schon empfohlen hatte, dar.

Eine Auswirkung dieses Kongresses war die Gründung der Reformatory Elmira-Anstalt in New York 1876 unter der Leitung von Brokway, deren „Reformatory-System" auf dem Gesetz des Staates New York vom 24. April 1877 fußte. Danach wurde das begrenzte unbestimmte Strafurteil eingeführt.[243] Der Richter setzte nur eine Mindest- und eine Höchststrafe fest. Aufgenommen wurden nicht vorbestrafte Häftlinge zwischen 16 und 30 Jahren. Der Erfolg des Strafvollzugs entschied, wann der Gefangene innerhalb dieses festgelegten Zeitraums entlas-

---

[238] Preißer (1918): S. 329

[239] Herrmann (1923): S 10; Krohne (1889): S. 50

[240] Gentz (1932): S. 1; Herr (1907): S. 44; Holtzendorf/Jagemann 1. Band (1888): S. 362 (mit den wichtigsten Thesen des Kongresses)

[241] Herr (1907): S. 45

[242] Herr (1907): S. 45; Schattke (1979): S. 64 f. (Zur Fortentwicklung des Selbstverwaltungsgedankens in Amerika durch Thomas Mott Osborne siehe, Liepmann (1928): S. 49 – 107)

[243] Herr (1907): S. 52; Herrmann (1923): S. 11

sen wurde. Die Einzelhaft kam nur noch für eine kurze Anfangszeit und als Disziplinarmittel in Betracht. In verschiedenen Stufen gelangte der Gefangene aufgrund eines ziemlich komplizierten Markensystems zu immer größeren Freiheiten und zunehmenden Vergünstigungen. Nur die Gefangenen, die die oberste Stufe erreicht hatten, konnten zur Entlassung vorgeschlagen werden, über die eine besondere Kommission entschied.[244]

Es wurde nach zwei Prinzipien gearbeitet:

Erstens sollte der Gefangene die Freiheit durch eigene Mitarbeit erkämpfen und zweitens wurde die Strafe als Aufgabe verstanden, an deren Bewältigung sich der Gefangene üben sollte. Die Lebensbedingungen der Anstalt sollten sich dabei denen in Freiheit ähneln.

Dieses System beeinflusste den gesamten Strafvollzug in den USA. Mit ihm wurde dem Einzelhaftsystem eine bessere Alternative gegenüber gestellt.

Brokway selbst sah das Modell jedoch nach 17jähriger Leitung als gescheitert an und gab auf, da ihm die Mittel zur Umsetzung der Beschlüsse fehlten und er aufgrund starker Widerstände diese auch nicht durchsetzen konnte.[245]

Allerdings sind bestimmende Merkmale für die künftige Strafrechts- und Strafvollzugsreform von entscheidender Bedeutung gewesen:

- unbestimmte Strafdauer
- Entlassung zur Bewährung und Strafaussetzung zur Bewährung
- Jugendgerichte und Jugendstrafvollzug
- Halboffene und offene Haftanstalten
- Einsatz psychologischer und psychiatrischer Behandlungsmethoden[246]

In England wurde im Jahre 1902 in einem Ort namens „Borstal" in der Grafschaft Kent in einer alten Strafanstalt mit einer Gruppe jugendlicher Sträflinge ein erzieherischer Strafvollzug begonnen. Der Versuch ging auf die Initiative von Sir Ruggles Brise zurück und war auf ähnlichen Grundsätzen aufgebaut wie die amerikanischen Reformatorys. [247] Die Jugendlichen wurden hier, ohne mit dem Makel, in einem Gefängnis zu sein, erzogen. Die Unterbringung wurde daher bewusst „Einrichtung" genannt.[248]

Die Borstalhaft war eine besondere Strafart für verwahrloste Jugendliche mit dem Ziel ihrer Besserung gestützt auf ein Stufensystem. Es entwickelte sich in der Folgezeit eine Selbstverwaltung im beschränktem Umfang beim Sportbetrieb

---

244 Schulze/Ellger (1925): S. 122; Kern (1958): S. 41; Herrmann (1923): S. 11
245 Eberle (1980): S. 47 f.
246 Eberle (1980): S. 49
247 Sieverts (1937): S. 552 f
248 Calliess / Müller-Dietz (1986): S. 67 f.

und später auch in den überschaubar gebildeten Gruppen, die in den unterschiedlichen Häusern untergebracht waren.[249]

Das ganze System war auf Vertrauen und auf einen Appell an das Ehrgefühl der Jugendlichen aufgebaut. Wenn dieses Vertrauen missbraucht wurde, wurde der Jugendliche wieder in die unterste Stufen zurückversetzt und es folgten eventuell sehr harte Disziplinarstrafen. Im äußersten Fall war sogar die Verlegung in ein reguläres Gefängnis möglich.[250]

Im Jahre 1911 unterbreitete Freudenthal dem preußischen Ministerium des Innern eine Denkschrift mit Plänen für ein deutsches Jugendgefängnis. Er sah das Stufensystem dabei als wichtigstes Mittel an, um die besserungsfähigen Rechtsbrecher einem Umbildungsprozess unterziehen zu können, der sich auf den Körper, den Verstand und besonders auf den Charakter zu erstrecken hatte.[251] Der zuständige Dezernent Karl Krohne, ein bis dahin entschiedener Gegner des Stufenstrafvollzugs, stellte die Weiberstrafanstalt Wittlich an der Mosel für den Versuch zur Verfügung.[252]

Freudenthal wollte, dass

- der Strafvollzug im Jugendgefängnis individualisierend sei, das hieß, es sollten diejenigen Insassen, die sich in wesentlich gleicher Lage befunden hätten, in Gruppen zusammengefasst werden,
- in den jugendlichen Gefangenen ein gesunder Ehrgeiz geweckt würde und
- sich zwischen der Anstaltsleitung und den Gefangenen ein starkes Vertrauensverhältnis herstellen ließe.[253]

Für Gefangene zwischen dem 18. und 21. Lebensjahr wurde ein Strafvollzug mit drei Stufen eingerichtet, die diese zu durchlaufen hatten. Eine vierte war als Strafstufe gedacht. Durch gute Führung und Fleiß bei der Arbeit und in der Schule konnten sich die Jugendlichen größere Freiheiten und Vergünstigungen der jeweils höheren Stufe erwerben. Besonderes Gewicht wurde auf die erzieherische Beeinflussung und Ausbildung in körperlicher und geistiger sowie handwerklicher Hinsicht gelegt.[254] Es wurde zur körperlichen Ertüchtigung Sportunterricht eingeführt sowie zur Einhaltung der Ordnung, Sauberkeit und Disziplin der militärische Drill übernommen.

Aber erst 1926 wurde der dritten Stufe, die damals über 70 Insassen hatte, eine Art Selbstverwaltung zugestanden. Die Gruppe aß unter der Leitung selbst

---

249 Sieverts (1937): S. 556 ff., (insbesondere zur Entwicklung des Borstal-Systems und der dortigen Selbstverwaltung).
250 Sieverts (1937): S. 573
251 Preiser (1918): S. 330
252 Sagaster (1980): S.13
253 Preiser (1918): S. 331
254 Schulze/Ellger (1925): S. 122 (siehe auch Ellger in BlfGK, Bd. 48, 1914 S. 126 f.)

gewählter Obmänner ohne Beamte auf ihrem Gemeinschaftssaal. Sie konnten zwanglos innerhalb der Gefängnismauern spazieren gehen oder auf dem Turnhof Turnspiele veranstalten.
Bei schweren Disziplinarverstößen von Angehörigen der dritten Stufe wurden vor einer Bestrafung die Obmänner gehört.
Auf dem von der Anstalt gepachteten Hofgut Pfails wurden immer 5 - 7 Gefangene als Knechte verwandt. Sie standen unter der Aufsicht des Gutsverwalters. Für die Ordnung sorgte ebenfalls ein Obmann.[255]

Das amerikanische Stufensystem, welches in den einzelnen Anstalten manche Abweichungen aufwies, hing im Gegensatz zum deutschen eng mit der relativ unbestimmten Verurteilung zusammen. Der Richter setzte nur eine Mindest- und eine Höchststrafe fest.[256]
Als Äquivalent diente im Deutschen Reich die bedingte vorzeitige Entlassung, da für die unbestimmte Verurteilung die gesetzliche Grundlage fehlte.
Wesentlich war aber die Einrichtung einer Strafanstalt nur für Jugendliche und die Bemühungen um die Besserung der Jugendlichen im Stufenvollzug.
Innerhalb dieser Stufen erfolgte fortschreitend von der Gruppeneinteilung und der Förderung des Vertrauens und dem Ehrgefühl bis zur 1926 eingeräumten Art von Selbstverwaltung in der dritten Stufe die Mitwirkung und Mitverantwortung im Strafvollzug. Mitwirkung deshalb, da sie sich selbst Obmänner wählen durften und Mitverantwortung über diese, da sie z. B. bei Verstößen anderer Gefangener vor der Verhängung von Disziplinarstrafen gehört wurden und zur Entscheidungsfindung beitrugen.

d) Resümee

Durch Freudenthal und seine Erfahrungen 1905 auf seinen Auslandsreisen erfolgte die Beeinflussung durch das amerikanische Reformatory-System und seine Auswirkungen in England in der Borstal-Anstalt. Zwar wurde der Grundstein für einen eigenen Jugendstrafvollzug 1912 durch die Eröffnung des Jugendgefängnisses in Wittlich gelegt. Die Einrichtung einer Selbstverwaltung in der dritten Stufe, wo die jugendlichen Gefangenen ihre Obmänner selbst wählen, Ordnungsaufgaben erfüllen und Freizeit selbst gestalten konnten, erfolgte erst 1926, also in der Weimarer Republik.

Auch die Mitverantwortung in der Fürsorgeerziehungsanstalt Lindenhof wurde 1917 begonnen, als das Deutsche Reich dem Ende entgegen ging und liberales Gedankengut in die Erziehungsheime und Strafanstalten Einzug hielt.
In Lindenhof durften die Insassen sogar einen Vorstand und Jugendrat selbst wählen, hatten Einfluss auf das Essen, die Freizeitgestaltung, die Arbeitsabläufe sowie interne Hausstrafen. Hier kann von Mitbestimmung im Anstaltsleben ge-

---

255 Bondy/Frede (1930): S. 789; Bleidt (1928): S. 136

256 Schulze/Ellger (1925): S. 122; Kern (1958): S. 41

sprochen werden, da in den erwähnten Bereichen tatsächlich eine eigene Gestaltungsmöglichkeit für die Gruppe gegeben war.

In Hanöversand erfolgte neben der Einrichtung von Vertrauensämtern und deren Besetzung durch Gefangene als Vertrauensleute ebenfalls eine Mitbestimmung für die Gruppe.
Sie konnten selbst Ordnungsaufgaben entwerfen und überwachen sowie bei den Gesprächen im Innenring auch auf das Verhalten der Erzieher einwirken und damit für die Gruppe den Vollzug positiv beeinflussen.

Darüber hinaus erfolgte innerhalb der jeweiligen Gruppen sowohl in Hanöversand als auch in Lindenhof in den Anstalten eine Selbst- bzw. Miterziehung in der Gruppe. Die Gefangenen mussten sich in der Gruppe unterordnen und die selbst gestaltete Hausordnung beachten sowie das Austragen von Konflikten lernen.
Diese Entwicklung zu Beginn der Weimarer Zeit stellte einen gewaltigen Sprung für die Entwicklung der Gefangenenmitverantwortung insgesamt dar.

Der eigentliche Beginn der Verantwortungsübertragung auf Gefangene mit dem Recht zur Wahl und direkter Einflussnahme also Mitbestimmung lag in diesen Anstalten für Jugendliche. Hier finden sich auch Ideen der Jugendbewegung wieder, die auf die Miterziehung innerhalb der einzelnen Gruppen setzte. Während in der JVA in Wittlich die Beschäftigung mit den Jugendlichen in einer eigenen Anstalt vor dem Ersten Weltkrieg bereits ein Novum darstellte, konnte mit den Obmännern in der dritten Stufe bereits eine Mitverantwortung festgestellt werden. In Lindenhof und Hanöversand aber war durch die Gruppenbildung und die Gewährung von möglichst viel Freiheit zur eigenen erzieherischen Gestaltung und Entwicklung zu mehr Selbstbewusstsein erkennbar, dass die dort tätigen Erzieher entweder selbst aus der Jugendbewegung kommen oder zumindest von ihr stark beeinflusst gewesen sein mussten.

Herrmanns und Bondys praktische Erziehungsmethoden und ihre Suggestivkraft der Menschenbehandlung soll ihnen aus der deutschen Jugendbewegung erwachsen sein, so Liepmann.[257]

Leider waren diese Anfänge stark von den sie leitenden Persönlichkeiten abhängig, so dass nach deren Weggang die Entwicklung regelmäßig abgebrochen war.

---

257 Liepmann (1923): S XVII, Einleitung

3. Die Entwicklung der Rechtsgrundlagen und deren Umsetzung

a) Die Rechtsgrundlagen, die Mitwirkungsrechte betreffend, im Reich

aa) Das Jugendgerichtsgesetz von 1923

Am 16.02.1923 wurde ein Jugendgerichtsgesetz für das Deutsche Reich erlassen. Dieses hatte auch Auswirkung auf den Strafvollzug, da in dem Gesetz das Alter der Strafunmündigkeit vom 12. auf das 14. Lebensjahr hinaufgesetzt wurde.
Erstmals in einem Gesetz für das ganze Reich wurde festgelegt, dass die jugendlichen von den erwachsenen Gefangenen zu trennen und die Vollstreckung von einem Monat und mehr in besonderen Anstalten oder Abteilungen durchzuführen seien. Die Förderung und Erziehung der Jugendlichen war als besonderes Ziel in § 16 JGG extra ausgewiesen.[258]
Vorher gab es entsprechende Regelungen nur in allgemeinen Richtlinien und Vorschriften auf Landesebene.

bb) Die Reichsgrundsätze von 1923

Dieses Ziel des Strafvollzugs an Jugendlichen fand ebenfalls in den Reichsgrundsätzen für den Vollzug von Freiheitsstrafen vom 07.06.1923 Berücksichtigung.[259] In diesen hatten die Landesregierungen als Ersatz für die bundesrätlichen Grundsätze von 1897 bis zum Erlass eines einheitlichen Reichs-StVollzG in den §§ 196 ff. die obigen Regeln die Jugendlichen betreffend vereinbart. Als Ziel des Strafvollzugs an Jugendlichen war entsprechend dem § 16 JGG die Erziehung und nicht die Vergeltung gesetzt worden, so dass die alte Streitfrage zu Gunsten der ersten Alternative entschieden wurde.[260]

Diese Grundsätze waren, wie bereits 1897, eine freie Vereinbarung der Landesregierung mit Richtliniencharakter und erlangten als solche nicht die Stellung formellen Reichsrechts, umfassten aber den gesamten Strafvollzug. In der Praxis wurde sie von allen Ländern der Weimarer Republik aber als so verbindlich angesehen, dass sie sich bei der Ausgestaltung ihrer Vollzugsordnungen an das Vorbild anlehnten. Auf diese Weise erreichten sie eine relative Einheitlichkeit bei der Durchführung des Strafvollzugs.
In § 48 wurde als eindeutiger Zweck des Strafvollzugs der Gedanke der Erziehung und Besserung genannt.[261] Dieser Zweck sollte durch „Gewöhnung an Gehorsam, Ordnung, Sauberkeit und Arbeit“ erreicht werden. Erhofft wurde die Wiedereingliederung in die Gesellschaft ohne die Gefahr des Rückfalls.
Dazu dienten „die Erziehungselemente mit dem Zug zu einer Mechanisierung des psychischen Organismus des Menschen, mit dem Ziel ihres automatischen

---

258 Schulze/Ellger (1925): S.122 f.; Bumke (1928): S. 511 f.
259 Schulze/Ellger (1925): S.123; Liepmann (1923): S. 1
260 Bumke (1928): S. 526 f.
261 Blau (1988): S. 15; Gentz (1925): S. 130

Weiterablaufs über den Tag hinaus, an dem der Zwang fällt."[262] So äußerte sich Gentz bei einem Vortrag zum modernen Strafvollzug und führt weiter auf den Einwand, das habe doch schon immer gegolten, aus, dass der moderne Strafvollzug alles andere sei als ein Bruch mit der Vergangenheit. „Das Neue liegt in der Entschiedenheit, mit der man den Erziehungszweck heute betont und den gesamten Vollzug auf ihn abstellt."
Ferner liege es in der Methode des Vollzugs, welcher angewandt werde, nämlich den Vollzug in Stufen. Vielerorts sei ein unseliges System wahlloser Gemeinschaftshaft vorherrschend.[263]

In dem § 130 der Reichsgrundsätze wurde deshalb ausgeführt, dass der Strafvollzug in Stufen anzustreben und die sittliche Hebung der Gefangenen zu fördern sei, die es ihm lohnend erscheinen lassen, seinen Willen anzuspannen oder zu beherrschen.[264]

Der Vollzug in Stufen sollte so aufgebaut werden, dass der Strafvollzug je nach dem Fortschreiten der inneren Wandlung des Gefangenen seiner Strenge entkleidet und durch Vergünstigungen, die nach Art und Grad allmählich gesteigert würden, gemildert und schließlich soweit erleichtert würde, dass er den Übergang in die Freiheit vorbereiten würde.[265]
Damit sollte als Ziel die Wiedereingliederung des Gefangenen in die Gesellschaft erreicht werden.

Im § 131 der Reichsgrundsätze war festgehalten worden, dass die Landesregierungen eine Vereinbarung einheitlicher Grundsätze für den Vollzug in Stufen treffen würden, sobald die erforderlichen Erfahrungen gewonnen seien.[266] Wie die Länder den Stufenvollzug zur inneren und äußeren Wandlung der Gefangenen ausgestalteten und welche Mitwirkungsrechte eingeräumt würden, war demnach diesen überlassen.

Bayern, Hamburg und Thüringen hatten als erste Erfahrungen mit dem Stufenstrafvollzug gesammelt, so dass, fußend auf ihre Erfahrungen, eine Konferenz der Landesregierungen im November 1924 in Würzburg stattfand. Als Ergebnis wurde eine Übereinstimmung erzielt, dass sie den Stufenstrafvollzug grundsätzlich einzuführen gedachten. Mit diesen „Würzburger Beschlüssen", die nicht veröffentlicht wurden, glaubten sie, die Erziehung und Besserung am besten verwirklichen zu können.[267]
Damit war die Einzelhaft grundsätzlich nur noch ein Teil des gesamten Strafvollzugs und die Gemeinschaftshaft die Regel.

---

262 Gentz (1925): S. 139
263 Gentz (1925): S. 141 f.
264 Bumke (1928): S. 522; Krebs (1978 d): S. 231; Gentz (1925): S. 141
265 Mittermaier (1954): S. 104; Krebs (1978 b) S. 102; Gentz (1925): S. 141
266 Bumke (1928): S. 522
267 Sagaster (1980): S. 21; Frede (1975) S. 266

Diese Reichsgrundsätze, die die Bundesratsgrundsätze von 1897 ersetzten, deckten sich weitgehend mit den damaligen Reformbestrebungen, wie die Betonung des Erziehungs- und Besserungsgedankens und die Einführung des Stufenstrafvollzugs zeigen.[268]

Durch Übung und eine Zielsetzung sollte bei den Gefangenen der Wille gestärkt, und durch entgegengebrachtes Vertrauen das Selbstvertrauen, die Selbstachtung der Gefangenen aufgebaut werden. Beides ließ sich im Stufenstrafvollzug verwirklichen.[269] Damit wurde die Grundlage für den Ausbau von Mitwirkungsrechten gelegt.

cc) Der Kommissionsentwurf von 1925

Während einer Tagung der Vereinigung für Jugendgerichte und –hilfen in Berlin ist auf Anregung eines Vertreters des Reichsjustizministeriums eine Kommission gebildet worden, die für ein künftiges Reichsstrafvollzugsgesetz und deren Ausführungsbestimmungen Vorschläge über die Ausgestaltung des Strafvollzugs in Stufen an Erwachsenen und Jugendlichen erarbeiten sollten.

§ 1 des Entwurfs sah vor, dass Zuchthaus- und Gefängnisstrafen von mehr als 6 Monaten und bei Jugendlichen Gefängnisstrafen von mehr als 3 Monaten in Stufen zu vollstrecken seien.

§ 2 bestimmte als Ziel die Erziehung zu einem gesetzmäßigem Leben, wobei Satz 2 ausdrücklich ausführte, dass die Freiheiten und Erleichterungen der Gefangenen nicht nur Annehmlichkeiten bilden sollten. Sie sollten ihnen in steigendem Maße Verantwortung auferlegen und dadurch ihr Verantwortungsgefühl ausbilden und stärken.[270]

Nach § 4 sollte der Strafvollzug in drei Stufen und einer Strafstufe erfolgen, wobei nach § 16 die Einzelhaft für die Erste Stufe nur noch auf Anordnung des Vorstehers vorgesehen sein sollte. In der Regel sollte sich der Gefangene nur für sechs Monate in Zellenhaft befinden. Danach sollten die Gefangenen sich nach § 17 tagsüber in Gemeinschaft als Angehörige der zweiten oder dritten Stufe befinden.

Nach § 24 sollten als Hausarbeiter, die eine Vertrauensstellung bekleiden würden, nach Möglichkeit nur Gefangene der dritten Stufe verwandt werden.[271]

§ 42 sah schließlich für Gefangene der dritten Stufe für die arbeitsfreie Zeit eine gewisse Selbstverwaltung vor. Sie durften sich selbst „für Aufenthalt in den Gemeinschaftsräumen einschließlich der dort stattfindenden Vorträge und Aussprachen sowie für Sport und Spiel Obmänner wählen“. Die Wahl hätte jedoch noch der Bestätigung des Vorstehers bedürft. Die Obmänner

---

268 Blau (1988): S. 15
269 Gentz (1925): S. 142
270 Freudenthal (1927): S. 361 f.
271 Freudenthal (1927): S. 365 f.

hätten dafür zu sorgen gehabt, „dass die Gefangenen die ihnen auf dieser Stufe gewährten Freiheiten und Erleichterungen nicht missbrauchen und Meinungsverschiedenheiten unter den Gefangenen gütlich beigelegt würden."

Sie hätten „Vorschläge über die Ordnung in den Gemeinschaftsräumen außerhalb der Arbeitszeit zu machen und mit über deren Einhaltung zu wachen."

Der Vorsteher hätte jedoch jederzeit die Obmänner absetzen und eine Neuwahl anordnen können.[272]

Dieser Entwurf stellte somit eine erste Präzisierung des § 130 der Reichsgrundsätze dar. Die innere Wandlung des Gefangenen sollte durch die in steigendem Maße auferlegte Verantwortung und Ausbildung von Verantwortungsgefühl erreicht werden und alles in der Gemeinschaftshaft. Vom Gefangenen würde ein aktives Mitarbeiten verlangt, welches Rückschlüsse auf seine innere Wandlung zulassen würde, sei es bei der Wahl zum Obmann, sei es bei der Freizeitgestaltung.

dd) Der Entwurf eines Strafvollzugsgesetzes von 1927

Am 13. Januar 1927 hatte die Reichsregierung dem Reichsrat den Entwurf eines Strafvollzugsgesetzes vorgelegt, der in überarbeiteter Form im Juli zur Vorlage im Reichstag vom Reichsrat verabschiedet worden war.[273]

Die Paragraphen in diesem Abschnitt entsprechen der Reichstagsvorlage vom 9. September 1927.[274]

Das Anwendungsgebiet des Stufenstrafvollzugs wurde dabei jedoch wieder eingeschränkt. So sah § 162 vor, dass nicht nur Gefangene, bei denen wegen körperlicher oder geistiger Gebrechen der Stufenstrafvollzug undurchführbar oder aussichtslos sei, davon ausgeschlossen wären, sondern auch diejenigen Gefangenen, bei denen die Erfahrungen, die bei früheren Strafverbüßungen gemacht wurden, ein Erreichen der Ziele des Strafvollzugs nicht erwarten ließen, da ihnen der Wille oder die Fähigkeit zur Besserung fehlten und die Erziehungsarbeit vergeblich sein würde oder sie eine Gefahr für die übrigen Gefangenen bilden würden.

Eine entsprechende Vorschrift gab es in dem Entwurf von 1879 oder in den Reichsgrundsätzen von 1897 nicht.[275]

Damit sollte der Stufenvollzug mit seinen Maßnahmen zur Resozialisierung nur für einen Teil der Gefangenen gelten.

---

272 Freudenthal (1927): S. 370

273 Blau (1988): S. 15; Frede (1928): S. 305 (über die Änderungen im Reichsrat siehe auch Frede (1928): S. 305 – 329)

274 Frede (1928): S. 306, 318; Schäfer/Hauptvogel (1928): S. 118 ff.; Der Reichsminister der Justiz, 1954: Nr. 3628

275 Schäfer/Hauptvogel (1928): S. 118 ff.

In § 163 wurde festgehalten, dass Milderungen für den Gefangenen nicht nur Annehmlichkeiten sein durften, sondern sie sollten ihm im steigenden Maße Verantwortung auferlegen und dadurch sein Verantwortungsgefühl wecken und stärken.
Es sollten nach § 164 drei Stufen eingerichtet werden. Bei guter Führung rückte der Gefangene von der ersten zur zweiten Stufe auf, wenn sein Gesamtverhalten erkennen ließ, dass er erzieherischer Einwirkung zugänglich war und in die dritte Stufe, wenn diese Einwirkung Erfolg zeigte, so § 166. [276] Bei Ungeeignetheit oder Gefahr für die übrigen Gefangenen war er vom Stufenstrafvollzug auszuschließen.
Welcher Stufe die Gefangenen angehörten, war durch Kleidung oder durch Abzeichen erkenntlich zu machen, wie in § 173 festgehalten wurde. Die oberen Stufen waren von den anderen Gefangenen zu trennen.
Milderungen wie individuelle Raumausstattung, Beköstigung, Tabakgenuss, Zusatzartikel, Beleuchtung des Haftraumes usw. wurden ab der zweiten und verstärkt ab der dritten Stufe gewährt.
Die Anforderungen an Willenskraft, Selbstbeherrschung und Verantwortungsgefühl des Gefangenen sollten immer mehr gesteigert werden, um sein Vertrauen zu stärken, seine guten Anlagen und Fähigkeiten zu fördern, ihn sittlich zu heben und ihn so zu einem gesetzmäßigen und geordneten Leben in der Freiheit tauglich zu machen.
Die bedingte Entlassung war nur den Gefangenen der dritten Stufe nach dreiviertel der Strafzeit gemäß § 178 zu gewähren.[277]

In diesen Vorschriften wurde sowohl für die Jugendlichen als auch für die Erwachsenen deutlich als Ziel die Wiedereingliederung in die Gesellschaft angestrebt. Als Mittel wurde die Erziehung im Stufenstrafvollzug festgeschrieben, wobei die im steigenden Maß zu erfolgende Verantwortungsübertragung auf Gefangene im einzelnen oder im Kollektiv einen wesentlichen Teil der erzieherischen Aufgabe ausmachte.

Die Einrichtung der Selbstverwaltung in der dritten Stufe wurde nach positiven Erfahrungen in einigen Ländern von mehreren Reformern in der Literatur gefordert und zumindest deren Berücksichtigung und Konkretisierung in den Ausführungsbestimmungen. Damit sollte erreicht werden, dass auch die noch zögerlichen Länder von der Reformidee mitgerissen würden.[278]
Da der Entwurf des Strafvollzugsgesetzes jedoch wiederum wie bereits 1879 an der parlamentarischen Hürde scheiterte, konnten diese Regelungen über die Einführung eines Stufenstrafvollzugs mit den Möglichkeiten der Mitwirkung auf der Ebene der dritten Stufe sowie der Ideen der Selbstverwaltung auf Reichsebene keine Gesetzeskraft erlangen. So blieb es bei der Umsetzung auf Landesebenen und deren unterschiedlicher Interpretation.

---

[276] Mittermaier (1954): S. 105; Frede (1927): S.126
[277] Mittermaier (1954): S. 105; Frede (1927): S. 126
[278] Ellger (1928): S. 112; Frede (1927): S. 130 f.

b) Verantwortungsübertragung in den preußischen Anstalten

Ein bedeutender Fortschritt für den Strafvollzug war die Beseitigung des Dualismus in Preußen im Jahre 1918. Sämtliche Gefangenenanstalten Preußens standen zukünftig unter der einheitlichen Oberleitung des Justizministeriums. Dies hatte den Vorteil, dass Veränderungen in der Gesetzgebung oder Verwaltung nur noch einen Behördenzweig betrafen und zwei unterschiedliche Gefängnissysteme vermieden wurden. Im Einklang mit den Reichsgrundsätzen wurde am 01.08.1923 die neue Dienst- und Vollzugsordnung für die Gefängnisanstalten der Justizverwaltung in Preußen veröffentlicht.[279] Mit dieser wurde die Gefängnisordnung für die Justizverwaltung vom 21.12.1898 und die Dienstordnung für die dem Ministerium des Innern unterstellten größeren Strafanstalten vom 14.11.1902, die bis dahin immer noch nebeneinander in Geltung waren, außer Kraft gesetzt. Die Vereinheitlichung des Strafvollzugs in Preußen war damit vollständig durchgeführt worden.[280]

In dem § 52 dieser Dienst- und Vollzugsordnung war ausdrücklich als Ziel festgehalten worden, dass auf Erziehung zu einem geordneten gesetzmäßigen Leben nach der Entlassung besonders hinzuwirken sei.[281]

In der Verfügung vom 28.02.1927 in Preußen wurde erstmals die Selbstverwaltung allgemein vorgeschrieben, nachdem die bisher in einzelnen Anstalten gemachten Versuche aufgrund einer Rundverfügung vom 02.01.1925 günstig ausgefallen waren.[282]
In dieser Rundverfügung war der Stufenstrafvollzug mit drei Stufen vorgesehen gewesen. Neben diversen Vergünstigungen in der zweiten und dritten Stufe wurden Vertrauensposten in der Anstalt wie z.B. der Bücherwart nur aus diesen Stufen besetzt.[283]
Selbstverwaltung meint hierbei die tätige Mitarbeit der Gefangenen an ihrer Erziehung unter eigener Verantwortung.

Am 07.06.1929 erging eine Verordnung über den Strafvollzug in Stufen.[284] In deren Einleitung hieß es, dass das System der stufenweise gewährten Vergünstigungen dazu beigetragen hätte, die Zucht und Ordnung in den Strafanstalten auch unter schwierigen Verhältnissen zu erleichtern, die Gefangenen zu guter Führung zu bewegen und den Gebrauch von Hausstrafmitteln einzuschränken.

Weiter ist ausgeführt worden, dass das Ziel des Strafvollzugs in Stufen die Erziehung des Gefangenen zu einem gesetzmäßigen und geordneten Leben wäre. Dazu wäre es nötig, dass man ihm in stufenweise steigendem Maße Verantwortung übertrage, ihm Rechte als Folge solcher Verantwortung einräume und ihn

---

279 Muntau (1926): S.63; Klein, Wackermann, Wutzdorff (1924): S.34 f.
280 Schulze/Ellger (1925): S.123
281 Muntau (1926): S.63
282 Muntau (1926): S.68
283 Gentz (1925): S. 147
284 Muntau (1926): S. 68; Frede (1927): S. 127

schließlich an der Gestaltung seines Geschickes in der Strafanstalt und nach der Entlassung aus ihr mitschaffend teilnehmen lasse. Dies wäre nur zu erreichen, in dem die Vollzugsbeamten mit pädagogischem Geist ihre Arbeit verrichten und über jede Dienstanweisung hinaus den Gefangenen helfen würden.[285] Die Gefangenen sollten die Gestaltung ihres Geschickes selbst mitbestimmen, also aktiv werden und die Möglichkeiten zum Aufstieg in die dritten Stufe nutzen.

Die Ausgestaltung der Selbstverwaltung sollte in der dritten Stufe erfolgen, in welcher die Gefangenen ihr Zusammenleben in bestimmten Bereichen selbst regeln durften. Ausgangspunkt wäre die Gestaltung der freien Zeit, in welcher sie selbst dafür zu sorgen hätten, dass während ihres Zusammenseins Ruhe, Ordnung und tadelloses Benehmen herrschen würde. Zu diesem Zweck hätten sie sich Obmänner zu wählen, die dafür verantwortlich wären, dass die in den Gemeinschaftsräumen geltenden Bestimmungen eingehalten würden.[286] Damit hätten sie mitverantwortlich gehandelt, da sie ihren Obmann wählen durften.
Kritik an dem Stufensystem in Preußen wurde von Gentz daran geübt, dass die Gefangenen der verschiedenen Stufen in einer Anstalt in Gemeinschaftshaft lebten, also eine räumliche Trennung nicht ausreichend stattfand. Das führte bei den Gefangenen, die grundsätzlich keine Aussicht hatten, im Stufenvollzug vorwärts zu kommen, zu mangelndem Anreiz bei deren Führung und Arbeitsleistung. Dies wirkte sich schädigend auf die Gesamtheit der Gefangenen aus. Es konnte auch passieren, dass Gefangene der ersten Stufe schlechter gestellt waren, als diejenigen Gefangenen, die überhaupt nicht eingestuft waren. Dieser Zustand hatte negative Folgen auf die Disziplin in der Anstalt und den einzelnen Stufen.[287]

Eine Trennung der Gefangenen im Stufensystem von den anderen und auch innerhalb der Stufen wurde als dringend erforderlich angesehen, um eine sinnvolle Verantwortungsübertragung in steigendem Maße nach entsprechenden Fortschritten der Gefangenen vornehmen zu können. Missgunst und Neid wären die Folge, blieben die Gefangenen in der Gemeinschaftshaft zusammen.

In dieser preußischen Dienst- und Vollzugsordnung von 1929 fand sich in § 68 Abs. 6 ein Hinweis auf die Übertragung von Verantwortung auf die Insassen.
Dort war bestimmt worden, dass zwischen dem Niederlegen und dem Wecken in der Gemeinschaftshaft zur Wahrung der Nachtruhe Stillschweigen zu herrschen hätte.[288] Empfohlen wurde, in jedem Gemeinschaftszellenraum einen zuverlässigen Gefangenen zu bestimmen, der für die Ordnung und Ruhe in dem Raum zu sorgen hatte. Er war verpflichtet, alle Ordnungswidrigkeiten oder Ruhestörungen ungesäumt dem Abteilungsaufseher zu melden. Besonders wurde darauf

[285] Muntau (1926): S. 68
[286] Frede (1927): S. 128
[287] Gentz (1927): S. 384
[288] Muntau (1926): S. 68

hingewiesen, dass augendienerische, klatschsüchtige oder sonst unverträgliche Typen ungeeignet wären.
Es sollte verhindert werden, dass weder Personen, die sich nur einschmeicheln wollten als auch solche, die als Anführer der Subkultur in der Anstalt bekannt waren, zusätzliche Macht bekommen könnten und die Vertrauensstellung ausnutzen würden.[289]
Dieser Hinweis zeigt, dass unabhängig vom Stufenstrafvollzug, der auch in Preußen eingeführt werden sollte, weiter ausgesuchte Gefangene für Ordnungsaufgaben herangezogen wurden.
Einerseits wurden diese ausgesuchten Gefangenen wiederum nur als zusätzliches Hilfspersonal rekrutiert, andererseits zeigt diese genaue Auswahl des Gefangenen, dass er das Vertrauen der Mitgefangenen habe sollte.[290]

In der Verordnung Preußens zeigt sich, dass hier von dem reinen Vergünstigungsstrafvollzug vergangener Jahre abgewichen und ein hohes Maß von selbstverantwortlichem Handeln von den Gefangenen verlangt wurde. Ohne ihr aktives Mitgestalten ihres Lebens in der Anstalt war ein Aufsteigen innerhalb der Stufen nicht möglich. Diese Übertragung von Verantwortung sollte nur Personen zuteil werden, die sich bereits als würdig herausgestellt hatten, mit dieser Verantwortung maßvoll umzugehen.
In der dritten Stufe erfolgte durch die Bestimmung eines Obmannes, der das Vertrauen der Gefangenen haben sollte, sowie der Freizeitgestaltung im begrenzten Umfang eine aktive Mitwirkung in Richtung einer Mitverantwortung am Anstaltsleben auch im Erwachsenenvollzug. Mit dem inzwischen in den Erziehungsheimen angewandten Mitwirkungs- und Mitverantwortungsrechten war er jedoch nicht zu vergleichen.

c) Die Umsetzung der Mitwirkungsrechte im Strafvollzug in Thüringen

aa) Die rechtlichen Grundlagen

Das neu gebildete Land Thüringen entwickelte sich zu einem Vorkämpfer bei der Einführung eines praxisbezogenen Strafvollzugs in Stufen mit Selbstverwaltung.[291]
Bereits seit fünf Jahren waren Versuche zur Selbstverwaltung unternommen worden, rechtlich noch auf den Grundsätzen von 1897 stehend.
Seit Oktober 1922 gab es ein Progressivsystem im Strafvollzug aufgrund einer einheitlichen Hausordnung für die Thüringischen Landesstrafanstalten.[292] Nach den Reichsgrundsätzen der Länder vom Juni 1923 wurde in Thüringen unter

289 Klein, Wackermann, Wurzdorff (1924): S. 149 f.
290 Mittermaier(1954): S. 105
291 Sagaster (1980): S. 15; Frede (1933): S. 551
292 Sagaster (1980): S. 23; Krebs (1978 f.): S. 272

Verwertung der bisher gemachten Erfahrungen die Dienst- und Vollzugsordnung vom 24. Mai 1924 erlassen. [293]

Thüringen hatte dabei folgende, von Frede bezeichnete, Einteilung vorgesehen:

- „Die große Stufenleiter"
  Strafvollzug in der Anstalt, Aufenthalt in der Übergangsstelle bedingte Strafaussetzung und

- „die kleine Stufenleiter",
  nämlich die drei Stufen in der Anstalt, die Beobachtungs-, Behandlungs- und Bewährungsstufe.

Daneben bestand noch eine sogenannte Strafstufe, die auf Anregung der Strafanstaltsdirektoren eingeführt wurde.

> „Es hatte sich als mißlich herausgestellt, wenn sich auf der I. Stufe die neu eingelieferten Gefangenen mit den strafweise zurückversetzten oder zurückgebliebenen Gefangenen, die zum Teil überhaupt keiner erziehlichen Beeinflussung zugänglich sind, zusammen befinden. Es ergab sich von selbst, dass diese beiden Arten von Gefangenen der I. Stufe geschieden wurden."[294]

In der Dienst- und Vollzugsordnung in Thüringen von 1924 war bezüglich des Selbstverwaltungsgedankens folgendes bestimmt worden:

§ 107: Abs. 1.

Gefangene der II. Stufe (Behandlungsstufe) dürfen sich sonntags im Gemeinschaftssaal aufhalten. Dort dürfen sie lesen, schreiben oder Brettspiele zu zweit spielen.

Abs. 2.

Die Gefangenen der III. Stufe (Bewährungsstufe) dürfen sich außerdem täglich nach Schluss der Arbeit in der Zelle oder in ihrem Gemeinschaftssaal selbst beschäftigen. Im Gemeinschaftssaal dürfen bis zu vier Gefangene zusammen spielen.[295]

§ 109: Abs.3

Die Gefangenen der III. Stufe können sonntags und feiertags unter Führung des Direktors und der Fürsorger ohne Bedeckung durch bewaffnete Aufsichtsbeamte außerhalb der Anstalt spazieren geführt werden. Zuchthausgefangene erst dann, wenn sie der III. Stufe schon mindestens dem 3. Teil des beim Aufrücken auf diese Stufe noch zu verbüßenden Strafrests angehören.[296]

---

[293] Mittermaier (1954): S. 105; Frede (1925): S. 234

[294] Frede (1925): S. 234

[295] Liepmann (1928): S. 118 f.

[296] Liepmann (1928): S. 119

§ 112:

Dieser Paragraph bestimmte, dass die Gefangenen der III. Stufe sich für das Spiel und für den Aufenthalt in dem Gemeinschaftssaal außerhalb der Arbeitszeit mit einfacher Stimmenmehrheit Obmänner wählen durften.
Diese hatten unter Verantwortung des Direktors dafür zu sorgen, dass die Gefangenen die Erleichterung nicht missbrauchten und Meinungsverschiedenheiten nicht in Streit ausarteten sondern gütlich beigelegt wurden.
Die Wahlen bedurften der Bestätigung des Direktors. Die Obmänner durften Anregungen und Vorschläge ihrer Stufe dem Direktor unterbreiten.[297]

Vorgesehen waren die drei bereits genannten Stufen, nämlich die Beobachtungs-, die Behandlungs- und die Bewährungsstufe. In der Regel kam der Gefangene bei der Einlieferung zunächst in die erste Stufe, in der die sorgsame Beobachtung stattfand. Nach Ablauf einer im Verhältnis zur Gesamtstrafzeit festgelegten Frist war die Versetzung in die zweite, die Behandlungsstufe erfolgt, es sei denn, die Beobachtung des Gefangenen hatte ein negatives Bild von ihm ergeben.
Eine Vorschrift, wie sie der Entwurf eines Strafvollzugsgesetzes von 1927 vorsah, wonach bestimmte Gefangene vom Stufenvollzug ausgeschlossen werden sollten, gab es in Thüringen nicht. (s. o. § 162 des Entwurfs, S. 69).

Diskutiert wurde allerdings in den Fachkreisen, ob überhaupt und welche ausgeschlossen werden sollten. Frede diskutiert in einem Aufsatz aus dem Jahr 1925, dass geistig minderwertige Gefangene, die vom Facharzt als ausgesprochene Psychopathen bezeichnet werden, seiner Meinung nach unter die übrigen Gefangenen zu mischen, also nicht auszusondern seien. Gemeint seien selbstverständlich nicht die Geisteskranken, die in einer Irrenanstalt oder –abteilung einzuweisen sind, sondern strafvollzugsfähige Gefangene, die bei einer richtigen Behandlung ebenfalls sittlich gebessert werden könnten. Allerdings bestätigt er, dass bei gewissen Arten von Verbrechern, z.B. den meisten Sittlichkeitsverbrechern, dem Erzieher enge Grenzen gesteckt sind.
Nach der Beobachtung in der ersten Stufe sei die Entscheidung zu treffen, dass sie im Strafvollzug nicht gebessert werden können, so dass sie aus der Stufenfolge ausgeschieden und in eine gesonderte, für sich liegende Anstalt unterzubringen seien. Diese Feststellung sollte nach Frede ein ausgebildeter Erzieher treffen, die jedoch noch nicht in ausreichender Zahl vorhanden waren. Ebenfalls seien Lebenslängliche von der dritten Stufe ausgeschlossen, da diese Stufe als Bewährung für die Freiheit gedacht sei, solange diese nicht zu einer Zeitstrafe begnadigt seien.[298]

Die Sonderbehandlung sogenannter „Unerziehbarer", wie es § 162, Satz 2, 168 AE. StVG durch den Ausschluss vom Stufenstrafvollzug vorschreibt, lehnen Frede, Bondy und Krebs ab.

---

297 Liepmann (1928): S. 119; Sagaster (1980): S. 59

298 Frede (1925): S. 235, 238; Frede (1928): S. 319, Liepmann (19289: S. 119

„Es gebe keinerlei sichere Methoden einer naturwissenschaftlich fundierten Erbbiologie oder Persönlichkeitsforschung, um derartige Prognosen mit der erforderlichen Zuverlässigkeit stellen zu können. Der Stufenstrafvollzug soll nicht eine Domäne derer sein, die schon ohnehin leicht zu lenken sind, und einer kleinen Oberschicht von Gefangenen günstigere Lebensbedingungen schaffen, sondern gerade die schlecht und nicht Erzogenen zu erfassen suchen.“[299]

Gemäß § 52 Abs. II. DuVO von 1929 war die Persönlichkeitsforschung die erklärte Aufgabe der Beobachtungsstufe. Diese Bestimmung gab es in der DuVO 1924 noch nicht. Diese Persönlichkeitserforschung bezog sich auf Beiziehung und Studium der Gerichtsakten, intensive Unterredungen mit dem zuständigen Fürsorger, Ermittlungsbögen der Gefängnisgesellschaft usw.

Wesentlich war der Kontakt des Gefangenen zu seinem Fürsorger der ersten Stufe. Wenn es gelang, die ablehnende Haltung gegenüber der Anstalt und deren Vertretern abzubauen, war die Erziehungsarbeit auf der nächsten Stufe möglich. Nach Ablauf von sechs Monaten wurde dann die Aufstufung ins Auge gefasst, wobei großzügig verfahren wurde. Nur Uneinsichtige verblieben auf der gleichen Stufe.[300]

In der zweiten Stufe, in der die Gefangenen die prozentual größte Zahl der Gefangenen insgesamt stellten, erfolgte ihre Behandlung, indem mit Mitteln der Gefangenenfürsorge, Unterricht und weltlicher Seelsorge systematisch auf sie eingewirkt wurde. Nur den Gefangenen, bei denen die Erziehungsbeamten eine günstige Diagnose stellen konnten, weil sie wirklich eigene Tätigkeiten geweckt oder gefördert hatten, wurde eine Bewährung in der dritten Stufe bewilligt.[301]

Grundsätzlicher Ausgangspunkt dieser Selbstverwaltung war das Zusammenleben der Gefangenen in der arbeitsfreien Zeit. Diese sollte weitestgehend dazu ausgenützt werden, die Gefangenen zu einem reibungslosen Gemeinschaftsleben zu erziehen.

Notwendig war dazu:

- Ein Gemeinschaftsraum, der besser ausgestaltet war als die übrigen Gefängnisräume;
- eine Handbücherei;
- einige Zeitungen und Zeitschriften;
- nach Möglichkeit ein mit dem Raum in Verbindung stehendes kleines Schreibzimmer;
- der Einschluss eine Stunde später als bei den übrigen Gefangenen;
- längere Beleuchtung des Haftraumes.

299 Grünhut (1931): S. 81 f.
300 Sagaster (1980): S. 53 f.
301 Krebs (1978e): S. 266

Somit wurde erreicht, dass der Aufenthalt in dem Gemeinschaftsraum von der Abendmahlzeit bis 22.00 Uhr ausgedehnt werden konnte. Mehr Aufsichtsbeamte waren nicht notwendig, da die Gefangenen sich gerade Obmänner wählen sollten, die darauf achteten, dass die für den Aufenthalt in den Gemeinschaftsräumen geltenden Bestimmungen eingehalten wurden.[302]

Um den Wert und die Bedeutung der Zugehörigkeit zur dritten Stufe den Gefangenen richtig vor Augen zu führen, ist in Thüringen eingeführt worden, dass jeder neu auf diese Stufe versetzte Gefangene in Gegenwart des Vorstehers und Fürsorgers mit einer gewissen Feierlichkeit aufgenommen und vom ersten Obmann durch Handschlag auf die Satzung der dritten Stufe verpflichtet wurde. Diese kleine Feierlichkeit diente ebenfalls einem erzieherischen Zweck.[303]

Der Obmann hatte die Befugnis, dem Vorsteher Anregungen aller Art, die von den Mitgefangenen ausgingen, zu übermitteln. Zu diesem Zweck musste er sich von Zeit zu Zeit mit allen Stufenangehörigen besprechen und bei Meinungsverschiedenheiten abstimmen lassen. Die Gefangenen sollten dabei lernen, dass die in der Gemeinschaft überstimmte Minderheit sich zu bescheiden hat und sie lernte ein Interesse an der Verwaltung der Anstalt zu bekommen.
Dadurch wurde erreicht, dass die Gefangenen nicht willenlos oder mit innerem Widerstreben alles über sich ergehen ließen und sie ihre Wünsche und Bestrebung nicht auf einen offenen oder versteckten Kampf mit der Anstaltsverwaltung durchsetzen wollten.[304]

Des weiteren galt in Thüringen die Bestimmung, dass der Vorsteher die Obmänner der dritten Stufe vor der Versetzung von Gefangenen auf diese Stufe hören konnte. Diese Unterredungen erfolgten regelmäßig, so dass der Vorsteher ein ganz neues und meist richtiges Bild von den Gefangenen erhielt, die von der zweiten Stufe aufsteigen wollten. Vor den Gefangenen untereinander ließ sich auf Dauer nichts verheimlichen, so dass die Obmänner über andere Erkenntnisquellen verfügten als die Vorsteher und damit die Anstaltsleitung.[305]

Gute Erfahrungen hatte man in Thüringen auch mit der für alle Gefangenen bestimmten Kantine, die von Vertretern der dritten Stufe geführt wurde, gemacht. Einkauf, Verkauf und die damit im Zusammenhang stehende gesamte Verwaltung wurde in zwei thüringischen Anstalten ausschließlich von Gefangenen dieser dritten Stufe durchgeführt.

In einer Anstalt wurde sogar sogenanntes Anstaltsgeld den Gefangenen ausbezahlt, mit denen diese in der Kantine einkaufen konnten. Diese Einrichtung hat größte Gewissenhaftigkeit bei den Gefangenen erzielt, die sie bisher im freien Leben nicht hatten. Ohne ständige Beaufsichtigung durch Beamte überwachte

302 Frede (1927): S.128; Frede (1925): S. 244 f.
303 Frede (1927): S. 129; Sagaster (1980): S. 63
304 Frede (1927): S. 129
305 Frede (1925) S. 237

den Geschäftsgang der Kantine ein aus Gefangenen bestehender Aufsichtsrat. Durch einen ganz geringen Aufschlag wurde pfennigweise Gewinn erzielt, wofür Schreibmaschinen und ähnliche Gerätschaften gekauft wurden, an denen Gefangene sich in der Freizeit ausbilden konnten.[306]

Die Einrichtung der gewählten Obleute war auch für den Sport von besonderer Bedeutung, den die dritten Stufe betreiben durfte. Während der Sport an sich schon großen erzieherischen Wert durch freiwilliges Ein- und Unterordnen hatte, so diente er dem Gedanken der Selbstverwaltung dadurch, dass Obmänner als Sportleiter, Schiedsrichter und der gleichen verwandt wurden und die Aufsicht durch Beamte in den Hintergrund trat.[307]

Ein wichtiges Erziehungsmittel der dritten Stufe waren auch die Spaziergänge der Gefangenen im Freien ohne Aufseher nur in Begleitung des Vorstehers und der Erzieher (Thür. DuVO § 109 Abs. 3).[308]
Die Gefangenen durften bei diesen Spaziergängen die Anstaltskleidung der dritten Stufe tragen, die der bürgerlichen Kleidung etwas angenähert war.
Insgesamt sind mit diesen Spaziergängen gute Erfahrungen gemacht worden. In Thüringen kam es während vier Jahre Praktizieren des Spazierengehens nur zu einer einzigen Entweichung. Die Gefangenen betrachteten es als eine Ehrenpflicht, während des Spazierganges nicht zu entweichen. Sie sollten dadurch lernen, sich zu beherrschen und die Natur und die Heimat zu lieben.[309]

In den thüringischen Landesstrafanstalten war darüber hinaus für die Gewährung der bedingten Strafaussetzung zur Bewährung eine persönliche Voraussetzung die Zugehörigkeit zur dritten Stufe und die längere Bewährung in dieser (§ 5 der Thür. DuVO).[310]

Die angestrebten Versetzungen im Stufenstrafvollzug in eine höhere Stufe stellten Erziehungsmaßnahmen dar und spiegelten den jeweiligen Stand des Erziehungserfolges wieder. Die Rückversetzung oder Verzögerung des Aufrückens durfte dabei nicht als Strafmittel ausgestaltet werden. Sie bedeuteten nur deklaratorisch die Feststellung der noch bestehenden Unfähigkeit des Gefangenen zur Behandlung in der höheren Stufe und nicht konstitutiv die strafweise Verschlechterung der Rechtsstellung des Gefangenen.[311]

Nach Starke sollte die Heranziehung der Gefangenen zur Vollstreckung obrigkeitlicher Maßnahmen an Mitgefangenen z. B. als Zellenwärter, Hausarbeiter, zwangsweiser Überführung in Arrestzellen usw. aufgegeben werden. So erwünscht die Beschäftigung der Gefangenen in der Hauswirtschaft und bei Auf-

306 Frede (1927): S. 129
307 Frede (1925): S. 244
308 Frede (1927): S. 132; Bondy/Frede (1930): S. 788; Krebs (1978 e): S. 265
309 Frede (1927): S. 132
310 Frede (1927): S. 133; Gentz (1927): S. 394
311 Starke (1927): S. 169

rechterhaltung der Disziplin war, so unerfreulich sei es, wenn Gefangene mit der Anwendung unmittelbaren Zwangs gegen Mitgefangene beauftragt und ihnen somit Möglichkeiten für Übergriffe gegeben würden. Das Gefühl der Mitgefangenen habe sich stets dagegen aufgelehnt.

Starke spricht sich damit gegen die Vertrauenspositionen, die einigen Gefangenen zuerkannt wurden, aus. Er ist der Auffassung gewesen, dass den Gefangenen im Rahmen des Stufenstrafvollzugs Selbstverwaltung zugestanden würde, so dass die Gefangenen dadurch selbst an der Aufrechterhaltung der Ordnung unmittelbar beteiligt und interessiert würden, so dass sie zur Vollstreckung obrigkeitlicher Maßnahmen nicht mehr herangezogen werden müssten.[312]

Dieser Gedanke Starkes, dass Vertrauenspositionen abgeschafft werden und Zwang damit nur von Beamten ausgeübt werden dürfe, hat sicherlich seine Berechtigung, wo diese Vertrauensstellung missbraucht wurde. Ansonsten sind diese Positionen entweder durch eine Wahl der Mitgefangenen mitbestimmend besetzt oder zumindest meistens durch eine Person besetzt worden, die das Vertrauen sowohl der Anstaltsleitung als auch eines Großteils der Gefangenen hatte. Von irgendeiner Umsetzung des Gedankens Starkes in die Praxis in Thüringischen Strafanstalten ist nichts bekannt.

Am 24.09.1929 wurde eine modifizierte, neue Dienst- und Vollzugsordnung in Thüringen erlassen. Der Gedanke der Vergeltung fand in dieser Verordnung keinen Raum mehr und wurde von dem Grundgedanken der Erziehung verdrängt.

In § 2 der Fassung von 1929 heißt es:

> „Dem Gefangenen werden Ziele gesetzt, die es lohnend erscheinen lassen, seinen Willen anzuspannen und zu beherrschen. In stufenweise steigendem Maße werden Erleichterungen und Freiheiten gewährt, die einen allmählichen Übergang zum Leben in der Freiheit schaffen. Sie bezwecken, dem Gefangenen im steigendem Maße Verantwortung aufzuerlegen und dadurch sein Verantwortungsgefühl zu wecken und zu stärken.“[313]

Neben dieser Selbstverwaltung im eingeführten Stufenstrafvollzug galt die Durchdringung der gesamten Anstaltsatmosphäre mit dem Gedanken der Erziehung als wichtigste Neuerung im Vollzug. Vor allem die Ausbildung der Aufsichtsbeamten wurde für sehr wichtig gehalten. Mit § 14 der Dienst- und Vollzugsordnung von 1924 (§ 12 in der Fassung von 1929) institutionalisierte Thüringen als erstes Land in Deutschland den Erziehungsbeamten im Strafvollzug, der Fürsorger genannt wurde. Es hieß dort:

> „Den Fürsorgern liegt das gesamte Gebiet der Gefangenenfürsorge, die weltliche Seelsorge sowie der Unterricht... ob.“

---

[312] Starke (1927): S. 128

[313] Sagaster (1980): S. 24

Hervorgehoben wurde in § 17 der Thür.DuVO,

> „damit eine fruchtbare, erziehlich wirksame Arbeit an den Gefangenen geleistet werden kann, muss ein einheitlicher erzieherischer Geist alle Beamten ... beherrschen.“[314]

Hieraus ist zu ersehen, dass in Thüringen erkannt wurde, dass die Aufgabe der Erziehung der Gefangenen nur geleistet werden konnte, wenn im gesamten Strafvollzug der Gedanke der Erziehung einheitlich von allen Beamten umgesetzt wurde.[315]

Die Selbstverwaltung ist in der Verordnung von 1929 im § 115 geregelt worden. Im ersten Satz wird bereits darauf hingewiesen, dass „die Gefangenen der dritten Stufe Selbstverwaltung“ haben. Ihren Freizeitbereich durften sie, unter der Verantwortung des Direktors, selbst regeln. Der gewählte Obmann durfte leichte Verstöße selbst ahnden usw.
Hier sind einige genauere Ausführungen zu der Gestaltung der Selbstverwaltung in der dritten Stufe gemacht worden, was auf die Entwicklung in der Praxis seit 1924 (Erlass der 1. DuVO) ein positives Licht wirft[316].

bb) Die Selbstverwaltung in der thüringischen Strafanstalt Untermaßfeld

Als Musteranstalt bei der Verwirklichung der Selbstverwaltung im Strafvollzug in Stufen galt die Strafanstalt Untermaßfeld. In dieser hatte Albert Krebs von 1923 - 1925 als Fürsorger und von 1928 - 1933 als Anstaltsdirektor gearbeitet und versucht, dieses Ziel der Erziehung und Resozialisierung durch ständige Weiterentwicklung zu erreichen.[317]

Als Beginn des Stufenstrafvollzugs in dieser Anstalt kann die Einteilung der Gefangenen in drei Gruppen am 21.12.1922 angesehen werden.[318] Die erste Stufe war die Beobachtungsstufe, die zweite die Behandlungs- und die dritte die Bewährungsstufe. Auf der dritten Stufe in dieser Anstalt war die eigentliche Selbstverwaltungsgruppe eingerichtet.
Die Selbstverwaltungsgruppe wurde erstmals im Herbst 1923 eingeführt und beschränkte sich zunächst auf die Freizeit. Sie beruhte auf den Durchführungsverordnungen des Landes Thüringen. [319]

Wie bereits ausgeführt wurde, war in der Durchführungsverordnung von 1924 in dem § 112 unter der Überschrift „Selbstverwaltung“ vorgeschrieben, dass die Gefangenen sich für Spiel und Aufenthalt im Gemeinschaftsraum außerhalb der Arbeitszeit mit einfacher Mehrheit Obmänner wählen durften. Diese hatten darauf zu achten, dass die Gefangenen die Erleichterung nicht missbrauchten und Meinungsverschiedenheiten nicht im Streit ausarteten. Sie konnten Anregungen

---

314 Sagaster (1980): S. 25
315 Sagaster (1980): S. 25; Krebs (1978 e): S. 255
316 Sagaster (1980): S. 59
317 Sagaster (1980): S. 18 f.
318 Sagaster (1980): S. 29
319 Sagaster (1980): S. 59; Krebs (1987 f): S. 272

der Mitglieder der dritten Stufe auch dem Direktor unterbreiten. Die Wahlen bedurften der Bestätigung des Direktors.[320]

Die dritte Stufe war bereits zu Beginn der Reform von anderen Gefangenen getrennt in einem extra Flügel untergebracht worden.
Jeder Gefangene hatte eine eigene Zelle, welche unverschlossen war und über große, nicht vergitterte Fenster verfügte. Jeder Gefangene durfte seine Zelle wohnlich ausschmücken. Ein gesonderter größerer Gemeinschaftsraum wurde eingerichtet und später kam eine Teeküche, eine Bastelzelle, ein Waschraum und ein gesondertes WC hinzu. Durch eine Zentralheizung und elektrisches Licht wurde die technische Ausrüstung verbessert.[321]

Die Gefangenen konnten in ihrer Freizeit anfangs zwischen 16.00 Uhr und 20.00 Uhr, später bis 22.00 Uhr wählen, ob sie sich in ihrem Haftraum aufhalten oder ob sie mit anderen Insassen im Gemeinschaftsraum zusammen sein wollten. Die Bewegungsfreiheit wurde mehr und mehr ausgedehnt.

Die dritten Stufe kannte bei der in der Anstalt zu vergebenden Arbeit die gemeinsame ausgeführte Arbeit, aber auch die Erlaubnis der Gartenpflege im Hinterhof der Anstalt. Im Jahre 1929 wurde das sogenannte „Schäferhaus" für die dritte Stufe zur Verfügung gestellt. Dieses Haus befand sich auf einem Pachtgut der Anstalt namens „Grimmenthal". Die Einweisung für Tag und Nacht in das „Schäferhaus" zur landwirtschaftlichen Arbeit bedeutete den größten Fortschritt des Einzelnen im Rahmen der dritten Stufe. Die Bewohner waren nach ihrer Eignung, nicht wieder rückfällig zu werden, zur Arbeit auf dem Gutshof ausgesucht worden.[322]
Tatsächlich kamen die dort untergebrachten Gefangenen nicht mehr in die Anstalt zurück, hatten an dem Gemeinschaftsleben der dritten Stufe somit keinen Anteil mehr.

Am Schluss der Reformzeit waren somit einige in der Landwirtschaft tätige Gefangene nur noch psychisch mit der Anstalt verbunden, obwohl sie offensichtlich „de facto" noch zur dritten Stufe gehörten.[323]

Eine Übergangsstufe als Bewährung vor dem Schritt in die Gesellschaft wie im irischen Stufensystem soll es nach Sagaster und Frede offiziell nicht gegeben haben, obwohl die Dienst- und Vollzugsordnung von 1924 (§§ 212 – 216) diese vorsah.

> „Diejenigen Gefangenen der III. Stufe, die nach längerer tadelfreier Strafzeit einer bedingten Begnadigung würdig erschienen, sollten für eine Übergangszeit bis zur Feststellung ihrer inneren Festigung in geplanten Übergangsstellen untergebracht werden. Dort hätten sie die Hausordnung und die ihnen auferlegten Bedingungen einzuhalten

---

320 Sagaster (1980): S. 59
321 Sagaster (1980): S. 41; Frede (1925): S. 239 f.
322 Sagaster (1980): S. 42; Krebs (1978 d): S. 225 und (1978 g): S. 295; Loos (1970): S. 19
323 Sagaster (1980): S. 60 u. S. 41; Krebs (1978 f): S. 274

gehabt. Jeden Abend nach ihrer Arbeit, entweder in einem landwirtschaftlichen Betrieb oder bei einem Handwerker, hätten sie in das Übergangsheim zurückkehren müssen. Bei einem Verstoß wäre der Gnadenerweis widerrufen worden."[324]

Frede drückte es so aus, dass die vierte Stufe „auf dem Papier stehen blieb".[325] Allerdings zeigt die Schilderung aus dem Schäferhaus, dass es tatsächlich die Übergangsphase losgelöst von der dritten Stufe gab und offensichtlich nur verwaltungstechnisch an der Zugehörigkeit zur dritten Stufe festgehalten wurde.

Bereits bei der ersten Wahl eines Obmannes im Oktober 1923 wurde von den Gefangenen eine Haussatzung "Verfassung zur Selbstverwaltung der III. Stufe" ausgearbeitet. Diese wurde von den 33 in der dritten Stufe befindlichen Gefangenen beschlossen und am 01.12.1923 von der Anstaltsleitung bestätigt.

Pkt.1: Darin wurde festgelegt, dass die Vergünstigungen, welche die Angehörigen der dritten Stufe genossen, sie verpflichteten, sich der Hausordnung streng anzupassen.[326]

Pkt.2: Es wurde ein Obmann gewählt, welcher als Verbindungsglied zwischen der dritten Stufe und der Anstaltsleitung zu fungieren hatte. Er hatte ferner für die Aufrechterhaltung der Ordnung in dieser Stufe zu sorgen und wurde alle fünf Monate neu gewählt.

Pkt.3: Die Gefangenen der dritten Stufe wählten einen Ausschuss, bestehend aus vier Gefangenen ausschließlich des Obmanns, der zur Schlichtung von Streitfällen innerhalb der dritten Stufe zuständig war. Außerdem fungierte er als Kontrollorgan des Obmanns.[327]

Pkt.4: Der wichtigste Punkt für die Gefangenen der dritten Stufe beinhaltete das passive und aktive Wahlrecht.
Alle fünf Monate fand die Neu- oder Wiederwahl des Obmannes statt und alle drei Monate die des Ausschusses. Wählen sollte jeder Gefangene der dritten Stufe und wählbar war ebenfalls jeder, der dazu befähigt war. Die Entscheidungen oder Anordnungen sowohl des Obmannes als auch des Ausschusses hatten die Gefangenen der dritten Stufe zu respektieren.[328]
Sie hatten, durch die Ausübung ihres Wahlrechts bzw. ihrer eigenen Wahl, Mitverantwortung an den Entscheidungen dieser Gremien. In den Bereichen, die die Gefangenen der dritten Stufe gestalten durften, geschah dies selbstverwaltend, auch wenn die Bestätigung der Anstaltsleitung eingeholt werden musste wie beim Küchenplan (s. u.). Die Zutaten mussten schließlich auch vorhanden bzw. zu besorgen und bezahlbar sein und trotzdem handelte der Küchenausschuss selbstverwaltend.

---

[324] Frede (1925): S. 247
[325] Sagaster (1980): S. 27/42
[326] Sagaster (1980): S. 60 (Mit dem Wortlaut der 10 Verfassungspunkte)
[327] Sagaster (1980): S. 60, 64; Krebs (1967): S. 191
[328] Sagaster (1980): S. 60, 61; Krebs (1967): S. 191

Pkt.5: Es wurde ein Küchenausschuss gewählt, bestehend aus drei Personen. "Derselbe hat Wünsche im Rahmen der Beköstigung entgegenzunehmen und, soweit es möglich ist, zu prüfen."
Das Resultat wurde an die Anstaltsleitung weitergereicht. Die Zusammensetzung der Mahlzeiten bestimmte der Küchenausschuss für die dritten Stufe nach Rücksprache mit der Anstaltsleitung erkennbar selbst. Dieser Ausschuss wurde alle drei Monate von den Gefangenen der dritten Stufe neu gewählt.[329]

Pkt.6: Bei der Aufnahme eines Neuhinzugekommenen wurde eine Versammlung mit allen Mitgliedern der dritten Stufe einberufen.
Für alle Gefangenen der dritten Stufe galt die Pflicht, zu erscheinen. Der Obmann legte dem Neuankömmling die Verfassung der dritten Stufe vor und verpflichtete diesen durch Handschlag, nach den Grundsätzen der Verfassung zu handeln und zu leben.
Auch bei der Abstufung eines Mitglieds der dritten Stufe war die Versammlung einzuberufen und die Gründe für das Ausscheiden wurden bekannt gegeben. [330]
Mit dem Recht zur Zurückversetzung von einer höheren in eine niedrigere Stufe (auch von der dritten in die erste Stufe) wurde der Anstaltsleitung ein ausgezeichnetes Erziehungsmittel an die Hand gegeben, wussten die Gefangenen doch, dass mit dieser Abstufung nicht nur Vergünstigungen sondern auch eine mögliche Verkürzung der Strafe im Gnadenwege verloren ging.
Die Zurückversetzungen erfolgten (nach §§ 56 f. 1924; §§ 51 f. 1929) durch Abstimmung im Anstaltsrat.
Dieser bestand aus dem Direktor der Anstalt, seinem Vertreter, den Fürsorgern (in Untermaßfeld in späteren Jahren nach den Ausführungen Sagasters drei) und den vom Justizministerium besonders bestellten Beamten.
Der Anstaltsrat entschied mit einfacher Mehrheit, bei Stimmengleichheit entschied der Direktor. Der Gefangene musste vorher gehört werden.
Sollte der Direktor überstimmt werden, verblieb ihm das Recht, das Justizministerium anzurufen.[331]

Pkt.7: Bei einer geplanten Aufstufung eines Gefangenen in die dritten Stufe existierte der Wunsch in der Verfassung, dass diese vorher der dritten Stufe vorgelegt werden möchte. Auch konnten Vorschläge aus der Mitte der dritten Stufe der Anstaltsleitung vorgebracht werden, die diese prüfen und anerkennen konnte. Hiermit wurde die Möglichkeit der Mitbestimmung am Entscheidungsprozess der Anstaltsleitung zum Ausdruck gebracht.

---

329 Krebs (1967): S. 191
330 Krebs (1967): S. 191
331 Frede (1925)S. 2. 238; Sagaster (1980): S.25f.

Vielfach hat die Anstaltsleitung zumindest den Rat des Obmannes eingeholt, um sich ein umfassendes Bild des Kandidaten zu machen, der in die dritte Stufe aufsteigen sollte.[332]
Nach Sagaster soll es sogar die Regel gewesen sein, dass der Ausschuss der dritten Stufe zu den Aufstufungen gehört wurde.
Die Kriterien, wann ein Gefangener in die dritte Stufe aufsteigen durfte, entwickelten sich in den Jahren nach 1924 zu einer immer mehr objektiv überprüfbaren Prognose.
In der DuVO von 1924 war ein Kriterium für die Aufstufung die innere Einkehr und Läuterung.
Da dieses Kriterium objektiv nicht feststellbar war, wurde es 1929 geändert und die Aufstufung davon abhängig gemacht, dass der Gefangene sich gut geführt hatte und angenommen werden konnte, dass die erzieherischen Einwirkungen Erfolg gehabt hatten und auch weiter haben würden. Da auch hier objektive Kriterien fehlten, wurde es in der Praxis dergestalt gehandhabt, dass eine Prognose aufgestellt wurde, wie sich der Gefangene wohl nach der Entlassung verhalten würde. Schien er in der Lage, nach der Entlassung sein Leben zu meistern, oder konnte angenommen werden, dass die pädagogischen Bemühungen in der zweiten Stufe Erfolg gehabt hatten, wurde er in die dritte Stufe aufgestuft.[333]

Pkt.8: Hier wurde den Gefangenen der zweiten Stufe noch das Recht eingeräumt, dass sie nach Bekanntgabe der Beschlüsse der gewählten Gremien Einwendungen erheben konnten, die behandelt werden mussten und über die nach geheimer Wahl mit 2/3 Mehrheit abgestimmt werden musste.[334]
Auch dies ist eine weitere Bestätigung, wie ernst es der Anstaltsleitung mit der Verwirklichung der Selbstverwaltung der Gefangenen der dritten Stufe war.
Bei einer 2/3 Mehrheit konnten die Gefangenen auch nach der Wahl der Gremien noch Einfluss auf Beschlüsse der von ihnen gewählten Gremien nehmen, ihr Anstaltsleben in ihrer Stufe also in den ihnen zur Gestaltung zugewiesenen Bereichen beeinflussen und mitbestimmen. Diese Vollversammlung aller Gefangenen der dritten Stufe stellte das dritte Organ der Selbstverwaltungsgruppe neben dem Obmann und dem Ausschuss dar. Sie trat einmal monatlich zusammen.[335]

Pkt.9: Hauptsächlich wurde hoher Wert auf ein rein kameradschaftliches Verhältnis und ein friedliches Zusammenleben gelegt.[336] Mit der Formulierung „rein kameradschaftliches Verhältnis" drücken die Gefangenen der dritten Stufe aus, dass sie sich als Gruppe von Kameraden verstehen.

---

332 Sagaster (1980): S. 63; Frede (1925): S. 237
333 Sagaster (1980): S. 65
334 Sagaster (1980): S. 61-63
335 Sagaster (1980): S. 65
336 Krebs (1967): S. 192

Innerhalb dieser Gruppe soll der Umgang kameradschaftlich sein, sowohl zu den von ihnen gewählten Ausschüssen und dem Obmann, als auch umgekehrt.
Dies zeigen die jeweiligen Kontrollmöglichkeiten der verschiedenen Organe, insbesondere die Vollversammlung und die zeitlich vorgeschriebenen Neuwahlen, die jeden wieder innerhalb der Gruppe zurücksetzen, der sein Amt ausnutzt, also „unkameradschaftlich" handelt.
Als Kamerad dürfte auch der Fürsorger zu verstehen sein, der die Gruppe während der Freizeit als Berater oder als Anreger betreute. Dieser hielt sich grundsätzlich im Hintergrund und beteiligte sich wenn nötig am Gruppenleben.[337]
Damit trat er in Augenhöhe mit den Gefangenen, also als Kamerad auf und bestätigte entgegengebrachtes Vertrauen von der Gruppe.
In den ersten beiden Stufen hatte der Erzieher sich bereits auf jeden einzelnen Gefangenen eingestellt und ihr Vertrauen gewonnen und damit eine positive Erziehungsatmosphäre geschaffen. In der dritten Stufe sollten (so Krebs) „die Gefangenen teilhaben an der Not des Erziehers um sie selbst, besonders einzelne unter ihnen. Wie wichtig kann dabei das Wecken von Verständnis für den einzelnen Mitgefangenen für den vertrauenswerten Gefangenen selbst werden ... und Möglichkeiten einer überpersönlichen Aufgabe sogar in der Strafanstalt zeigen."
Die Erziehung innerhalb der Gruppe wird durch das Verständnis und die Übernahme von Aufgaben ermöglicht, zeigt aber auch den kameradschaftlichen und friedlichen Umgang miteinander. Krebs führt weiter aus, dass „die besondere Form, in der sich Vertrauen im Rahmen der Strafanstalt von den Beamten zu den Gefangenen und den Gefangenen zu den Beamten zeigen kann, ist die Selbstverwaltung. Sie hat nach erfolgter pädagogischer Einwirkung den Versuch zu machen, die erhoffte, erworbene Bindung zu prüfen. Nur nach längerer sorgfältiger Sichtung kann dieser Gruppe ihr Wirken ermöglicht werden, ihr Leben in der Freiheit selbst zu gestalten. Ihr geistiger Führer ist der durch Vertrauen mit ihr verbundene Erzieher."[338]
Mit diesem besonderen Vertrauensverhältnis innerhalb der Gruppe als auch zu ihrem Erzieher auf einer friedlichen, kameradschaftlichen Basis ist die Möglichkeit der Vorbereitung eines Lebens in der Gesellschaft erst geschaffen.

---

337 Sagaster (1980): S. 64

338 Krebs (1978 e): S. 75 (zum „kameradschaftlichen Verhältnis" siehe auch die Verordnungen, die die Gefangenen in der III. Stufe durch Beschluss vom 07.04.1929 erlassen haben, abgedruckt in Krebs (1967): S. 192 f.)

Es gab in der Strafanstalt verschiedene Möglichkeiten, erzieherisch auf die Gefangenen einzuwirken, insbesondere auf die Gefangenen der dritten Stufe.
Es fand Unterricht statt, wobei dieser grundsätzlich allen Stufen zugänglich war.

> „Die III. Stufe als Vorbereitungsstufe für die Entlassung war bewusst intensiver dazu herangezogen. Die Themen wurden von den Unterrichtsgruppen gewählt, und es war wieder die Selbstverwaltungsgruppe, die hier freiwillig geschlossen den Unterricht durch lebendige Anteilnahme zur Arbeitsgemeinschaft machte", so Krebs.[339]

Die baulichen Gegebenheiten in der Strafanstalt ließen es zu, dass bis 1933 nicht nur der Unterricht in einem eigenen Raum stattfand, sondern eine Bücherei, ein Fest- und Theatersaal, eine Kantine etc. eingerichtet werden konnte.[340]
Die Theatergruppe bildete sich im Rahmen der Freizeitgestaltung aus Angehörigen der dritten Stufe und stand nur dieser Stufe offen. Auf einer selbstgebauten Bühne führte die Gruppe selbst erlernte Stücke auf, wobei diese gemeinsame Angelegenheit jeden einzelnen positiv beeinflusste. Im gegenseitigen Freudebereiten wuchs die Gruppe über sich hinaus.
Das Gleiche gilt für den in der Anstalt gebildeten Chor und das Orchester, welche von Angehörigen der dritten Stufe gegründet wurde, aber auch Gefangenen der zweiten Stufe bereits offen stand.[341]

Für die geistige Fortentwicklung der Gefangenen und als Erziehungsmittel ist eine Bibliothek von äußerster Wichtigkeit. Diese wurde von der Anstaltsleitung eingerichtet und stand der Selbstverwaltungsgruppe uneingeschränkt zur Verfügung.
Alle Bücherneuzugänge kamen zuerst für einige Zeit in die dritte Stufe, die diese, laut Krebs, dann prüfen konnten. Auch war ein Helfer in der Bibliothek in der Regel aus den Reihen der dritten Stufe besetzt, und nur die Selbstverwaltungsgruppe hatte die Möglichkeit, eigene Bücher zu erwerben.
Die Gefangenen der ersten Stufe durften sich Sonnabends ein Buch ausleihen, welches Montagfrüh wieder weggenommen wurde, es sei denn, es waren rein belehrende Bücher. Diese durften sie die ganze Woche behalten.
In der zweiten Stufe durften die Gefangenen sich schon zwei Bücher wöchentlich ausleihen, die bis zur Abgabe in der Zelle verblieben.[342]
Bei der Freizeitgestaltung sowohl beim Spiel (Theatergruppe, Chor) als auch beim Sport und dem Aufenthalt im Gemeinschaftsraum wurde die Ordnung von der Gruppe über den Obmann selbst verwaltet.
Hierdurch ist erreicht worden, dass nicht ständig ein bewaffneter Aufseher zugegen sein musste und die Selbstverwaltungsgruppe selbst in der Lage war,

339 Krebs (1978 f): S. 283
340 Sagaster (1980): S. 40 f.
341 Krebs (1978 f): S. 284
342 Frede (1925): S. 243

dafür zu sorgen, dass weder Streit zu Tätlichkeiten ausartete noch gegen die für einen Anstaltsbetrieb notwendige Zucht und Ordnung verstoßen wurde. [343]

Nach Sagaster beteiligte sich die dritte Stufe auch an Verwaltungsangelegenheiten wie z. B. an der Festsetzung von Hausstrafen durch das Anstaltsgericht. Dies dürfte jedoch mehr unter pädagogischen Gesichtspunkten zu sehen sein. [344] Krebs schildert von dem Bericht eines Schöffen aus „der Brücke", der Gefangenenzeitschrift, aus dem 1. Jahrgang 1928. Es ist ein Anstaltsgericht vor einigen Jahren geschaffen worden. Dieses besteht:

> „aus etwa 10 Angehörigen der Strafanstalt; darunter sind zwei Gefangene der 2. und 3. Stufe, die ebenso wie die Anstaltsbeamten mitberaten und mitabstimmen. Das Anstaltsgericht tagt gewöhnlich jeden Dienstag in der Woche. .... Den Vorsitz führt der Direktor...... Zur Verhandlung kommen Verstöße gegen die Hausordnung, Ungehörigkeiten und dergl.. Der betr. Gefangene, gegen den eine Meldung vorliegt, wird vorgeführt und muß sich zur Sache äußern. Sind Zeugen vorhanden, werden auch diese gehört. Nach Beendigung der Vernehmung wird innerhalb des Anstaltsgerichts der Fall noch einmal auf das genaueste durchgesprochen; es werden je nach dem Vergehen und der Person des Täters Strafen vorgeschlagen, über die abgestimmt wird. Jede vom Anstaltsgericht ausgeworfene Strafe soll nicht etwa eine Vergeltung sein, sondern auf den betr. Gefangenen in erzieherischer Weise einwirken. Als Strafen kommen in Frage: Entziehung der Mittagskost, des weichen Lagers, vorübergehender Verlust einer Stufenvergünstigung, Verwarnung, Verweis und Arrest."[345]

Dieser Bericht eines Schöffen, den Krebs schildert und die Bestätigung Sagasters zeigen, dass es in der Anstalt ein Anstaltsgericht gab, an welchem zumindest zwei Gefangene beteiligt waren. Sie durften offensichtlich mit beraten und abstimmen, haben also nicht nur mitverantwortlich bei der Entscheidungsfindung gehandelt, sondern sogar mitgestimmt, wenn auch nur quotal in einem geringen Maß. Die Tatsache an sich, mitbestimmend tätig sein zu dürfen, ist der eigentliche große Schritt zum mitverantwortlichen Handeln der Gefangenen, auch wenn Sagaster der Auffassung ist, dass es mehr unter pädagogischen Gesichtspunkten zu sehen sei.
Ein weiteres wichtiges Erziehungsmittel der dritten Stufe waren die nach § 109 der Thür. DuVO erlaubten Sonntagsspaziergänge unter Führung des Direktors und der Fürsorger ohne bewaffnete Aufsichtsbeamte außerhalb der Anstalt. Sie zeigten das Vertrauen, welches die Anstaltsleitung der Selbstverwaltungsgruppe entgegenbrachte.
Dieses entgegengebrachte Vertrauen wurde von den beteiligten Gefangenen auch nicht enttäuscht, da es zu keinen Entweichungsversuchen während der Spaziergänge kam. Es bestätigte das wieder gefundene Vertrauen der Gefangenen in sich selbst und die Verbundenheit zur Gruppe.[346]

---

343 Frede (1925): S. 244
344 Sagaster (1980): S. 22
345 Krebs (1967): S. 195
346 Sagaster (1980): S. 120; Krebs (1978 e): S. 76

Dieser Vertrauensbeweis der Gefangenen, die Zusammenarbeit und gleichzeitig auch die Gruppenerziehung, verbunden sicherlich auch mit einem Ehrgefühl gab es in einem anderen Zusammenhang bereits in der Geschichte. Bei den Außenarbeiten der dort eingeteilten Gefangenen im Obra-Bruch 1857/58 war ebenfalls der Appell an das Ehrgefühl verbunden mit der Gruppenerziehung als Vertrauensbeweis gegenüber der Anstaltsleitung entscheidend dafür, dass es keine Entweichungen gab. (s. S. 29)

In den rund 200 Paragraphen der Dienst- und Vollzugsordnung Thüringens von 1924 wird wenigstens 23mal, in der neuen und 14ten Fassung von 1929 sogar 35mal über die Erziehung der Gefangenen gesprochen. Der Gedanke der Vergeltung fand in dieser Verordnung keinen Raum mehr und wurde von dem Grundgedanken der Erziehung verdrängt. In Thüringen hatten am Ende der Anstaltslaufbahn die Gefangenen in der dritten Stufe die Möglichkeit gehabt, ihre Freizeit weitgehend selbst zu gestalten. Der gesamte Stufenstrafvollzug war von dem Gedanken der Erziehung durchdrungen und beherrschte die Atmosphäre in der Anstalt, wobei die Selbstverwaltung in der dritten Stufe den Kernbereich der Erziehung zu einem gesetzmäßigen Leben bildete.[347]
Maßgebenden Einfluss dürften die Gedanken der Jugendbewegung für diese Entwicklung gehabt haben, die sowohl in der Politik mit einer aufgeschlossenen Gesetzgebung ihren Niederschlag fanden, als auch in den Strafanstalten mit den dort eingestellten Fürsorgern (Erziehern) Einzug hielten.

Frede, seit 1922 als Leiter der Strafvollzugsabteilung im thüringischen Justizministerium als Aufsichtsbehörde tätig[348], schreibt zu den Sonntagsspaziergängen, dass die Gefangenen dabei lernen würden, welch einen großen Genuss sie von einem solchen Spaziergang in Gottes freier Natur haben könnten.
Außerhalb der Ortschaften dürften auch Wander- und Volkslieder gesungen werden. Diese Spaziergänge wären ein ausgezeichnetes Mittel für die Erziehung zur Freiheit.[349]
Auch Krebs schreibt bezüglich der Gefangenen der dritten Stufe und deren Freizeitgestaltung, dass sie zunächst Hemmungen bei einfachsten Volksliedern und der Berührung mit der Natur in den Sonntagsstunden hatten. Erst allmählich gewannen sie Freude „für das Beobachten der Außenwelt, ihre Wandlung im Laufe der Jahreszeiten und vor allem der Schöpfung als solcher."[350]
Die Bemühungen um den Kontakt zur Natur, das Vermitteln einfachen, klaren Liedguts in der Form der Wander- und Volkslieder sowie der Gruppenzusammenhalt sind wesentliche Gedanken der Jugendbewegung.
Sie finden sich in diesen Ausführungen von Frede und Krebs wieder und bestätigen damit den Einzug der Ideen der Jugendbewegung in die Thüringische Strafanstalt.

---

347 Sagaster (1980): S. 24
348 Krebs (1978 d): S. 233
349 Frede (1925): S. 246
350 Krebs (1978 f): S. 284

Geist und Seele des Gefangenen sollte während seines Aufenthalts angesprochen, Vertrauen zu sich selbst sowie zu seiner Gruppe in der dritten Stufe aufgebaut und mit Hilfe der Gruppe, dem Bezug zur Natur und der Freude an Musik etc. die Erziehung zu einem in der Gesellschaft lebensfähigen Menschen erreicht werden.[351]

Die viel versprechende Entwicklung in Thüringen, speziell in Untermaßfeld unter dem Direktor Albert Krebs wurde im Januar 1933 abrupt beendet.
Krebs als Anstaltsdirektor und damit entscheidender Förderer des Erziehungsgedankens im Stufenstrafvollzugssystem der Anstalt wurde entlassen. Der Gedanke speziell der Selbstverwaltung hatte im Verständnis der NS-Zeit vom repressiven Vergeltungsstrafvollzug keinen Platz mehr.
Das gleiche Schicksal traf Bondy, der inzwischen im Jugendgefängnis in Eisenach vorbildlich tätig war, nachdem er bereits im Jugendgefängnis Hahnöversand mit Herrmann den Erziehungsstrafvollzug durch den Aufbau von Mitwirkungsrechten und einer Selbstverwaltungsgruppe entscheidend gefördert hatte. (s. S. 57 ff)

d) Die Mitwirkungsrechte in den anderen Ländern des deutschen Reichs

aa) Baden

Die Badische Dienst- und Vollzugsordnung, durch Erlass des Justizministeriums vom 25.04.1925 zum 01.07.1925 erlassen, bestimmte in den §§ 116 bis 124 ein System von drei Stufen. Entsprechend ihrer Reihenfolge wurden sie Beobachtungs-, Behandlungs- und Bewährungsstufe genannt.
Der ersten, strengen Stufe von 6 bis 9 Monaten Einzelhaft folgte eine zweite gemilderte, meist in Zellenhaft, unter Umständen auch in Gemeinschaftshaft mit einigen Milderungen und etwas Schmuck in der Zelle und danach die dritte, die eigentliche Bewährungsstufe mit Unterbringung in Gemeinschaftshaft. Die Gefangenen der zweiten und der dritten Stufe trugen, als sichtbaren Nachweis ihrer Höherstufung ein bzw. zwei blaue Streifen am Ärmel.[352]
Einzelhaft bedeutete die ausschließliche Unterbringung in einer Einzelzelle und Trennung von den Mitgefangenen. Die Zellenhaft sah bereits gemeinsame Veranstaltungen wie Gottesdienst, Unterricht, Spaziergänge usw. mit anderen Gefangenen vor.
Die Gemeinschaftshaft schließlich erlaubte es den Gefangenen, dass es tagsüber weder bei der Arbeit noch der Freizeitbeschäftigung eine Trennung untereinander gab, nur des nachts in der Einzelzelle.[353]

Auf der zweiten Stufe gewannen die erzieherischen Einflüsse an Intensität und die Milderungen traten in den Vordergrund. Das Aufrücken in die dritte Stufe konnte erst nach Verbüßen der Hälfte des nach dem Aufrücken in die zweite

---

351 Sagaster (1980): S. 17
352 Mittermaier (1954): S. 104, Freßle (1970): S. 234
353 Freßle (1970): S. 238

Stufe verbleibenden Strafrestes bewilligt werden und zwar nur, wenn der Gefangene eine längere Zeit straffrei (im Sinne des § 120 Abs. II DVO), also kein Verstoß gegen die Anstaltsvorschriften, geblieben war und sein Gesamtverhalten auf innere Einkehr und Läuterung schließen ließ.[354] Diese dritte Stufe diente der Bewährung und dem Übergang in die Freiheit. Hier sollten die Gefangenen zeigen, ob sie mit dem gelockerten Vollzug zurechtkamen.

Als Vergünstigungen standen wöchentlich Sonderlehrgänge, ein besonderer Spazierhof sowie an Sonntagnachmittagen der Aufenthalt in eigens eingerichteten Gemeinschaftsräumen zur Verfügung. Zur Erleichterung des Übergangs in die Freiheit wurden Gefangene, die dafür geeignet schienen, auf einem Hofgut außerhalb der Anstalt untergebracht. Bezeichnenderweise gelang es wenigen Gefangenen, die dritte Stufe zu erreichen.[355]
Von einer Selbstverwaltungsgruppe und deren Mitwirkungsrechten ist aus dem Badischen Strafvollzug dem Verfasser jedoch nichts bekannt geworden. Aber selbst dieser auf Erziehung ausgerichtete Stufenstrafvollzug ist auf Erlass vom 31. Mai 1933 über die Änderung der DVO für die badischen Strafanstalten beendet worden, da er nicht in das Verständnis des NS-Staates und deren Gefangenenbehandlung passte.[356]

bb) Bayern

Zum 01.10.1922 wurde in Bayern in allen Strafanstalten das Stufensystem eingeführt.[357]
Es legte sehr strenge Maßstäbe an die Aufstiegskriterien im Stufensystem. Praktisch war es in diesem Land jedoch fast unmöglich, die höchste Stufe zu erreichen.
In einigen bayerischen Anstalten waren als wichtiges Erziehungsmittel der dritten Stufe ebenfalls wie in Thüringen Spaziergänge der Gefangenen außerhalb der Anstalt ohne Aufseher nur mit dem Erzieher eingeführt worden. Im Gegensatz zu den thüringischen Gepflogenheiten konnten die Gefangenen der dritten Stufe bei den Spaziergängen bereits ihre eigene Kleidung tragen.[358]
Entsprechend der Situation in Thüringen ist ein Vertrauensbeweis den Gefangenen gegenüber erbracht, die an den Spaziergängen teilnehmen durften.
Die bayerische ministerielle Entschließung vom 03.06.1924 schrieb als Voraussetzung für Gnadenvorschläge, die die Strafanstalten von Amts wegen einreichen mussten, vor, dass der Gefangene jedoch bereits längere Zeit der dritten Stufe angehören und sich in ihr tadellos geführt haben musste.[359]
Damit dürfte es in Bayern praktisch keine Gnadenerweise gegeben haben.

---

354 Freßle (1970): S. 236
355 Freßle (1970): S. 236 f.
356 Freßle (1970): S. 239
357 Koch (1972): S. 59
358 Frede (1927): S. 132
359 Frede (1927): S. 133

cc) Sachsen

Auf den Strafvollzugsgrundsätzen des Reichs von 1923 fußt die sächsische Strafvollzugsordnung vom 21. Juni 1924.[360]
Die sächsische Strafvollzugsordnung hat aber die Definition der Ausgestaltung des Stufenstrafvollzugs, wie er sich aus § 130 der Reichsgrundsätze für den Vollzug von Freiheitsstrafen vom 07.06.1923 ergibt, nicht übernommen. Es wurde insbesondere darauf verzichtet, durch Vergünstigungen in den höheren Stufen des Stufenstrafvollzugs den Anreiz zum Aufsteigen zu schaffen. Das Aufrücken wurde von einem durch Fleiß und guter Führung geprägtem Wohlverhalten abhängig gemacht, aus dem auf einen ernsten Willen zu einem gesetzmäßigen Leben geschlossen werden konnte. Wichtig war, dass ein echtes Wohlverhalten und keine Heuchelei für das Aufrücken in eine höhere Stufe deutlich wurde.[361]
Vergünstigungen wie die Raucherlaubnis gab es nur in der Oberstufe[362], während die Gefängnisbücherei oder andere Freizeitaktivitäten wie Malen, Basteln etc. allen Gefangenen Gelegenheit zur Selbstbeschäftigung gaben.[363]

In der Jugendabteilung der sächsischen Landesstrafanstalt Bautzen war in der Hausordnung vom 01.04.1920 niedergelegt, dass für gnadenweise Entlassungen nur Gefangene der Oberklasse in Betracht kamen.[364]
Hier muss daher auch ein Stufenstrafvollzug zumindest für Jugendliche eingerichtet worden sein.
Bayern und Sachsen kamen gleichwohl nicht restlos von den Vorstellungen des Vergeltungsstrafvollzugs frei.[365]

dd) Hessen

In Hessen wurde die Dienst- und Vollzugsordnung am 27. Juni 1924 erlassen. § 30 der DVO sah vor, dass „nach Ablauf bestimmter Mindestfristen ... bei Fleiß und guter Führung eine allmähliche Milderung im Strafzwang ... eintreten kann." Als Beispiel wurden acht Vergünstigungen genannt.[366]
§ 102 sah vor, dass bezüglich der Freizeitgestaltung Gruppen gebildet werden konnten, in denen die Gefangenen ihren Willen anspannen und sich in stufenweise steigendem Maße bewähren konnten, damit ein Übergang zum Leben in der Freiheit erreicht würde. Wertvoll war auch eine gruppenweise Gemeinschaftsbetätigung, bei der der Einzelne das „Sich Einfügen" erlernen konnte.[367]

---

360 Eichler (1928): S. 175
361 Eichler (1928): S. 184
362 Eichler (1928): S. 185
363 Eichler: (1928): S. 181
364 Frede (1927): S. 133
365 Sagaster (1980): S. 15
366 Schattke (1979): S. 152
367 Mittermaier (1954): S. 100

In der Strafanstalt Butzbach wurde ein Stufenstrafvollzug mit drei Stufen eingerichtet. In die dritte Stufe gelangten Gefangene infolge vorbildlicher Führung, „in der Elemente von Selbstverantwortung und Anleitung geeigneter Bediensteter verwirklicht sind: die Türen der Hafträume sind in der Freizeit offen, es gibt einen Gemeinschaftsraum, die die Gefangenen in der Freizeit nach Belieben benutzen dürfen. Gearbeitet wird teilweise außerhalb der Anstaltsmauern.“[368]
Zumindest bestätigen diese Schilderungen, dass die Gefangenen ihre Freizeitgestaltung selbst regeln durften, auch wenn sie sich im wesentlichen auf den Gemeinschaftsraum beschränkt haben dürfte. Für eine gewisse Ordnung innerhalb der dort gebildeten Gruppen müssten sie daher selbst gesorgt haben, so dass selbstverantwortliches Handeln der Gruppe erwartet wurde.

ee) Hamburg

Eingeführt wurde der Stufenstrafvollzug für die Hamburgischen Gefangenenanstalten durch die § 69 f. der Dienst- und Vollzugsordnung vom 24.10.1924. § 71 dieser Verordnung sah außer den drei Stufen, nämlich der Eingangs-, der Mittel- und der Obergruppe noch eine vierte Stufe, die als Freigruppe bezeichnet wurde, vor.[369]
In § 2 dieser Verordnung steht unter anderem als Ziel des Strafvollzugs das „stufenweise Fortschreiten von strengster Gebundenheit zu immer größer werdender Selbständigkeit, vorsichtiges Überleiten aus der Unfreiheit in die Freiheit.“
Es sollte bei den Gefangenen der Ergeiz geweckt werden, die nächsten Stufen zu erreichen und damit ihre Willensstählung und Wahrheitsliebe sowie das Verantwortlichkeitsgefühl gefördert werden.[370]
Durch diese Zielsetzung, nämlich die nächste Stufe erreichen zu wollen und die ständige Übung würde demnach der Wille bei den Gefangenen gestärkt und durch das Vertrauen, dass ihm entgegengebracht wird, das Selbstvertrauen, die Selbstachtung des Gefangenen aufgerichtet werden, welches zu der gewünschten Selbständigkeit der Gefangenen führt.[371]
Dies entspricht dem § 130 der Reichsgrundsätze, der die Willensanspannung und –stärkung des Gefangenen ausdrücklich erwähnt. (s. S. 67)
Die Förderung der Gefangenen zu immer größer werdender Selbständigkeit und dem Entwickeln eines Verantwortlichkeitsgefühls sowie das den Gefangenen entgegengebrachte Vertrauen in Verbindung mit dem Stufenstrafvollzug machen deutlich, dass zumindest in der höchsten Stufe auch in Hamburg mitverantwortliches Handeln im Strafvollzug existiert hat. Dies bestätigt auch die Erfahrung, die Hamburg bereits mit der Mitverantwortung im Jugendstrafvollzug gesammelt hatte und auf diese Erkenntnisse zurückgegriffen werden konnte.

---

368 Böhm (1996): S. 29
369 Mittermaier (1954): S. 104 f.; Greifenhagen (1963): S. 87
370 Gentz (1925): S. 136
371 Gentz (1925): S. 142

Bereits 1920 war das erste halboffene Jugendgefängnis Hahnöversand gegründet worden.[372] Dort hatte sich von 1921 – 23 bereits eine Selbstverwaltungsgemeinschaft gebildet, so dass Hamburg Erfahrungen mit dieser Strafvollzugsform sammeln konnte. (s. S. 57)

Als offene Vollzugsform ist die 1928 erbaute Strafanstalt Glasmoor in Hamburg eingerichtet worden.[373]

Kritisiert wird von einigen Reformern, dass in den meisten Ländern bei der Einführung des Stufenstrafvollzugs und dessen Ideen vielfach nur halbherzig vorgegangen worden ist. Sie führten zwar das Stufensystem ein, wie 1924 beschlossen worden war. Dies geschah jedoch ohne notwendige Konsequenzen für die Personalpolitik, ohne die dieses System die eigentliche Wirkung nicht entfalten konnte.
Entscheidend war für den Erfolg des Stufenstrafvollzugs, dass „wirklich geeignete, sozialpädagogisch begabte und vorgebildete Beamte – vom Direktor bis zum letzten Aufseher – zu gewinnen und heranzubilden" waren, so Frede. [374]

Bondy bestätigt diese Anforderungen an geeignete Beamte und schreibt dazu, dass der Stufenstrafvollzug allgemein eingeführt worden sei, vielerorts aber verflacht und in seiner Bedeutung erheblich überschätzt wäre.

> „Durch die Einführung des progressiven Strafvollzugs meinten viele Anstaltsleiter allen Reformforderungen Genüge getan zu haben, vergaßen aber, dass ein Stufenstrafvollzug, dem der lebendige Geist fehlt und bei dem die Milderungen für den Gefangenen nur Annehmlichkeiten bilden, ohne ihm im steigendem Maße Verantwortung aufzuerlegen und dadurch sein Verantwortungsgefühl zu wecken und zu stärken, leicht zu einem Heuchler- und Günstlingssystem führt, was kaum einen Fortschritt dem alten Strafvollzug gegenüber bedeuten würde. Der Stufenstrafvollzug kann ein wertvolles Mittel für den Erziehungsstrafvollzug bilden, aber ist nicht der Erziehungsstrafvollzug."[375]

Krebs teilt dazu mit, dass der Erziehungsbeamte als Träger des Erziehungsgedankens Funktionen ausübt, die keines der bisher im Strafvollzug vorhandenen Organe ausübte. Er muss nicht nur gebildet sein, sondern auch Herzensbildung besitzen.

> „Das Gesamtbild des Fürsorgers muß sich so darstellen, dass er neben der aktiven Arbeitskraft und Freudigkeit in ihrer Auswirkung, die passive Fähigkeit hat, Menschen auf sich wirken zu lassen und diese Synthese seiner Aufgabe zu finden.....Es muß immer wieder betont werden, daß die praktische Konsequenz des Erziehungsgedankens im Strafvollzug erfordert, an Stelle äußerer Anpassung an die soziale Ordnung, daß höhere Ziel sittlicher Erneuerung zu setzen."[376]

---

372 Koch (1972): S. 60

373 Loos (1970): S. 28; über die Dienst- und VollzugsO der Länder in Schattke (1979): S. 156

374 Frede (1975): S. 266

375 Bondy (1927): S. 237

376 Krebs (1978e): S. 80 f.

Dieser Erziehungsgedanke im Stufenstrafvollzug umgesetzt verlangte nach diesen Ausführungen ein erhebliches Engagement des gesamten Anstaltspersonals, den Willen zur Umsetzung des Erziehungsgedankens in der Anstalt und eine Anstaltsleitung sowie einen Justizminister, der geeignete Fürsorger als Erzieher in der Anstalt zulässt.
Nicht in allen Ländern wurde diese erforderliche Unterstützung zur Umsetzung des Erziehungsgedankens gewährt, wie diese obige Kritik zeigt. Deshalb sind in diesem Kapitel die Länder besonders beschrieben, die sich bei der Umsetzung des Erziehungsgedankens hervorgetan haben.

Den anderen Ländern, insbesondere Preußen als dem größten Land, wurde später der Vorwurf gemacht, dass es nicht wie in Thüringen gut ausgebildete Erzieher zur Unterstützung herangezogen hatte. Der gravierendste Grund für den Misserfolg in einigen Ländern war, dass es bei dem ersten Schritt geblieben war, da die Disziplin in den Anstalten sich verbessert hatte und somit alle zufrieden waren.[377]

e) Resümee

Das Stufensystem, von Zeller 1824 angeregt, in einer britischen Strafkolonie in Australien als sogenanntes Markensystem eingeführt und weiterentwickelt von Crofton im Irischen Progressivsystem fand seinen Weg in den Deutschen Strafvollzug.[378]

Allein das Markensystem wie im Angelsächsischen Raum wurde in Deutschland jedoch fast überall abgelehnt, weil nur Arbeitseinheiten gezählt und damit äußerlich disziplinarisch gewirkt wurde.[379]

Starken Einfluss auf die Umsetzung des Erziehungsgedankens im Stufenstrafvollzug hatte die Jugendbewegung mit dem Einzug Jugendbewegter in die Anstalten. Die Bünde standen gerade Anfang der 30er Jahre in ihrer Hochblüte und waren in wachsendem Ausmaß willig und befähigt, soziale Verantwortung zu übernehmen, sei es als einzelne, sei es in Gruppen.[380]

So finden sie sich sowohl als Erzieher (Fürsorger) oder als Anstaltsleiter im Strafvollzug, sowohl in Fürsorgeerziehungsanstalten, als auch Jugendstrafanstalten, später dem Erwachsenenstrafvollzug.[381]

Die Teilnahme an Mitwirkungsrechten fand nur in der dritten Stufe statt, gehörte dort aber zum Programm und war für das Ziel der Wiedereingliederung der Gefangenen in die Gesellschaft sehr wichtig. Offenbar wurden die Gefangenen bei ihrer Einlieferung grundsätzlich nicht für fähig zu einer Mitverantwortung

377 Sagaster (1980): S. 16
378 Schüler-Springorum (1969): S. 231
379 Gentz (1925): S. 10
380 Ehrenthal (1966): S. 18
381 Sagaster (1980): S. 17 f.

gehalten. Sie wurden darauf auch nicht (vorsichtig) vorbereitet. Vielmehr mussten sie erst an ihrer individuellen Entwicklung arbeiten, den Anforderungen der Hausordnung und der Anstalt gerecht werden.
Bewältigten sie diesen Anforderungsteil, mussten sie in der zweiten Stufe auch bei gemeinschaftlicher Arbeit gutes Verhalten zeigen und sich im Rahmen der pädagogischen und kulturellen Angebote beweisen.
War das geschehen, hatten sie sich hausordnungsmäßig geführt, standen psychische Momente nicht entgegen und konnte ihnen eine positive Prognose gestellt werden, so eigneten sie sich für die dritte Stufe, in der sie nun ihr Gefängnisleben teilweise selbst gestalten durften. Diese Selbst- bzw. Mitverantwortung war gewissermaßen der letzte Test, dem sich der Gefangene unterwerfen musste. Bestand er auch ihn, war er für die Freiheit gerüstet.

Schüler-Springorum hat dazu ausgeführt:

> „Versteht man Verantwortung als Entscheiden dürfen und Einstehen müssen, so muß vielmehr zu beiden erst angeleitet werden, muß vor der Übung, den Willen zu betätigen, die Übung stehen, ihn richtig zu bilden. Ja, die Aussprache über Gegenstände möglicher Verantwortung trägt ihren Eigenwert auch dann in sich, wenn der Prozeß nicht bis zum Tragen von Verantwortung gedeiht."[382]

Die Stufenentwicklung beinhaltet damit nach der Findungsphase in der ersten Stufe im wesentlichen ein ständiges Lernen, seinen Willen richtig zu bilden und einzusetzen, um mitverantwortliches Handeln zu lernen. In der dritten Stufe, der eigentlichen Selbstverwaltungsgruppe lernt der Gefangene an Entscheidungsprozessen teilzunehmen, Niederlagen einzustecken, aber auch für Entscheidungen und deren Umsetzung einzustehen. Er lernt Verantwortung für sich und die Gruppe zu übernehmen, im Gemeinschaftssaal ebenso wie in einer Theatergruppe oder im Sportbereich.
Sowohl die Schilderung aus den Erziehungsheimen, dem Jugendstrafvollzug als auch einzelnen Erwachsenenstrafanstalten zeigen, dass nicht nur tatsächlich mitverantwortlich gehandelt wurde, sondern die Gefangenen in der dritten Stufe auch mitbestimmen durften, wenn auch nur in eng begrenztem Rahmen.

[382] Schüler-Springorum (1969): S. 236

V. Kapitel: Gefangenenbeteiligung in der Zeit des III. Reichs

1. Die Veränderung der gesetzlichen Grundlagen

a) In den Ländern

Der am 21.04.1933 zum preußischen Justizminister ernannte Kerrl erließ zum 01.08.1933 eine neue Dienst- und Vollzugsordnung für die Gefangenenanstalten der preußischen Justizverwaltung und eine Verordnung über die Durchführung der Untersuchungshaft. Diese trat an die Stelle der DVO vom 01.08.1923 und der Verordnung über den Strafvollzug in Stufen vom 07.06.1929 und sah in den §§124 – 129 Ausführungsbestimmungen vor.[383]

Ziele waren die Hervorhebung des Sühnegedankens und die Weckung von Scheu vor erneuter Straffälligkeit, wie sich aus § 40 ablesen lässt. Durch zielbewusste Aufrechterhaltung von Zucht und Ordnung, Gewöhnung an Arbeit und Pflichterfüllung und den Versuch religiöser, sittlicher und geistiger Beeinflussung sollten diese Ziele mit Ernst und unerbittlicher Strenge erreicht werden. Das Ehrgefühl sollte dabei geweckt, geschont und gestärkt werden.[384]
Wie die Hinweise auf sittliche Beeinflussung und Schonung des Ehrgefühls zeigen, war eher eine Rückbesinnung auf den Vollzug von 1918 vorgenommen worden. Es sollten die vollzugspädagogischen Maßnahmen der letzten Jahre zurückgenommen werden[385], die - in sehr undifferenzierter und populistischer Weise - als Verweichlichung und Verharmlosung des Strafvollzugs wahrgenommen worden waren. Der Strafvollzug sollte durch Härte und Konsequenz einerseits die freien Bürger vor Begehung von Straftaten abschrecken und andererseits die Gefangenen nachdrücklich davor warnen, erneut straffällig zu werden.[386]
Die Strafe sollte also gerade auch Abschreckung vor neuer Straffälligkeit werden im Sinn der negativen Spezialprävention und nicht nur der Generalprävention, wobei als Ziel die generelle Abwehr allen Volksschädlichen vorschwebte.[387]

Durch diese preußische Dienst- und Vollzugsordnung wurde der Vergeltungsgedanke der Strafe und die Abschreckung wieder in den Vordergrund gerückt.

Nach dem Werteverständnis im Nationalsozialismus hatte sich der Verbrecher durch seine Straftat aus der völkischen Gemeinschaft ausgeschlossen und diese musste vor ihm vor allem geschützt werden.

> „In diesem Sinne diente die Strafe unmittelbar der Reinigung und der Wiederherstellung der Gemeinschaft, wie auch zugleich der Wiedereingliederung des Verbrechers in sie in demjenigen Fall, in denen eine Sühne überhaupt noch möglich erscheint.“[388]

---

383 Eberle (1980): S. 78
384 Muntau (1961): S. 72
385 Frede (1975): S. 266
386 Wolf (1935): S. 545 f.
387 Wolf (1935): S. 544 f

Über den Strafvollzug in Stufen und die dort eingerichteten Selbstverwaltungsgruppen besagte das ebenfalls am 01.08.1933 erlassene Gesetz, das Preußische Strafvollstreckungs- und Gnadenrecht, folgendes:

Nach dessen § 22 war bei Gefängnisstrafe von mehr als neun Monaten Stufenstrafvollzug vorgeschrieben. Inhaltlich sollte Aufgabe des Stufenstrafvollzugs sein, den Willen des Gefangenen dadurch anzuspornen, dass diesem Ziele gesetzt würden, die für ihn von Wert seien und die er durch eigene Anstrengungen erreichen könne. Dieses ständige Drängen zum Einsatz aller seiner Kräfte sollte die sittliche Gesinnung des Gefangenen zur Pflichterfüllung und Unterordnung wecken und festigen, damit er in seiner Einstellung zum Staat und zur Volksgemeinschaft über den Tag der Entlassung hinaus anhaltend beeinflusst sei.[389]

Die im steigenden Maß übertragene Verantwortung für sich und die Gruppe einiger Gefangener in der dritten Stufe, die zur Sozialisation beitragen sollte, war durch diese inhaltliche Ausgestaltung des § 22 beseitigt. Gefragt waren keine Mitwirkungsrechte und Mitverantwortung, sondern Disziplin und Unterordnung. Dies war auch die Absicht der Verordnungsgeber gewesen, die der Auffassung waren, dass in der Vergangenheit unter völliger Aufgabe des Vergeltungsgedankens der Vollzug weitgehend aufgeweicht war. Eine Einrichtung wie die „Selbstverwaltung der Gefangenen“ sei daher völlig undenkbar.[390]
Für den Stufenstrafvollzug kam der Gefangene nach § 41 nur in Betracht, wenn er noch nicht vorbestraft war oder seine Vorstrafen von nicht mehr als sechs Monaten länger als fünf Jahre zurücklagen, er keine besonders verbrecherische Persönlichkeit war, er in den letzten drei Jahren weder in einem Arbeitshaus noch in einem Asyl untergebracht war, er keinen schädigenden Einfluss auf Mitgefangene ausüben würde und seine Person die Erwartung künftigen Wohlverhaltens rechtfertige. Danach galt der preußische Stufenstrafvollzug nur für eine kleine Gruppe von Gefangenen.[391]

Der Stufenstrafvollzug wurde ebenfalls mit drei Stufen vorgesehen, wie § 22 des Preußischen Strafvollstreckungs- und Gnadenrechts ausweist.
Ob ein Gefangener aufrücken sollte, wurde von Amts wegen bestimmt.

§ 127 und § 128 sahen „Erleichterungen“ für die Gefangenen der zweiten und dritten Stufe vor. Für die dritte Stufe beschränkten sie sich auf die Ausgestaltung des Haftraums. Sie durften länger das Licht in der Zelle brennen lassen sowie während der Bewegung im Freien zu zweien gehen und sich unterhalten. Selbst der Aufenthalt an den Nachmittagsstunden der Sonn- und Feiertage in einem besonderen Gemeinschaftsraum sah als Regelung nur vor, dass sie sich

---

388 Schaffstein (1936): S. 286
389 Frank (1934): S. 65 f.; Quedenfeld (1971): S. 22
390 Frank (1934): S. 77
391 Schattke (1979): S. 206

hier „in einer die Anstaltsordnung nicht beeinträchtigenden Weise beschäftigen" durften.[392]
Die Selbstverwaltung in dieser dritten Stufe wird nicht mehr erwähnt.
Diese Hafterleichterungen oder Vergünstigungen während des Strafvollzugs nach § 23 des preußischen Strafvollstreckungs- und Gnadenrechts „sollen eine ganz besondere Ausnahme sein. Die Angemessenheit ihrer Gewährung ist daher besonders sorgfältig zu prüfen."

§ 42 der preußischen Dienst- und Vollzugsordnung für die Gefangenenanstalten der preußischen Justizverwaltung vom 1.08.1933 führt dazu aus, dass „Vergünstigungen nur gewährt werden können, soweit nicht die Strafe in Stufen vollzogen wird."
Bei der Gewährung sollte über das Maß der für die Stufe zwei des Stufenstrafvollzugs zugelassenen Vergünstigungen nicht hinausgegangen werden.[393]
Als Hafterleichterung wurden nach der Höherstufung vielmehr nur die Heranziehung zu Haus- und Garten-, Hof- und Küchenarbeit angesehen[394], was einen Rückschritt in den Mitwirkungsrechten in die erste Hälfte des 19. Jahrhunderts bedeutete.

Diese Ausführungen zeigen bereits, dass es nach den Vorschriften kaum noch möglich war, in Preußen in den Stufenstrafvollzug zu gelangen. Zudem wurden in der dritten Stufe, als der früheren Selbstverwaltungsstufe während der Weimarer Republik, keine Mitwirkungsrechte sondern nur noch Vergünstigungen gewährt. Diese Vergünstigungen waren in dem Strafvollzug außerhalb des Stufenvollzugs ihrerseits auf das Niveau der zweiten Stufe begrenzt, so dass auch dort keine Mitwirkungsrechte nach den gesetzlichen Grundlagen mehr zugelassen wurden.
Wie Freßle schildert, erhielt § 108 DVO folgende Fassung:

> „Durch den Vollzug der Freiheitsstrafe sollen die Gefangenen das von ihnen begangene Unrecht sühnen, Achtung vor den Geboten der Rechtsordnung lernen, an Ordnung und Arbeit gewöhnt und sittlich so gefestigt werden, daß sie nicht wieder rückfällig werden."[395]

Auch hier ist der Sühnegedanke in die Vorschrift aufgenommen, und an die erste Stelle gerückt worden. Gleich dahinter folgt die weitere Forderung der Achtung der Rechtsordnung. Während in der alten Fassung noch „die sittliche Besserung" den Hinweis auf den Erziehungsgedanken gibt, wird in der obigen Änderung nur noch das „sittliche Festigen" angestrebt.
Die endgültige Abwendung vom Stufenstrafvollzug sei nach den Ausführungen Freßles durch die reichseinheitliche Verordnung über den Vollzug von Freiheitsstrafen vom 14. Mai 1934 in Baden erfolgt. Nach einer Schilderung aus der

---

392 Frank (1934): S. 67 ff.
393 Frank (1934): S. 65
394 Frank (1934): S. 68
395 Freßle (1970): S. 239

Strafanstalt Bruchsal erfolgte eine zunehmend verschärfte Behandlung der Gefangenen. Die Vergünstigungen der zweiten und dritten Stufe wurden demnach größtenteils abgeschafft, z.B. das Musizieren, das Halten von Tageszeitungen sowie der Kauf von Tabak. Freßle führt aus, dass in dem Jahresbericht von 1934 des neuen Direktors der Anstalt an das badische Justizministerium steht,

> „Der Strafvollzug in Stufen hat jedenfalls im Männerzuchthaus kaum mehr praktische Bedeutung. Während es früher die Ausnahme war, wenn ein Gefangener aus dem Strafvollzug in Stufen ausgeschlossen wurde, so bildet es nunmehr die Regel. Der Strafvollzug in Stufen könnte im Männerzuchthaus unbedenklich aufgehoben werden.“[396]

Bestätigt wird in diesem Bericht aus dem Jahre 1934, dass in Bruchsal der Stufenstrafvollzug mit seinen Mitwirkungsrechten, die in der Weimarer Republik aufgebaut worden waren (s. S. 89), in der kurzen Zeit nach der Machtergreifung der Nationalsozialisten praktisch beseitigt bzw. zumindest bedeutungslos war.

Aus den bayerischen Richtlinien für den Strafvollzug in Stufen ergibt sich grundsätzlich, dass „der Verurteilte den begangenen Rechtsbruch sühnen“ sollte. Allerdings sollte es wie in Preußen „mit dem Fortschreiten der inneren Wandlung“ nur noch einzelne Vergünstigungen geben und keine Mitwirkung mehr.[397]

Die grundsätzlichen Vorschriften in Sachsen waren in den §§ 19 und 20 der Strafvollzugsordnung für die sächsischen Gefängnisse vom 25.09.1933 enthalten. Dort sollte der Strafzwang vorsichtig gemildert und das Maß der Handlungsfreiheit bescheiden zurückgegeben sowie in langsam steigendem Maß Verantwortung auferlegt werden.[398]
Das Aufrücken in die nächst höhere Stufe sollte davon abhängig gemacht werden, dass das Gesamtverhalten des Gefangenen das Vertrauen verdiene.
(§ 19 I S. 3 Sächsische StrVO)[399], wobei es sich mit einer guten Führung des Gefangenen begnügte.[400]

b) Im Reich

Das Gesetz über den Neuaufbau des Reichs vom 30.01.1934 überführte in Art. 2, Abs. 1 die Hoheitsrechte der Länder auf das Reich. Am 16.02.1934 erging das erste Gesetz zur Überleitung der Rechtspflege auf das Reich. Darauf gestützt konnte schon am 14.05.1934 unter Abänderung der Grundsätze für den Vollzug der Freiheitsstrafen vom 07.06.1923 die Verordnung über den Vollzug von Freiheitsstrafen und von Maßregeln der Besserung und Sicherung erlassen werden.

---

396 Freßle (1970): S. 242
397 Frank (1934): S. 70
398 Frank (1934): S. 77
399 Frank (1934): S. 72
400 Frank (1934): S. 74

Diese Strafvollzugsordnung war gestützt auf Art. 5 des 1. Gesetzes zur Überleitung der Rechtspflege auf das Reich von 1934, dass als Regierungsgesetz auf der Grundlage der sogenannten Ermächtigungsgesetze von 1933 ergangen war.[401]

Anders als die vorangegangenen Reichs- bzw. Bundesratsgrundsätze bildete diese Reichsverordnung bindende reichsrechtliche Vollzugsvorschriften.[402]

Als Ziel war nun in § 48 festgelegt, dass durch die Verbüßung der Freiheitsstrafe die Gefangenen das begangene Unrecht sühnen sollten.

> „Die Freiheitsentziehung ist so zu gestalten, dass sie für die Gefangenen ein empfindliches Übel ist und auch bei denen, die einer inneren Erziehung nicht zugänglich sind, nachhaltige Hemmungen gegenüber der Versuchung, neue strafbare Handlungen zu begehen, erzeugt."[403]

Erst danach kann der Freiheitsentzug nach § 48 III einer möglichen Erziehung dienen.

§ 49 steht in direktem Zusammenhang zu § 48 und regelt die gerechte Behandlung des Gefangenen und soll seine Ehre schützen.
Das bedeutet,

> „daß auch der Strafgefangene, zwar nicht im gleichen Maße wie der freie Volksgenosse, in der Gemeinschaft steht und eine ganz bestimmte Ehren- und Gliedstellung – Ehre und Gemeinschaft gehören zusammen! – in der deutschen Volksgemeinschaft einnimmt."[404]

Bei der Prüfung der Erziehbarkeit der Gefangenen sollte die Verantwortung für die Volksgemeinschaft Vorrang vor den Interessen des einzelnen Gefangenen haben. Mögliche Fehler bei der Auslese von Erziehbaren und Unerziehbaren waren im Interesse einer gesunden Volksgemeinschaft dabei in Kauf zu nehmen. Die Gefahr für den Gesamtorganismus „Volksgemeinschaft" rechtfertige es, auch ein vielleicht noch heilbares krankes Glied zu opfern. Dies sei immer noch besser als der Verzicht auf Auslese und die daraus „gefolgerte Fiktion allgemeiner Erziehbarkeit", so Schaffstein.[405]

Hierdurch wurde eine Klassifizierung der Gefangenen vorgenommen, die sich entscheidend auf die allgemeine Behandlung im Strafvollzug auswirkte.

In Konsequenz dieser Zielbestimmung wurde der Stufenstrafvollzug beseitigt.
Es wurde eine verschärfte Behandlung der Gefangenen eingeführt.
Die Rücknahme von Vergünstigungen der zweiten und dritten Stufe, wie z.B. Ankauf von Zusatznahrungsmitteln, gemeinsame Veranstaltungen sowie Ausdehnung der Bewegungsfreiheit bis zu Sonntagsspaziergängen im Freien und

---

401 Frank (1934): S. 63; Muntau (1926): S. 72
402 Bachmann (1938): S. 35
403 Muntau (1926): S. 72
404 Bachmann (1938): S. 36 f.
405 Schaffstein (1936): S. 285

Stufenurlaub (s. S. 74, S. 78 und S. 81), wie sie in verschiedenen Ländern in der Weimarer Republik im Stufenvollzug praktiziert wurden, war ebenso betroffen wie die Abschaffung von jeder Art von Selbstverwaltung.[406]

Durch Erlass vom 16.10.1934 wurde das preußische Justizministerium mit dem Reichsjustizministerium mit Wirkung vom 23.10.1934 vereinigt. Zur Rechtseinheit trat durch das zweite und dritte Gesetz zur Überleitung der Rechtspflege auf das Reich vom 05.12.1934 und vom 24.01.1935 die Verwaltungseinheit. Die gesamte Rechtspflege ging formal am 01.04.1935 auf das Reich über. Die Justizministerien der Länder wurden aufgelöst. Durch dieses dritte Gesetz zur Überleitung der Rechtspflege vom 24.01.1935 übernahm das Reich als Träger der Justizhoheit zum 01.04.1935 die gesamte Justiz mit allen Zuständigkeiten.[407] Somit hatte Deutschland nur noch eine einheitliche Reichsjustizverwaltung.

Am 22.07.1940 erließ der Reichsjustizminister eine Allgemeine Verfügung, durch die die Dienst- und Vollzugsvorschriften für den Strafvollzug im Bereich der Reichsjustizverwaltung vereinheitlicht wurden. Dort war als Ziel manifestiert:

> „Durch den Vollzug soll die menschliche Gesellschaft geschützt und die Gefangenen sollten an Ordnung und Arbeit gewöhnt und sittlich so gefestigt werden, daß der Begehung neuer Straftaten vorgebeugt würde.“[408]

Als bloße Verwaltungsvorschrift stand diese Allgemeinverfügung im Rang unter der Strafvollzugsordnung von 1934, so dass die Geltung sich nur auf einige Vereinheitlichungen im Strafvollzug zwischen den Ländern erschöpfte.
Die Selbstverwaltung sowie viele Vergünstigungen, wie oben bereits ausgeführt, fielen weg.
Das Progressivsystem im Erwachsenenvollzug mit seinen Möglichkeiten zur Verantwortungsübertragung wurde hiermit endgültig abgeschafft.[409]

2. Der Gefängnisalltag in den Strafanstalten der Erwachsenen

Bei den Veränderungen der gesetzlichen Grundlagen ist bereits ersichtlich geworden, dass der Gefangene und seine Erziehung an die zweite Stelle traten und das Hauptziel der Schutz der menschlichen Gesellschaft war. Der beherrschende Gedanke während der Herrschaft der NSDAP war, es sollte den Gefangenen in keiner Weise besser gehen als dem ärmsten deutschen Mann. Die Anstalten wurden zur Außenwelt schärfer abgeriegelt.[410]

Nach der Machtergreifung der Nationalsozialisten 1933 hatte sich der Gefängnisalltag damit in mehrfacher Hinsicht geändert. Die Vergeltung und die Gene-

---

406 Frank (1934): S. 68 f.
407 Bachmann (1938): S. 47; Muntau (1926): S. 73
408 Muntau (1926): S. 73; Quedenfeld (1971): S. 41
409 Eberle (1980): S. 62
410 Muntau (1926): S. 73

ralprävention als Teil der Strafe beherrschten aufs Neue den Strafvollzug; der repressive Strafvollzug verdrängte den Erziehungsgedanken, der in der Weimarer Republik gerade Fuß gefasst hatte.[411]

Mit der Einführung neuer Haftgründe und Inhaftierung zahlreicher „Schutzhäftlinge" stieg die Belegung im Marburger Gefängnis nach einem Bericht von Kolling rapide. Dieser Zustand der starken Überbelegung dürfte bis zum Ende des Nationalsozialismus angedauert haben.[412]

Der faschistische Staat wollte für seine Häftlinge möglichst wenig Geld ausgeben. Oberste Prämisse war lediglich die Sicherheit und Ordnung in der Anstalt. So wurde in dem Marburger Gefängnis die inzwischen sogar defekte Duscheinrichtung nicht der tatsächlichen Belegungszahl nach über einem Jahr Provisorium angepasst sondern nur entsprechend den Richtlinien für die bauliche Anordnung nach der vorgeschriebenen Aufnahmekapazität der Anstalt wieder hergestellt.
Dies zeigt die Arroganz des faschistischen Staates und seine Geringschätzung den Häftlingen gegenüber.[413]
Hinzu kam nach Beginn des Krieges, dass für die Unterhaltung der Gefängnisgebäude kaum noch gesorgt wurde und dringend notwendige Reparaturen bis zum Ende des Krieges aufgeschoben wurden.[414]
Auch die Arbeits- und Beschäftigungsmöglichkeiten änderten sich. Insbesondere wurde die Arbeitsintensität gesteigert, da die Gefangenen „alte unbrauchbare Militärstiefel" auftrennen oder auf dem Hof Holz zerkleinern mussten. Die Gefangenen sollten fortlaufend mit „für das Heer und auch für das Volk so bedeutungsvollen Arbeiten" beschäftigt werden.[415] Im Vollzugsalltag wurden Vergünstigungen und die Möglichkeit der Mitwirkung der Gefangenen an der Vollzugsgestaltung weitgehend abgeschafft und durch einen Vollzug in militärischen Formen und Disziplinierung der Gefangenen ersetzt.[416]

Die Fortentwicklung der Mitwirkungsrechte der Gefangenen wurde von den Nationalsozialisten gestoppt, weil an die Stelle gleichberechtigter Beteiligung das „Führerprinzip" getreten war. Die Regel besagte, dass im kleinsten wie im größten Bereich der Grundsatz der unbedingten Führerautorität galt. Der Führer einer Organisation wurde immer von der nächsthöheren Ebene eingesetzt und gleichzeitig mit unbeschränkter Vollmacht und Autorität bekleidet. Dieser Grundsatz setzte sich durch bis zur höchsten Ebene. Es gab also keine Abstimmung über den Vorsitz, sondern der Vorsitzende der nächsthöheren Ebene traf die Entscheidung.

---

411 Schwind (1976): S. 16
412 Kolling (1988): S. 211
413 Kolling (1988): S. 212 f.
414 Kolling (1988): S. 215
415 Kolling (1988): S. 216
416 Müller-Dietz (1988): S. 25

Sämtliche Ausschüsse unterstanden dem Vorsitzenden und er bestimmte und trug damit die Verantwortung auf seinen Schultern. Dieses Prinzip sollte zum Bestimmenden für den ganzen Staat gemacht werden. [417]
Es bestätigt einen diktatorischen Staatsaufbau, welcher auch den Strafvollzug erfasste. Es stand im völligen Gegensatz zu den während der Weimarer Republik aufgebauten Beteiligungsrechten der Gefangenen, so dass sich eine weitere Untersuchung zu der Fortentwicklung von Mitwirkungsrechten erübrigt.
Weder im Jungvolk, noch in der HJ, der SA, SS, der NSKK oder anderen Organisationen wurden Obmänner gewählt, so dass die Abschaffung der Mitverwaltung eine notwendige Anpassung an eine neue Auffassung von Gesellschaftsordnung bedeutete.

Gleichwohl war der Strafvollzug während der Nazizeit einigermaßen in Ordnung geblieben und menschlicher gehandhabt worden als es nach den Verordnungen den Anschein hatte, was auf das Verantwortungsbewusstsein und der sozialen Auffassung der vorgebildeten Strafvollzugsbeamten zurückzuführen ist.

Die Justizverwaltung hatte mit den Konzentrationslagern nichts zu tun, darf also mit der dortigen Situation nicht verwechselt werden.[418]
In jenen gab es zur Aufrechterhaltung der Sicherheit und Ordnung sogenannte Blockälteste, die für Ordnungsdienste herangezogen wurden. Auch diese wurden entsprechend dem Führerprinzip von dem Leiter dieser Konzentrationslager eingesetzt ohne jede Mitwirkung von Gefangenen.
So war im Konzentrationslager Neuengamme ein „großer, brutaler Zigeuner" zeitweilig Capo der Strafkompanie gewesen.[419] Hier wurden wieder Gefangene im Rahmen der Organisation mit Aufgaben betraut, ihnen also Vertrauen entgegengebracht. Dabei ging es zwar auch wieder um Sicherheit und Ordnung im Lager wie zu Beginn des 19ten Jahrhunderts. Allerdings sind darüber hinaus diese „Capo" Teil des Terrors in den KZ's gewesen, so dass sich ein Vergleich mit den Ordnungsaufgaben zur Zeit des militärischen Systems verbietet. Es handelte sich um ein nicht auf Erziehung setzendes System sondern es ging lediglich um sicheres Einschließen.

3. Die Entwicklung des Strafvollzugs für Jugendliche

Der Erziehungsgedanke stand beim Jugendstrafvollzug entgegen der Situation im Erwachsenenstrafvollzug an erster Stelle. Wie Schaffstein bemerkte, könne es sich das deutsche Volk nicht leisten, von vornherein von der Rückgewinnung derjenigen Teile seines Nachwuchses abzusehen, welche schlechter Umgang, Not, Pubertätsjahre und andere nicht vorwiegend anlagemäßig bedingte Umstände haben straffällig werden lassen.[420] Schon in § 196 der Verordnung über

[417] Hitler (1939): S. 378 f.
[418] Muntau (1926): S. 73
[419] Döring (1964): S. 181
[420] Gallas (1937): S. 43

den Vollzug von Freiheitsstrafen vom 14.05.1934 stand, dass der Strafvollzug an jungen Gefangenen so zu bewirken ist, dass eine Erziehung gefördert wird.[421] Allerdings richtete sich die Erziehung nach den Erfordernissen und Belangen der Volksgemeinschaft, denen allein das Recht zu dienen hatte und denen die Belange des jugendlichen Rechtsbrechers in allen Fällen unterzuordnen waren.[422] An erster Stelle stand die Gewöhnung an Arbeit, um die Wiedereingliederung in die Volksgemeinschaft zu ermöglichen.

Alle Anstaltsdirektoren achteten zunächst auch darauf, dass alle Jugendlichen Arbeit hatten, da ohne ausreichende Arbeit eine wirkliche Erziehung nicht vorgenommen werden könnte. Danach rückten Exerzierstunde und Sport in den Tagesablauf der Jugendlichen als weiteres Erziehungsmittel.[423]

Zur Erziehung der Jugendlichen zählte auch der Unterricht, wobei als Themen die Rassenlehre, deutsche Geschichte und ähnliche nationalpolitische Themen als besondere erzieherische Maßnahme angesehen wurden. Die teilweise noch auftretenden liberal-aufklärerischen Vorstellungen, das Wissen und Bildung die Menschen besser mache, wurden mit aller Entschiedenheit verworfen. Staatssekretär Freisler vertrat die Ansicht, der Unterricht in den Jugendgefängnissen müsse einfach, fasslich und primitiv sein. Er betonte einen Auslesegedanken bei der Belegung der Gefängnisse, um hoffnungslose Fälle wegen ihrer Ansteckungsgefahr ausgrenzen und in den Erwachsenenvollzug überführen zu können. Der Fürsorger sollte auf jeden Fall beibehalten werden, da er für das Gelingen der Erziehungsarbeit wertvolle Dienste leisten würde.[424]
Hier zeigt sich das Bestreben des Naziregimes, die nach der Aussonderung übrig gebliebenen Jugendlichen ihrem Verständnis von Volksgemeinschaft entsprechend zu „erziehen".

Der Wert des Stufenstrafvollzugs als Mittel zur Durchführung der Erziehung wurde in dieser Zeit in Frage gestellt.
So befanden sich in der bayerischen Anstalt Niederschönenfeld am 01.09.1936 nur je ein Gefangener in der zweiten und dritten Stufe, so dass von einer praktischen Durchführung des Stufenstrafvollzugs und damit von Mitwirkungsrechten wie in der Weimarer Republik bereits deshalb nicht geredet werden konnte.[425]

In dem Jugendgefängnis Eisenach wurde in der ersten Stufe eine strenge Einzelhaft auch hinsichtlich Arbeit und Freizeit durchgeführt und in der zweiten Stufe dieses Prinzip der strengen Isolierung tagsüber zugunsten einer Gemeinschafts-

421 Behnke (1937): S. 538
422 Behnke (1937): S. 537
423 Mollenhauer (1936): S. 599
424 Schaffstein (1937): S. 644; Dörner (1991): S. 185 f. und 193
425 Schaffstein (1937): S. 643

haft gelockert. Das Vorhandensein einer dritten Stufe wurde als überflüssig angesehen. [426]

Dem Stufenstrafvollzug stand der besonders einflussreiche Staatssekretär Freisler selbst skeptisch gegenüber.

> „Die Höherstufung soll nach ihm, soweit sie überhaupt noch beizubehalten ist, ohne automatische Folgen bleiben und allenfalls die allgemeine Würdigerklärung für die Gewährung von Einzelerleichterungen bedeuten", so Schaffstein.[427]

Nach Mollenhauer sei der Stufenstrafvollzug sowieso nur ein Erziehungsmittel neben anderen, ein Mittel allerdings, welches Möglichkeiten zur Intensivierung und Differenzierung geboten habe. Dazu sei es aber nötig, wie in Preußen, dem Anstaltsleiter bei der Ausgestaltung des Stufenvollzugs freie Hand zu lassen. So könne jede einzelne Maßnahme auf ihre wirklich erzieherische Auswirkung ausgerichtet werden. Der Stufenstrafvollzug müsse daher auf das, was er tatsächlich ist, nämlich nur ein Erziehungsmittel, zurückgeführt werden.[428]

In der Realität bestand somit der Stufenstrafvollzug nur noch fakultativ fort. Es gab allerdings gewisse Einzelerleichterungen, die zur Anwendung kommen sollten, wenn es erzieherisch sinnvoll war[429], entsprechend der Vorstellungswelt des Naziregimes.

Mit der Neuordnung des Jugendstrafrechts und durch die allgemeine Verfügung des Reichsjustizministers vom 22.01.1937 wurde eine reichseinheitliche Regelung für den Strafvollzug an jungen Gefangenen erlassen. [430]

In § 9 Abs. 2 wurde festgehalten, dass alles daran gesetzt werden müsse, die künftige Haltung der jungen Gefangenen entscheidend zu beeinflussen. Es hieß dort, der Gefangene solle auf den rechten Weg zurückgebracht und so gefestigt werden, dass er ein taugliches Glied der Volksgemeinschaft würde. Im Vordergrund stünde nicht der Einzelne, sondern dieser habe sich den Belangen des Ganzen unterzuordnen.[431]

§ 64 I des Reichsjugendgerichtsgesetzes (RJGG) vom 06.11.1943 bestimmte später als Aufgabe des Jugendstrafvollzuges nur noch, dass der Verurteilte dazu erzogen werden solle, „sich verantwortungsbewußt in die Volksgemeinschaft einzuordnen." Erst Abs. 2 zählt die Grundlagen der Erziehung auf und bestätigt damit, dass auch diese als weitere Aufgabe angesehen würde.[432]

Dieser sogenannte Erziehungsstrafvollzug der allgemeinen Verfügung lehnte den Erziehungsoptimismus vergangener Jahre ab und stützte sich in voller Ein-

---

426 Schaffstein (1937): S. 646
427 Schaffstein (1937): S. 646
428 Mollenhauer (1936): S. 600, 603
429 Bachmann (1938): S. 44
430 Dörner (1991): S. 244
431 Rauch (1938): S. 220 f.; Bachmann (1938): S. 43 f.; Dörner (1991): S. 246 f.
432 Kümmerlein (1944): S. 161; Potrykus (1952): S. 431

sicht in die Bedeutung der ererbten Anlage und der Ungleichheit der Menschen auf den notwendigen Gedanken der Auslese und Differenzierung. Es wurde in eindeutiger Ablehnung aller humanitären Besserungsgedanken die „Erziehung durch Strafe“ gefordert (§ 9 Abs. 3). Der junge Gefangene sei mit gerechter Strenge und in fester Zucht zu halten, damit er lerne, hart gegen sich selbst zu sein (§ 9 Abs. 4).

Die Differenzierung hatte so zu erfolgen, dass

- ausnahmslos die Jugendlichen zwischen 14 bis 18 Jahren;
- regelmäßig die Verurteilten von 18 bis 21 Jahren, es sei denn, dass sie mit Freiheitsstrafen von mindestens 1 Jahr vorbestraft und unverbesserlich waren oder dass sie sich während des Vollzugs als unverbesserlich erwiesen hatten;
- ausnahmsweise die 21 bis 24jährigen, wenn sie in ihrer Entwicklung noch unfertig waren und ihre Wiedergewinnung für die Gemeinschaft durch den Jugendstrafvollzug erleichtert wurde,

in den Jugendstrafvollzug aufgenommen werden sollten.

Dort wurde weiter zwischen Vorbestraften und Ersttätern, Jungen und Mädchen sowie nach der Erziehbarkeit und Erziehungsbedürftigkeit unterschieden, wobei es teilweise verschiedene Gefängnisse, teilweise nur verschiedene Abteilungen gab.[433]

Die Wahl zwischen der Einzel-, Zellen- oder Gemeinschaftshaft oblag dem Vorsteher, wobei zu Beginn die Einzel- oder Zellenhaft bevorzugt wurde. Der Stufenstrafvollzug mit den Selbstverwaltungsrechten war als obligatorische Vollzugsart abgeschafft worden (§ 9 Abs. 6). Vergünstigungen waren dann zu gewähren, wenn sie von erzieherischem Wert waren.[434]

Damit hatte sich die Auffassung von Freisler durchgesetzt, der den Stufenstrafvollzug mit seinen Mitwirkungsrechten ablehnte.

Andererseits sollten die jugendlichen Gefangenen mit „geeigneten Erziehungsmitteln“ umgeben werden, um sie für die Volksgemeinschaft zurück zu gewinnen. Die Erziehungsmittel waren Schulungen und Freizeitgestaltung (wie bereits oben erwähnt) sowie Einzelbeeinflussung.
Im Jugendstrafvollzug wurden zur zweckentsprechenden Behandlung pädagogisch vorgebildete Beamte des gehobenen Dienstes als „Erziehungsgruppenleiter“, in aller Regel Lehrer, beschäftigt.[435]

---

433 Rauch (1938): S. 221 f.; Behnke (1937): S. 549 f.; Bachmann (1938): S. 42 f.
434 Rauch (1938): S. 222 f.; Bachmann (1938): S. 44; Dörner (1991): S. 247
435 Bachmann (1938): S. 43

Das Reichsjugendgerichtsgesetz von Nov. 1943 trat in Kraft zum 1. Jan. 1944. Es brachte „eine weitere Abgrenzung des Jugendstrafrechts vom allgemeinen Strafrecht durch die Einführung einer besonderen Jugendgefängnisstrafe“ und bestätigte zuvor im Verordnungswege 1940 bzw. 1941 eingeführte Maßnahmen, so z.B. den Jugendarrest.[436]

In der Jugendstrafvollzugsordnung (JVollzO) vom 10.07.1944 (AV des RJM) ist in § 12 I ausdrücklich erwähnt, dass den Lehrern des Jugendgefängnisses oder pädagogisch vorgebildeten Beamten des gehobenen Dienstes neben ihrer Tätigkeit als Erziehungsgruppenleiter, der Oberleitung der Leibesübungen und der Gestaltung der freien Zeit „wesentliche Erziehungsaufgaben“ zufallen würden.
Nach § 11 waren die Lehrer damit in erster Linie in leitender Funktion tätig und nur ausnahmsweise bei kleineren Jugendgefängnissen durften sie eine Erziehungsgruppe selbst übernehmen.
Aber nach § 23 sollte der Lehrer für die Erkenntnis der Wesenart des Jugendlichen von Zeit zu Zeit Aussprachen unter vier Augen führen; bei der Freizeitgestaltung nach § 48 darauf achten, dass der Gefangene diese zu sinnvoller Betätigung verwenden lernt; nach § 49 Bücher zuteilen sowie versuchen gemäß § 51, Freizeitunterricht zu veranstalten.
Als „Fürsorger“ wird im Gegensatz zur bisherigen Regelung nur ein Gehilfe nach § 12 II bezeichnet, welcher für die Zeit nach der Entlassung, wenn nötig, eingesetzt wird. Dazu sollte ein „volkspflegerisch vorgebildeter Beamter oder Angestellter“ bestellt werden.[437]

Diese Beschäftigung von Lehrern in solchen Schlüsselpositionen stellte gegenüber der Situation in der Weimarer Republik einen Fortschritt dar, betrachtet man nur die Behandlung der jugendlichen Gefangenen durch vorgebildete Pädagogen und nicht die ebenfalls zu vermittelnde Doktrin der Nazis.
Dieses Eingehen auf die Jugendlichen findet seine normative Grundlage in § 20 JVollzO von 1944, wo es heißt:

> „Damit ist warmherziges Eingehen auf die Eigenart junger Menschen überhaupt und des einzelnen Gefangenen im besonderen durchaus vereinbar.“[438]

Im Gegensatz zum Erwachsenenvollzug war aber in der Jugendstrafvollzugsordnung vom 10.07.1944 der Erziehungsgedanke grundsätzlich weiterhin anerkannt worden.[439]

Das Progressivsystem als Haftart wurde ersetzt durch sogenannte Leistungsbelohnungen, deren Gewährung ausschließlich vom Willen des Anstaltsleiters abhängig war und nicht mehr einer bestimmten Stufe zugeordnet werden konnte.[440]

---

436 Böhm (1986): S. 125 f; Dörner (1991): S. 169 und 223 f.
437 Kümmerlein (1944): S. 397 ff.
438 Kümmerlein (1944): S. 397 ff.
439 Frede (1975): S. 266; Potrykus (1952): S. 432
440 Kümmerlein (1944): S. 397 ff.

4. Die Erziehungsheime

Neben den Jugendgefängnissen existierten auch im Nationalsozialismus Erziehungsheime. Nur sollten in Umkehrung der Situation vor 1933 neue Grenzen und neue Aufgabengebiete herausgearbeitet werden.
Von den Nationalsozialisten wurde anerkannt, dass die Jugendlichen auch Ehre haben, die es zu schützen gelte, sollten sie in die Volksgemeinschaft wieder integriert werden.[441]
Daher wurde in den Erziehungsheimen darauf geachtet, dass im Gegensatz zu den Gefängnissen die Bewegungsfreiheit und die Selbstverantwortlichkeit größer war. Es wurde mehr Wert auf ein Gemeinschaftsleben gelegt. Dies verlangte vom Jugendlichen auch das Anerkennen des Erziehers als ihren Führer entsprechend dem Führerprinzip und die uneingeschränkte Erziehungswilligkeit.[442]

Die vordringlichste Aufgabe des Erziehers war es, seine Gruppe Jugendlicher zu einer echten, von gutem Kameradschaftsgeist und pädagogischer Atmosphäre erfüllten Gemeinschaft zusammenwachsen zu lassen.[443]
Appelliert werden sollte an das Ehrgefühl der Rechtsbrecher. Fraglich war jedoch, ob das Ehrgefühl noch angesprochen und gestärkt werden konnte, so dass die Strafe schädlich und das Erziehungsheim der richtige Weg für die Jugendlichen war, um in die Volksgemeinschaft wieder integriert zu werden.[444]

Der Versuch der Erziehung ohne Strafe sollte nämlich nur den Jugendlichen zukommen, bei denen der Einsatz sich zu lohnen verspräche, also nicht bereits in der Erbanlage die Richtung zu Antisozialität bestimmt sei. Die Grenzziehung zwischen den Erbwerten und Erbunwerten sei schwierig und führe auf drei Fragenkreise zurück, die Fragen nach der Gemeinschaftsfähigkeit, der Erziehungswilligkeit und des Ehrgefühls. Daher müsste zunächst die Erbanlage erforscht werden nach krimineller Neigung und starker sozialer Schädlichkeit, die ihren Ursprung in erbbiologischer Minderwertigkeit hätte. Hieran sei jede Erziehungsmaßnahme sinnlos und es verbliebe nur das Gefängnis.[445]
In den Erziehungsheimen selbst hatte Straffheit und Ordnung zu herrschen, die Ein- und Unterordnung in die Gemeinschaft hatte absoluten Vorrang.[446]

---

441 Behnke (1937): S. 537
442 Behnke (1937): S. 540
443 Behnke (1937): S. 537
444 Behnke (1937): S. 546
445 Behnke (1937): S. 543
446 Behnke (1937): S. 547

5. Resümee

Die ersten Ansätze von Mitwirkungsrechten erwachsener Gefangener im Rahmen des Stufenstrafvollzugs (etwa in Thüringen) sind in der NS-Zeit sofort restlos beseitigt worden.
Das entsprach einerseits der Zielverlagerung von Resozialisierung und Erziehung hin zu Vergeltung und Abschreckung, aber auch der Abkehr von Demokratie und Mitwirkung durch Wahlen zu Gunsten der Einführung des Führerprinzips.

Der autoritäre Führerstaat war angetreten, den Kriegszustand, den die Verbrecherwelt dem anständigen und gesitteten Teil des Volkes aufoktroyiert hatte, aufzunehmen und so lange durchzuhalten, bis die Verbrecherwelt ausgerottet wäre.[447]

Nur durch inzwischen vorhandenes geschultes Personal in den Anstalten, die noch aus der Weimarer Zeit stammten, konnte in der Praxis der Strafvollzug oftmals menschlicher ausgestaltet werden als von den Nazis gewünscht.

Im Jugendstrafvollzug wurde der Stufenstrafvollzug mit den inzwischen teilweise eingerichteten Selbstverwaltungsgruppen in eine Anstalt mit militärischem Drill umgewandelt. Unter Erziehung als Ziel wurde nunmehr die totale Unterordnung unter den Führerstaat und die spätere Eingliederung in die Volksgemeinschaft verstanden. Als Mittel dienten strenge Zucht und Arbeit sowie Einzelbeeinflussung und Schulung, allerdings auch ein warmherziges Eingehen auf die Eigenarten der Jugendlichen.[448]
Auch war mit der Beschäftigung von Lehrern als vorgebildeten Pädagogen ein Fortschritt erreicht worden.

Die in den Erziehungsheimen gewünschte Unterordnung unter den jeweiligen Erzieher bei gleichzeitiger Gemeinschaftsbildung sollte zu einer Aufgabe der Einzelinteressen führen. Die Gemeinschaft sollte alles sein und durch das Appellieren an das Ehrgefühl, Mitglied dieser Gemeinschaft zu sein, sollte das uneingeschränkte Eintreten für den Erzieher und die Gruppe und später die Volksgemeinschaft erreicht werden.
Im Umkehrschluss bedeutet dies, dass die Gruppe diejenigen, die dagegen aufzubegehren versuchten, von ihr direkt oder über den Erzieher indirekt zu Räson gebracht oder ausgeschlossen würden. Es ist damit davon auszugehen, dass zumindest in dieser Form eine Art Mitwirkung in der Gruppe stattgefunden hat.

---

[447] Müller-Dietz (1988): S. 21
[448] Bachmann (1938): S. 43

VI. Kapitel: Gefangenenmitwirkung im Strafvollzug der DDR

1. Die gesetzlichen und ideologischen Grundlagen

a) bis zur Gründung der DDR

Das Potsdamer Abkommen vom 2. August 1945, das die Entwicklung in der deutschen Nachkriegszeit bestimmte, sah „die Beseitigung aller nazistischen Gesetze, die eine Basis für das Hitlerregime bildeten, sowie die Veränderung des Justizwesens entsprechend den Grundsätzen der Demokratie und Gerechtigkeit auf der Grundlage der Gesetzlichkeit und der Gleichheit aller Bürger vor dem Gesetz" vor.[449]
Der aus den vier Oberbefehlshabern der jeweiligen Besatzungszonen bestehende Alliierte Kontrollrat konnte einstimmig Gesetze erlassen, die in den einzelnen Besatzungszonen galten, sobald sie vom jeweiligen Oberbefehlshaber verkündet wurden. Darüber hinaus konnten die Oberbefehlshaber der einzelnen Besatzungszonen eigene Rechtsvorschriften erlassen.
In der Sowjetischen Besatzungszone (SBZ) wurde die Sowjetische Militäradministration in Deutschland (SMAD) errichtet. Ihre Befehle leiteten die Umwandlung der politischen und gesellschaftlichen Verhältnisse in der SBZ ein.[450]
Nach einem Befehl der SMAD, dem Befehl Nr. 17 vom 27. Juli 1945, entstand in der Deutschen Justizverwaltung (DJV) in den folgenden drei Monaten die Abteilung Strafvollzug. Diese arbeitete in direkter Zuordnung zur SMAD-Zentrale, die in Karlshorst ihren Sitz hatte.

Die Zuständigkeit für die deutsche Justiz in der SBZ ging vorübergehend wieder auf die neu aufgebauten Länder über und die dortigen Haftanstalten wurden von den örtlichen Kommandanturen der Sowjetischen Militäradministration (SMA) überwacht. Der Strafvollzug fiel, soweit er nicht der Besatzungsmacht oblag, in die Zuständigkeit der jeweiligen Justizverwaltung der Länder.
Nach dem Leitgedanken des Chefs der Deutschen Justizverwaltung für das Gebiet der sowjetischen Besatzungszone, der am 16.10.1945 durch Erlass bekannt gemacht wurde, sollte der Strafvollzug nach den schweren Einbußen unter dem Naziregime von dem Gedanken der Erziehung bestimmt und entsprechend umgestaltet werden.[451]
Maßgeblichen Einfluss auf diese mit den Richtlinien vom 16.10.1945 verbundenen Leitgedanken für den einzuleitenden Reformprozess hatte Werner Gentz, der Abteilungsleiter der Abteilung Strafvollzug. Er war während der Weimarer Republik bereits an der Ausarbeitung der preußischen Verordnung zum Stufenstrafvollzug von 1929 maßgeblich beteiligt gewesen.
Sein Exposé vom Frühsommer 1945 und „das daraus entwickelte Arbeitsprogramm für den Strafvollzug forderte nachdrücklich eine Abkehr von dem

---

449 Mehner (1992): S. 92
450 Bäumer (1975): S. 20
451 Oleschinski (1992): S. 83; Finn (1981): S. 19

Sühne- und Vergeltungsgedanken der faschistischen Ära und eine Durchdringung des gesamten Anstaltsgeschehens mit dem Erziehungsgedanken, so daß die Gefangenen in einem pädagogisch aufgebauten Progressivsystem durch eine vorsichtig einsetzende und mit dem innerlichen Fortschreiten des Gefangenen sich steigende Selbstverwaltung schließlich vom Objekt des Strafvollzugs zum Subjekt desselben werden könnten", so Oleschinski.
Geprägt war das Handeln des Abteilungsleiters der Abteilung Strafvollzug Gentz einerseits erkennbar von der Vorstellung, an den Reformprozess der Weimarer Republik anknüpfen zu können. Andererseits suchte er eine Gesamtlösung für die vier Besatzungszonen, da er sich im Frühjahr 1946 an verschiedene Fachleute in den drei anderen Besatzungszonen wandte, die ihm aus der Weimarer Zeit bekannt waren. Er strebte eine enge Zusammenarbeit über die Zonengrenzen hinweg an. Er legte deshalb größten Wert darauf, dass sie „miteinander Fühlung aufnahmen" und „hinsichtlich aller für den Strafvollzug wichtigen Dinge" auch beibehielten. Insbesondere mit Albert Krebs, der inzwischen im hessischen Justizministerium für das Gefängniswesen zuständig war, tauschte er sich über eine Zusammenarbeit mit der amerikanischen Besatzungsverwaltung aus.[452]

Diese Kontakte und die Bestrebungen zur Wiederbelebung eines „liberalen preußischen Vollzugssystems" missfiel der SMAD, da sie nicht in die Pläne der sowjetischen Besatzungsbehörden passten. Durch eine Weisung vom 17. Oktober 1946 wurde Gentz aufgegeben, daß jeder Schriftwechsel mit den deutschen Behörden der westlichen Besatzungszonen in jedem Einzelfall genehmigt werden musste. Übrig blieben daher nur private Verbindungen, so dass die grundsätzlichen Entscheidungen in der Haftpraxis zunehmend voneinander abwichen.[453]

Am 12. November 1945 war die Direktive Nr. 19 des Alliierten Kontrollrats erlassen worden, deren Grundsätze für die Verwaltung deutscher Gefängnisse und Zuchthäuser ebenfalls auf dem Erziehungsprinzip beruhten, sich aber in abstrakten Formulierungen erschöpften.[454]

Die Befugnis, deutsches Recht zu setzen, wurde durch den SMAD-Befehl Nr. 110 vom 22.10.1945 den von den Sowjets eingesetzten deutschen Provinzial- und Landesverwaltungen eingeräumt. Nachdem im Herbst 1946 Wahlen von Gemeindevertretungen, Kreis- und Landtagen stattgefunden hatten, ging das Gesetzgebungsrecht auf die Landtage über. Zuständig für den Strafvollzug waren die Landesjustizministerien.

> „Auf der Zonenebene wurde die deutsche Rechtssetzungskompetenz durch SMAD-Befehl Nr. 32 vom 12.02.48 begründet, der die im Juni 1947 eingesetzte und zunächst nur mit Koordinierungsaufgaben betraute Deutsche Wirtschaftskommission ermäch-

---

452 Oleschinski (1992): S. 84
453 Oleschinski (1992): S. 84, 87
454 Finn (1981): S. 19; Mehner (1992): S. 92

tigte, in Übereinstimmung mit der von der SMAD festgelegten Ordnung für die ganze SBZ verbindliche Verfügungen zu erlassen."

Darin eingeschlossen war der Neuaufbau einer Deutschen Staats- und Verwaltungsordnung.[455]
Der Prozess der Sowjetisierung der Rechtsordnung in der SBZ war damit eingeleitet, obwohl nach dem Potsdamer Abkommen vom 02.08.1945 eindeutig auch der Straf- und Untersuchungshaftvollzug in der SBZ erfasst war.[456]

Die Abteilung Strafvollzug (SV) versuchte bereits bis zur Gründung der DDR das Erziehungsmittel der produktiven Arbeit im Strafvollzug umzusetzen, um den Strafgefangenen die Möglichkeit zu geben, durch ihre Arbeit Achtung und Selbstachtung zurück zu gewinnen. Es wurde angestrebt, „die Gesellschaft und die Strafgefangenen selbst für eine aktive Erziehung und Selbsterziehung im Strafvollzug zu gewinnen, um künftig eine freiwillige Einhaltung der demokratischen Gesetzlichkeit zu erreichen."[457]

Das Erziehungsmittel der Arbeit sollte in der ideologischen Verwendung in der DDR eine viel größere Bedeutung zukommen.

b) In der DDR

Die Gründung der DDR erfolgte am 07.10.1949 mit der Verkündung der Verfassung.[458]
Die Erziehung durch Arbeit im Strafvollzug wurde zum Verfassungsgrundsatz erhoben. Nach Art. 137 der Verfassung sollte der Strafvollzug „auf dem Gedanken der Erziehung der Besserungsfähigen durch gemeinsame produktive Arbeit" beruhen. Die nachfolgenden Änderungen der Verfassung vom 06.04.1968 und 07.10.1974 enthielten keine spezielle Bestimmung über den Strafvollzug mehr.[459]

aa) „Erste Justizreform"

Maßgebliches Merkmal der DDR in der Zeit bis 1958 war die Umgestaltung des Staatsapparats der Rechtspflege auf der Grundlage des sowjetischen Prinzips des demokratischen Zentralismus sowie der auf der 2. Parteikonferenz der SED beschlossene Aufbau des Sozialismus.[460]

In diesem Zusammenhang wurde im Interesse der einheitlichen Durchführung des Strafvollzugs gemäß einer Verordnung vom 16. November 1950 die bis dahin gegebene traditionelle Zuständigkeit der Landesjustizministerien auch für die Geschäfte des Strafvollzugs dahingehend geändert, als diese zur Sache der

---

455 Bäumer (1975): S. 20
456 Mehner (1992): S. 92
457 Mehner (1992): S. 92
458 Bäumer (1975): S. 20 f.
459 Finn (1981): S. 19 f.; Kern (1958): S. 85; Mehner (1992): S. 94
460 Bäumer (1975): S. 23

Republik erklärt und dem Ministerium des Innern (MDI) mit seinem Dienstbereich Strafvollzug (SV) übertragen wurden.
Durch die Erste Durchführungsbestimmung vom 23. Dezember 1950 erfolgte dies zunächst für die wichtigsten Strafvollzugsanstalten und für die übrigen durch die Zweite Durchführungsbestimmung vom 05. Mai 1952.
Oberstes Vollzugsorgan war die Verwaltung Strafvollzug (SV), dem die verschiedenen Strafvollzugseinrichtungen nunmehr unterstanden. Diese Kompetenzverschiebung von der Justiz zur Polizei führte dazu, dass fachlich wenig qualifizierte, aber politisch im Sinne des Regimes zuverlässige Angehörige der Volkspolizei anstelle der Justizangestellten im Strafvollzug eingesetzt wurden.[461]

Der Strafvollzug als Teil der Staatsgewalt sollte seine Aufgaben von den jeweiligen politischen Zielen des Staates ableiten.[462] Nach der Auffassung des sozialistischen Staates bestand der Sinn der Arbeit und ihr ethischer Inhalt letzten Endes darin, dass sie die Befriedigung der Bedürfnisse der Massen zum Ziele hatte.[463]

Aufgrund einer Verordnung vom 03. April 1952 über die Beschäftigung von Strafgefangenen wurde die Erziehung der Gefangenen durch Arbeit legitimiert. Mit einer Verordnung vom 10. Juni 1954 wurde das Ministerium des Innern ermächtigt, Arbeitseinsätze der Gefangenen im Rahmen seiner eigenen Zuständigkeit zu regeln. In der Folgezeit entstanden neben den Produktionsstätten in den Strafanstalten ein Netz von Haftarbeitslagern, die bis 1963 alle Produktionsbereiche abdeckten.[464]

Schon nach Karl Marx stellte die Arbeit das einzige Besserungsmittel zur Umerziehung des Verbrechers dar. Diese Erkenntnis war für den Strafvollzug Programm und Arbeitsgrundlage zugleich und bedeutete, dass die Hauptmethode der Erziehung durch produktive Arbeit zu erfolgen habe. Auf dieser Basis vollzog sich nach Auffassung des Staates der große erzieherische Prozess.[465]

Der Einsatz der in den Haftarbeitslagern untergebrachten Strafgefangenen erfolgte zunächst auf freiwilliger Basis. Unter Berücksichtigung der in den Industrieschwerpunkten bestehenden Arbeitsqualität und Normerfüllung wurde „ein abgestuftes Belohnungssystem sowie ein besonderer Modus zum Verhältnis von Arbeitszeit zur Strafzeit eingeführt."

> In der VO vom 3. April 1952 war festgelegt, „daß Strafgefangene in diesen Bereichen bei guter Führung und ordentlicher Erfüllung der Arbeitsaufgaben für jeweils zwei Arbeitstage drei Tage Strafzeit angerechnet erhielten. Es war bei ständiger erheblicher

---

461 Finn (1981): S. 20, 26; Bäumer (1975): S. 199; Mehner (1992): S. 91, 94 (mit weiteren Ausführungen zu Vollzugseinrichtungen anderer Ministerien)
462 Kern (1958): S. 86
463 Kern (1958): S. 68
464 Finn (1981): S. 21 f.
465 Kern (1958): S. 88

> Normübererfüllung außerdem möglich, einen noch vorhandenen Strafrest bis zu einem Jahr zu erlassen, wenn die Verpflichtung eingegangen wurde, wenigstens noch ein Jahr im gleichen Industriezweig tätig zu sein", so Mehner.[466]

Diese Regelung wurde 1954 dahingehend abgeändert, dass nur noch den zu Freiheitsstrafen Verurteilten, die in den Industriezweigen mit schwerer körperlicher oder qualifizierter Arbeit beschäftigt wurde entsprechend ihrer Leistungen (ein gestaffelter) Strafnachlass gewährt wurde. „Damit wurden beispielsweise bei einer Normerfüllung von über 140 Prozent (und das war keine Seltenheit) für einen Arbeitstag drei Tage Strafzeit angerechnet."

Eine solche Entwicklung führte zum einen dazu, dass der bei der Einweisung festgelegte Vollstreckungsplan für diese Gefangenen nicht mehr anwendbar war, sondern vorrangig nach ökonomischen Gesichtspunkten ausgerichtet wurde.

Zum anderen soll es in den Betrieben, in denen diese Gefangenen eingesetzt waren, teilweise zu Schwierigkeiten gekommen sein, da die bereits vorgegebenen Vergünstigungen der Strafverkürzung dazu führten, dass sie erheblich höhere Arbeitsleistungen erbrachten als die anderen Betriebsangehörigen.

Diese Probleme führten auch dazu, dass die Regelung später wieder eliminiert wurde und die einzige Möglichkeit der Verkürzung der Strafzeit die bedingte Strafaussetzung blieb.[467]

Die Beschäftigung in den Produktionsstätten blieb dagegen erhalten. Die Anrechnung von hoher Arbeitsleistung auf eine Haftverkürzung findet sich bereits bei dem Markensystem von Maconochie sowie an anderen Stellen (s. S. 24)

Echte Mitwirkungsrechte gab es in dieser Zeit nicht. Statt dessen fand in diesen Jahren eine reine Ausbeutung der Arbeitskraft statt.[468]

bb) „Zweite Justizreform"

Die 1963 eingeleitete „Zweite Justizreform" führte zur Einberufung einer Strafrechtskommission, die ihre Arbeit unter anderem mit dem am 12. Januar 1968 fertig gestellten und am 01.07.1968 in Kraft getretenem Strafvollzugs- und Wiedereingliederungsgesetz krönen konnte.[469]

Mit diesem Gesetz war das bis dahin in zahlreichen Bestimmungen enthaltene Strafvollzugsrecht der DDR erstmals zusammengefasst und systematisiert worden.[470] Diese Justizreform von 1963 orientierte den Strafvollzug stärker an dem Erziehungsgedanken.[471]

Erziehungsziel des Strafvollzugs sollte es sein, den straffällig gewordenen Menschen zu einem Bürger der DDR zu machen, der aus Selbstdisziplin die Gesetze des Staates und das sozialistische Eigentum achtet - eine gute Arbeitsdisziplin

---

466 Mehner (1992): S. 96
467 Mehner (1992): S. 96
468 Finn (1981): S. 21
469 Bäumer (1975): S. 32; Finn (1981): S. 22
470 Finn (1981): S. 19
471 Finn (1981): S. 21/45

zeigt - und sich in seinem Verhalten in der Gesellschaft von deren Prinzipien des Zusammenlebens der Bürger leiten lässt.[472]
Zur Erreichung einer guten Arbeitsdisziplin wurde als besonderer Anreiz für die auch anstrengende Arbeit in den Haftarbeitslagern den Gefangenen die Möglichkeit eröffnet, nach einem festgelegten Modus entsprechend der Leistung Strafnachlass gewährt zu erhalten.
Mit dieser Regelung sollte erreicht werden, dass die Gefangenen eine große Arbeitsintensität zeigen und unmittelbar an der Erhöhung der Arbeitsproduktivität und –disziplin interessiert sind. Der Wille, die Haftzeit zu verkürzen, sollte dadurch zu einem Erziehungsfaktor werden.

cc) Kollektive produktive Arbeit

Zusätzlich wurde der sozialistische Wettbewerb auch in den Produktionsstätten und Haftarbeitslagern eingeführt.[473] Die Einteilung der Gefangenen erfolgte in sogenannten Brigaden. Dies waren die Arbeitsgruppen in der Produktion,[474] also die dortigen Kollektive. Der Wille, die Haftzeit zu verkürzen, sollte zu einem festen Zusammenschluss der Kollektive führen. Ihr Interesse, einen hohen Durchschnitt in der Normerfüllung, also eine Steigerung der Produktivität, zu erreichen bedingte ein erzieherisches Einwirken auf weniger disziplinierte Kollektivmitglieder und Bummelanten und forderte von jedem die Achtung und Unterordnung unter die Kollektivinteressen.[475]

Durch die kollektive produktive Arbeit sollte dem Gefangenen die Erkenntnis vermittelt werden, dass die Verwirklichung seiner persönlichen Interessen von der Verwirklichung der Kollektivinteressen, seine Lage von der Lage des Kollektivs abhängig seien. Das Kollektivprinzip in der Arbeit sollte die Bildung des Kollektivgeistes fördern, zur gewissenhaften und disziplinierten Erfüllung übertragener Aufgaben erziehen, damit Verantwortungsbewusstsein gegenüber der Gesellschaft entwickeln und die Voraussetzung für ein späteres einwandfreies staatsbürgerliches Verhalten schaffen.[476]

> "Arbeit ohne Verantwortungsbewusstsein ist nicht möglich", sagt Makarenko, ein sowjetischer Erzieher. Diese Auffassung „...ist ein wichtiger pädagogischer Grundsatz auch für die Erziehung Erwachsener. Durch die Übertragung von Verantwortung fordert man von dem Betreffenden verantwortliches Verhalten, zeigt man, daß man ihm vertraut und in ihn die Erwartung setzt, dem Vertrauen gerecht zu werden. Diese Vertrauenssetzung spielt in der Erziehung eine große psychologische Rolle"[477], so Kern.

In den nachfolgenden Vorschriften findet sich dieser Gedanke Makarenkos nach den Ausführungen Kerns wieder.

---

472 Finn (1981): S. 22 f.
473 Kern (1958): S. 99
474 Kern (1958): S. 102
475 Kern (1958): S. 98
476 Kern (1958): S. 99
477 Kern (1958): S. 101

In § 20 des StVG vom 07.04.1977 heißt es, dass die erzieherische Einflussnahme vorwiegend durch Kollektiverziehung in Verbindung mit individuellen Maßnahmen zu erfolgen habe. Durch eine bewusste Gestaltung und Nutzung von Bewährungssituationen sei das Verantwortungsbewusstsein für ein gesellschaftliches Verhalten zu entwickeln und zu fördern.
Und nach § 36 StVG vom 07.04.1977 sollten die Gefangenen „die ihnen zugewiesenen Arbeiten ordnungsgemäß durchführen, sich gegenseitig unterstützen und die Arbeitszeit voll nutzen."
Aus § 22 StVG ergibt sich, dass die Arbeitseinsätze der Gefangenen in volkseigenen Betrieben zu erfolgen haben und nach § 25 I Nr. 5 sowie § 34 I Nr. 7 diese in den Produktionswettbewerb, in die Neuererbewegung und in die regelmäßig durchzuführenden Produktionsberatungen einzubeziehen seien.[478]
Nach der 1. DB zum StVG 1977 sollten gemäß § 13 die Gefangenen in der Regel in den Kollektiven verbleiben, in die sie eingeteilt waren.[479] So schufen diese Kollektive auch für den einzelnen Gefangenen während seiner ganzen Strafzeit eine feste Struktur.
Nach § 18 waren die Vergütung für die Arbeitsleistung und ihre Prämierung Bestandteil des einheitlich wirkenden Erziehungsprozesses. Die Vergütung erfolgte nach der Erfüllung der Arbeitsnormen.[480]
Nach § 21 I war als Grundlage für die Einbeziehung der Gefangenen in den Produktionswettbewerb eine Konzeption zu erarbeiten, die zur Erziehung mit hoher Arbeitsdisziplin und aktiver Mitarbeit führen sollte.
Nach Abs. 3 sollten alle Gefangenen in die Produktionsberatungen einbezogen werden.. Diese sollten dazu genutzt werden, um die Gefangenen zu einer bewussten Einstellung zur Arbeit und die Verantwortung für die gewissenhafte Erfüllung der eigenen Arbeitsaufgaben zu fördern.[481]
Die Bewährungssituationen stellten die Durchführung von geforderten Arbeitsnormen in der Produktion dar, die bei verantwortlichem Verhalten jedes Einzelnen für das Kollektiv zumindest erfüllt wurden. Die Bestätigung des Kollektivs nach dem Erreichen des geforderten Arbeitsergebnisses war eine Bestätigung jedes Einzelnen als Mitglied dieses Kollektivs und des in ihn gesetzten Vertrauens.

Durch die Umsetzung der in der „Zweiten Justizreform" aufgestellten Ziele im Gesetzeswerk von 1968 und deren Weiterentwicklung in den nachfolgenden Änderungen zeigt sich, dass der Strafvollzug in der DDR von dem reinen Ausbeuten der Gefangenen zu einem sozialistischen Strafvollzug übergehen sollte, in dem die bewusste Förderung des Kollektivs mit der gewünschten und bezweckten Beeinflussung des Einzelnen mit dem Ziel erfolgen sollte, dass sich

---

478 Willamowski/Plitz (1979): S. 170 ff; Roggemann (1978): S. 416 ff.; Finn (1981): S. 61 f.
479 Roggemann (1978): S. 443
480 Roggemann (1978): S. 444
481 Willamowski/Plitz (1979): 186 ff.; Roggemann (1978): S. 446

jeder Gefangene mit seiner ganzen Kraft den Interessen des Kollektivs und der sozialistischen Gesellschaft unterordnet.
Durch die Teilnahme an den Produktionsberatungen sollte dem einzelnen Gefangenen vor Augen geführt werden, dass seine Arbeitskraft als Teil des Kollektivs zum Gelingen des Ganzen notwendig sei und er somit eigene Interessen zurückstellen sollte, aber aus eigenem Verständnis für die Sache.
Nur mit seinem Einbringen seiner Arbeitskraft in das Kollektiv war eine Steigerung der Produktivität und Normerfüllung für das Kollektiv möglich und wurde das Beratungsergebnis und das in das Kollektiv gesetzte Vertrauen bestätigt. Die Mitbestimmung des Einzelnen erfolgte über das Kollektiv bei der Umsetzung der Produktionsforderung sowohl durch Einflussnahme auf Bummelanten als auch durch Verbesserungsvorschläge, die § 25 I Nr. 5 ausdrücklich vorsah.
Um dieses Verständnis zu wecken, sollte künftig der Einsatz zur produktiven Arbeit erheblich stärker mit der politisch - erzieherischen Einwirkung auf den Strafgefangenen kombiniert werden.

Dementsprechend schrieb auch das Strafvollzugs- und Wiedereingliederungsgesetz vom 12. Januar 1968 in § 26 vor:

> „Die Erziehung im Strafvollzug umfaßt...., den Einsatz der Strafgefangenen zu gesellschaftlich nützlicher Arbeit, die staatsbürgerliche Erziehung und Bildung...."

Der Strafvollzug sollte alle Möglichkeiten des sozialistisch – ökonomischen Systems für die Persönlichkeitsbildung der Strafgefangenen nutzen, wobei die sozialistische Ideologie und Kultur eine wesentliche Rolle zu spielen habe. Nicht die Arbeit allein vermöge es, den Gefangenen zu einem vollwertigen aktiven Mitglied der sozialistischen Gesellschaft zu machen, sondern dies könne nur in Verbindung mit der staatsbürgerlichen Erziehung und Bildung erfolgen.[482]
Im Zusammenhang mit der produktiven Arbeit müsse eine umfangreiche politisch -gesellschaftliche Erziehungsarbeit geleistet werden, die die in der Produktion entstehenden Beziehungen erkennen helfe, die für die Bildung und Erhöhung des Verantwortungsbewusstseins der Gefangenen unerlässlich sei.
Dieser Einwirkung auf den Gefangenen lag die von Makarenko formulierte Erkenntnis zu Grunde, dass Arbeit ohne gleichzeitige Bildung, ohne gleichzeitige politische und gesellschaftliche Erziehung keinen erzieherischen Nutzen hat und sich als neutraler Prozess erweist. Die im Prozess der produktiven Arbeit entstehenden neuen Beziehungen zwischen den Menschen, die richtige Beziehung zum Kollektiv, das gefühlsmäßige Erfassen der Abhängigkeit voneinander, müssten sich im Kopf des Gefangenen umsetzen, das heißt die objektiv in der Arbeit entstehenden Beziehungen müssten ihm durch die zusätzliche politisch – gesellschaftliche Erziehungsarbeit subjektiv bewusst werden und schließlich in qualitativ neue Beziehungen zur Gesellschaft münden.[483]

---

482 Finn (1981): S. 22 f.
483 Kern (1958): S. 103

Wie sich zeigt, ist der Strafvollzug im starken Maße von den Entwicklungen in der Sowjetunion und dort maßgeblich von Makarenko, einem russischen Pädagogen, der Erziehungsheime für Jugendliche geleitet hatte, beeinflusst worden. Die Kollektiverziehung, die Eingang in den Strafvollzug sowohl für Jugendliche als auch für Erwachsene finden sollte und teilweise auch gefunden hatte, verstand er folgendermaßen:

Ein Kollektiv ist ein zielstrebiger Komplex organisierter Persönlichkeiten, die über Kollektivorgane verfügen und einer Organisation bevollmächtigter Persönlichkeiten, die Vertrauensleute des Kollektivs.[484]
In der Gesellschaft (Sowjetunion) ist ein disziplinloser Mensch jemand, der gegen die Gesellschaft auftritt, also Disziplin lernen muss. Disziplin ist ein Erziehungsresultat und stellt das Produkt der Gesamtsumme pädagogischer Einwirkung dar. Hierzu gehören auch Bildungsprozess, Prozess der Organisation des Charakters, Prozess der Zusammenstöße und Konflikte und deren Lösung im Kollektiv. Die Ordnung stellt dabei ein bestimmtes System von Mitteln und Methoden bereit, die den Erziehungsprozess unterstützen.[485]

Der Betreffende, der die Disziplin verletzt hat, wird vom ganzen Kollektiv beschuldigt, die Interessen anderer Mitglieder des Kollektivs verletzt und die Freiheit beeinträchtigt zu haben, auf die alle ein Recht haben.
Dies wird besonders deutlich, wenn man sonstige Gruppen Verwahrloster oder Straffälliger als Gegenbeispiel beleuchtet. Dort gibt es Machtvollkommenheit einzelner älterer und kräftigerer Verwahrloster, die die anderen unterdrücken, während im Kollektiv die Interessen einzelner Persönlichkeiten hinter den Interessen des Kollektivs zurückstehen. Eine Unterdrückung durch Einzelne ist daher ausgeschlossen.[486]

Die Erziehung zur Disziplin erfolgte dabei wie folgt:

Makarenko hatte es mit einer Abteilung als Ganzes zu tun, die einzelne Persönlichkeit interessierte ihn dabei nicht.
In der Fabrik kam P. zu spät. Makarenko beorderte den Kommandeur der Abteilung zu sich und rügte die Verspätung in der Fabrik. Dies dürfte nicht wieder vorkommen.
P. verspätete sich zum zweiten Mal. Daraufhin wurde eine Abteilungsversammlung einberufen, in der die ganze Abteilung einen Verweis erhielt, damit es nicht mehr vorkäme. Die ganze Abteilung übernahm die Erziehung von P., damit es nicht mehr vorkommen sollte.

Makarenko baute das System der Grundkollektive auf, indem Kollektive in Abteilungen von 10 Mann aufgespalten, die Zahl der Bevollmächtigten vergrößert und Rechte der Einzelleitungen auf den Kommandeur übertragen wurden.

---

[484] Makarenko (1969): S. 137
[485] Makarenko (1969): S. 102
[486] Makarenko (1969): S. 105

Es kam nicht vor, dass sich für einen bestimmten Fall nicht ein Verantwortlicher mit Unterstützung zweier ihm Unterstellter aus verschiedenen Abteilungen gefunden hätte. Dieser hatte den Konflikt beizulegen und Bericht zu erstatten. Somit wurde ernsthaft Verantwortung übertragen; sie war gleichzeitig Erziehungsmittel im Kollektiv.[487]

Die Entwicklungsstufen der Kollektivs stellten sich bei Makarenko folgendermaßen dar:

Erstes Stadium: Das Kollektiv befand sich im undisziplinierten Zustand. Der Erzieher griff in den Gestaltungsprozess mit teilweise diktatorischen Mitteln ein. Er schützte einzelne Zöglinge vor undisziplinierten Kräften.

Zweites Stadium: Hier trat die Konsolidierung des Kollektivs ein. Ein Aktiv von Zöglingen bildete sich heraus, das sich Forderungen des Erziehers zu eigen machte und bemüht war, seine Perspektiven mit denen des Erziehers in Einklang zu bringen. Das Aktiv griff die negativen und passiven Kräfte an. Die Mitglieder der Aktiven erhielten Rangabzeichen oder Titel, die mit Rechten und Pflichten verbunden waren.

Drittes Stadium: Jetzt erfolgte die Stabilisierung des Kollektivs. Es verlief als Gesundungsprozess, weil sich ein gesundes Passiv herausgebildet hatte. Es war schon mit den Forderungen des Erziehers einverstanden und versuchte, diese zu erfüllen. Das Aktiv stellte bereits eigene Forderungen an das Kollektiv. Die Erzieher mussten oftmals bremsen.

Viertes Stadium: Jetzt gab es das bewusste Kollektiv der progressiven Endstufe. Hier hatte sich das Bewusstsein des Kollektivs soweit entwickelt, dass es mit dem des Erziehers übereinstimmte. Das Kollektiv entfaltete sich in das übergreifende Kollektiv der Sowjetunion.[488]

Dadurch wurde deutlich, dass durch Arbeit allein die Erziehung des Gefangenen zu einem Mitglied der sozialistischen Gesellschaft nicht gelingen konnte und Makarenko Wege der Kollektiverziehung zur Erreichung des obigen Zieles aufzeigte. Von einer diesbezüglichen Erziehung konnte danach erst gesprochen werden, wenn das Verhältnis der Gefangenen zu Kollektiv und Staat dem Charakter des Verhältnisses zwischen Bürger und sozialistischer Gesellschaft entsprach und der Gefangene sich selbst, sein Verhalten und seine Arbeit in Beziehung zu Gesellschaft und Staat setzen würde. Objektiv waren durch die Arbeit im Kollektiv alle Voraussetzungen geschaffen, dass sich ein solches Verhältnis einstellen könnte. Durch sie machte der Gefangene die Erfahrung, dass letztlich der Staat ihm helfen wollte, eine richtige Position in der Gesellschaft zu finden. Er erfuhr an sich selbst die Wertschätzung guter Arbeit, Förde-

[487] Makarenko (1969): S. 138
[488] Makarenko (1969): S. 234

rung diszipliniert arbeitender Menschen und die Vorteile der Unterordnung der eigenen Person unter das Kollektiv gemeinsam Schaffender.[489]

> „Die Erziehung zur rationalen Erkenntnis der gesellschaftlichen Verpflichtungen ist eine Erziehung des moralischen Willens, sich von der Vergangenheit loszureißen, sich der Masse der ehrlich arbeitenden Menschen anzuschließen und die Gesetze unseres Staates zu achten.
> Auf ein solches Niveau gehoben, werden die Strafgefangenen ihre produktive Arbeit - gedanklich mit dem gesellschaftlichen Ganzen verbindend - als Teil der gesellschaftlichen Anstrengungen betrachten und sich auf diese Weise mit der Gesellschaft verbunden fühlen.[490]"

Zur Lösung dieser Aufgabe, die Rechtsbrecher zu einem gesellschaftlich verantwortlichen Verhalten zu erziehen, sollte dadurch beigetragen werden, dass man auf sie im Rahmen der Möglichkeiten Verantwortung überträgt und solche Verhältnisse schafft, die ein verantwortliches Verhalten in der Produktion erfordern und anerziehen.
Dieses verantwortliche Verhalten sollte auch außerhalb der Arbeit im Gefängnisalltag und später in der Gesellschaft ausgeübt werden.[491]

Diese Anforderungen hatten Eingang in folgende gesetzliche Vorschriften gefunden, die nach Makarenkos Modell folgenden Stadien entsprechen könnten:

§ 6 des StVG vom 07.04.1977 stellte die Erziehung durch Arbeit in den Mittelpunkt. Es sollte das Verantwortungs- und Pflichtbewusstsein, die Disziplin sowie die aktive und schöpferische Mitwirkung im Arbeitsprozess als Ziel angestrebt werden.[492]
Dies entspricht dem ersten Stadium der Entwicklungsstufen Makarenkos zum Kollektiv. Das Kollektiv ist disziplinlos und muss zunächst durch Arbeit Verantwortungs- und Pflichtbewusstsein lernen, bevor danach Mitwirkung zunächst im Arbeitsprozess anerzogen werden kann.

Nach § 28 III StVG sollten im Rahmen der Mitwirkung den Gefangenen unter Berücksichtigung ihres Gesamtverhaltens und ihrer Fähigkeiten ... konkrete Aufgaben gestellt und ... Verantwortung übertragen werden.[493]

Die 1. DB vom 07. April 1977 zum StVG und deren § 28 sah in § 27 vor, dass diese Gefangenen, denen konkrete Aufgaben und Verantwortung übertragen wurde, gewissenhaft auszuwählen, in die Aufgaben einzuweisen, anzuleiten und zu kontrollieren seien.[494]

§ 28 III StVG und die Durchführungsbestimmung dazu entspricht dem zweiten Stadium der Grundsätze Makarenkos. Hiernach sollten einzelne Gefangene aus

---

489 Kern (1958): S. 104
490 Kern (1958): S. 105
491 Kern (1958): S. 101
492 Willamowski/Plitz (1979): S. 167; Roggemann (1978): S. 412
493 Willamowski/Plitz (1979): S. 170 ff.; Roggemann (1978): S. 420
494 Willamowski / Plitz (1979): S. 188; Roggemann (1978): S. 447

dem Kollektiv ausgewählt werden, wobei Auswahlkriterien ihr Gesamtverhalten und ihre Fähigkeiten waren. Gemeint war ihre Fähigkeit, die Interessen des Kollektivs vor ihre eigenen zu setzen und den Beitrag des Kollektivs für die Gesellschaft zu erkennen. Diese sollten positiv auf die übrigen Mitglieder des Kollektivs einwirken. Nur so war es möglich, die übertragene Verantwortung zur Erfüllung der Aufgaben im Kollektiv gegen passive und negative Kräfte durchzusetzen. Disziplinare Rechte selbst hatten sie gemäß § 28 III StVG jedoch nicht.

Nach § 34 I Zif. 5 StVG sollten die Gefangenen in den Erziehungsprozess einbezogen und auch in der arbeitsfreien Zeit an deren Gestaltung, sowie der Festigung der Disziplin aktiv mitwirken dürfen.[495]

Nach § 24 der 1. DB zum StVG umfasste die kulturelle Betätigung der Gefangenen vor allem die Arbeit in Kulturgruppen, Arbeitsgemeinschaften und Zirkeln.[496]
Hiernach könnte bereits das 3. Stadium nach Makarenkos Modell erreicht sein.

Die Kollektive mit ihren erzieherischen Einwirkungen sollten sich nicht nur auf den Produktionsbereich beschränken, sondern auch auf den Freizeitbereich ausgedehnt werden. Die kulturelle Betätigung in Arbeitsgemeinschaften und Zirkeln sollte dem Gefangenen die politische Bedeutung der Arbeit im Kollektiv für sich und die Gesellschaft näher bringen und ihn zu einem verantwortungsvollen Verhalten in der Produktion mit Maschinen, Material oder bei sonstigen Tätigkeiten anhalten.

Aktiv mitwirken konnten nur solche Gefangenen, die bereits vom Kollektiv und ihren Zielen überzeugt waren. Nur sie konnten zur Festigung der Disziplin im Kollektiv beitragen, wobei die Festigung der Disziplin voraussetzt, dass sie im Kollektiv bereits vorhanden ist, nur bei einigen noch gefestigt werden muss.
Diese Aufgabe sowie die Gestaltung der Freizeit durch kulturelle Betätigung sollten die bereits in sich gefestigten Gefangenen, also „das Aktiv“ des Kollektivs vornehmen. Dies entspricht dem „Dritten Stadium“ der Entwicklungsstufen Makarenkos.

Die vierte Stufe wäre nach dem Übergang in die Gesellschaft erfüllt. Dies zu untersuchen ist nicht mehr Gegenstand dieser Arbeit.

Die DDR hatte in ihrem Strafvollzugs- und Wiedereingliederungsgesetz vom 12.01.1968, Neufassung vom 19.12.1974, die Einbeziehung Strafgefangener in die Erziehungsarbeit in § 48 geregelt und machte dabei den Grad der Mitwirkung bzw. Mitverantwortung von der Vollzugsart abhängig, das hieß, vom Ausmaß der generellen Haftverschärfung.[497] § 15 SVWG differenzierte zwischen einer strengeren, einer allgemeinen und einer erleichterten Vollzugsart. Über § 20 SVWG wurde die Möglichkeit eröffnet, in eine andere Vollzugsart

495 Willamowski / Plitz (1979): S. 175; Roggemann (1978): S. 424
496 Willamowski / Plitz (1979): S. 188; Roggemann (1978): S. 447; Finn (1981): S. 61 f.
497 Kerner (1982): S. 237

überwiesen zu werden, je nachdem ob eine Anerkennung oder eine Disziplinierungsmaßnahme im Raum stand.[498]

Eine solche Differenzierung war bereits durch einen Rechtspflegeerlass des Staatsrates mit Wirkung vom 1. Januar 1964 verfügt worden.

Diese Differenzierung sah für

a) die Kategorie I mit den härtesten Vollzugsbedingungen außer den Schwerverbrechern und Rückfalltätern jene Strafgefangenen vor, die wegen der Schwere ihrer friedens- und staatsfeindlichen Handlung zu einer Freiheitsstrafe von drei Jahren und mehr verurteilt worden waren. Dies traf auf die meisten politischen Gefangenen zu.

b) die Kategorie II mit dem normalen Vollzug sah außer kriminellen Gefangenen mit Freiheitsstrafe von zwei bis fünf Jahre solche vor, die aus einer feindlichen Einstellung gegen die Arbeiter-und-Bauern-Macht, ihrer Organe oder Funktionäre, zu einer Freiheitsstrafe bis zu drei Jahren verurteilt waren;

c) die Kategorie III mit dem leichteren Vollzug die Gefangenen mit einer Freiheitsstrafe bis zu drei Jahren vor.[499]

Durch das Strafvollzugs- und Wiedereingliederungsgesetz vom 12. Januar 1968 wurde die Differenzierung weiter ausgebaut, um durch eine Änderung vom 19. Dezember 1974 eine Aufteilung in vier Kategorien zu erfahren. Diese weitere Aufsplitterung erwies sich in der Praxis als schwer durchführbar, so dass im Strafvollzugsgesetz vom 07. April 1977 die Aufteilung wieder vereinfacht und ein allgemeiner und ein erleichterter Vollzug eingeführt wurde.[500]

Diese Vollzugsarten unterschieden sich nach § 15 II SVWG in einer differenzierten Mitwirkung am sogenannten Erziehungsprozess sowie in der Unterbringung, im Umgang mit der Außenwelt, der Beaufsichtigung und Bewegungsfreiheit.[501]
§ 8 der Durchführungsbestimmung zum SVWG vom 25.03.1975 nannte unter anderem auch den Arbeitsbereich mit entsprechender Differenzierung.[502]

Die Gefangenen hatten nach der Auffassung Makarenkos zunächst Disziplin zu lernen, da sie mehr oder weniger gegen die Gesellschaft in Erscheinung getreten waren, also disziplinlos gehandelt hatten. Je nach Strafmaß erfolgte die Einteilung in die verschiedenen Kategorien, wobei es diejenigen Gefangenen, die am disziplinlosesten gehandelt hatten, am härtesten traf. Das waren in der Regel die

---

498 Szkibik (1969): S. 60
499 Finn (1981): S. 23
500 Finn (1981): S. 23 ff, 44
501 Koch (1972): S. 86
502 Kerner (1982): S. 237

politischen Gefangenen, da bei diesen die staatsfeindliche Haltung am stärksten ausgeprägt war.

Aber alle Gefangenen der Kategorie I hatten es besonders schwer, ein höheres Stadium der Entwicklungsstufen Makarenkos zu erreichen, in welchem sie als Aktiv Mitwirkungsrechte innerhalb des Kollektivs erhielten, da bei Ihnen der Weg von dem disziplinlosen Zustand, also der staatsfeindlichen Haltung bis zu einem aktiven Vertreter der Kollektivinteressen ein sehr weiter war.

Vor allem für die politischen Häftlinge der Kategorie I sollte sich dies negativ auswirken. Bei ihnen wurde davon ausgegangen, dass sie als Staatsfeinde einer politisch-kulturellen Erziehung nicht zugänglich waren und somit eine verantwortungsvolle Position im Kollektiv mangels Einsicht nicht bekleiden könnten. Deshalb gelangten sie in der Regel niemals in den Genuss irgendwelcher verantwortungsvoller Positionen.

2. Die tatsächliche Situation in den Haftanstalten

In der Hausordnung der Strafvollzugsanstalt Magdeburg-Sudenburg aus der Mitte der 60er Jahre wurde als Verhaltensregel vorgeschrieben:

> „Betritt ein Angehöriger des Strafvollzugs einen Verwahrraum, so hat der Verwahrraumälteste „Achtung" zu rufen, alle Strafgefangenen haben aufzustehen, unter das Fenster... zu treten und Haltung zum eintretenden Angehörigen des Strafvollzugs einzunehmen....."

Das Strafvollzugs- und Wiedereingliederungsgesetz vom 12. Januar 1968 normierte dann auch, dass „Hausordnungen" zu erlassen seien, die die Verhaltensregeln der Strafgefangenen gegenüber den Strafvollzugsangehörigen, anderen Personen und untereinander sowie die Regelungen des Tagesablaufes in den Strafvollzugseinrichtungen zu enthalten haben.[503]

Aus dem Bericht aus der Strafvollzugsanstalt Magdeburg-Sudenburg ist abzulesen, dass es eine Hausordnung gab, in der zumindest die Position eines „Verwahrraumältesten" erwähnt wird. Wenn diese Position auch tatsächlich eingerichtet worden ist, läge wie bei den Zellen- oder Saalältesten in der Kaiserzeit eine Vertrauensposition bei einem ausgesuchten Gefangenen vor und damit eine Mitverantwortung, wenn auch nur zum Zwecke der inneren Ordnung.
Mit der Kollektivbildung und Erziehung, wie es insbesondere § 34 I Zif. 5 StVG (s. S. 121) auch in der arbeitsfreien Zeit vorsah, hatte das nichts zu tun.

Die geforderte Meldung nach dieser Hausordnung an sich weist militärische Züge auf, so dass zunächst im Strafvollzugsalltag auch militärische Züge zur Aufrechterhaltung der Ordnung Eingang gefunden haben dürften.[504]
Vertrauensstellungen wie in der Küche, Kammer, Arbeitsverwaltung usw. tätig

---

503 Finn (1981): S. 60 f.
504 Finn (1981): S. 60 / S. 79

sein zu dürfen, sollen ausschließlich an kriminelle und nicht an politische Gefangene aufgrund eines Erlasses aus dem Jahre 1955 vergeben worden sein. Weisungsberechtigt waren nach einem anderen Bericht im Strafvollzug als Brigadiere, Schichtleiter und sogenannte Hausälteste eingesetzte Strafgefangene, die fast ausnahmslos die schwersten kriminellen Verbrechen begangen hatten.[505] Damit darf davon ausgegangen werden, dass es Vertrauensleute im Strafvollzug der DDR außerhalb des Produktionsbereiches gab, auch wenn es nur zur Durchsetzung eines ordnungsgemäßen, disziplinierten Strafvollzugs diente.
Die Vergabe dieser Positionen erfolgte fast ausnahmslos an Schwerkriminelle im Gegensatz zu den politischen Gefangenen, weil letztere als für den Aufbau des Sozialismus und die Resozialisierung verloren angesehen wurden.

Im Gegensatz zu der schon militärischen Ordnung in der Zelle stand die Situation im Produktionsbereich. Die Mehrheit der Gefangenen war in sozialistischen Betrieben oder deren Abteilungen in den Anstalten beschäftigt und nur eine Minderheit zur Aufrechterhaltung des Anstaltsbetriebes und zur Werterhaltung der Strafvollzugseinrichtung in der Küche, der Schneiderei, Schlosserei etc. eingesetzt.[506]

Im Strafvollzug der DDR gab es eine Einteilung in A-, B- oder C-Betriebe, wobei A-Betriebe die Produktionsstätten innerhalb einer Strafanstalt genannt wurden, mit B-Betrieben die außerhalb des Strafanstalt gemeint waren und C-Betriebe die Tätigkeiten zur Aufrechterhaltung des Arbeitseinsatzes von Gefangenen in den B-Betrieben umfasste. Da der Arbeiteinsatz von Gefangenen in den B-Betrieben vergleichsweise gering war und in den C-Betrieben nur am Rande Erwähnung findet,[507] sollen im folgenden die A-Betriebe auf ihre Kollektivbildung und Umsetzung der Theorie Makarenkos untersucht werden.
In den sogenannten A-Betrieben (Produktionsstätten innerhalb einer Strafanstalt) eingesetzte Gefangene wurden in Schichten zu zehn bis dreißig Mann zusammengestellt. An der Spitze dieser Brigade, den Arbeitskollektiven in der Produktion, stand ein Brigadier wie sich aus einem Häftlingsbericht ergibt. Die Lenkung und Leitung der Produktion lag grundsätzlich in den Händen der zugelassenen Zivilangestellten oder einem dafür bestimmten Strafgefangenen. Die Brigade bekam einen bestimmten Abschnitt der Produktion übertragen und hatte für die Erfüllung der geforderten Norm zu sorgen. Die Erzielung guter Produktionsergebnisse war nur durch ein bewusstes Zusammenwirken aller Brigade-Mitglieder möglich, so dass ein Kollektivinteresse – aus Abhängigkeit aller voneinander – zum verantwortungsbewussten Verhalten gegenüber der Brigade entstand und zum Motiv der Arbeit jedes Einzelnen wurde. Diese Motivbindung wurde erreicht, indem prinzipiell nicht die Arbeitsleistung des Einzelnen, sondern die der Brigade festgestellt und errechnet sowie auch die Entlohnung vom Brigadeergebnis abhängig gemacht wurde.

---

505 Finn (1981): S. 80
506 Finn (1981): S. 20 f.
507 Finn (1981): S. 68 f.

Daher war auch im § 4 des Strafvollzugs- und Wiedereingliederungsgesetz vom 12.01.1968 der Passus enthalten, dass die Arbeit der Gefangenen vorwiegend in Brigaden durchzuführen sei, während vorher dasselbe Prinzip als „Arbeit in der Gemeinschaft" umschrieben wurde.[508]

Hier wird bereits deutlich, dass es tatsächlich Arbeitskollektive gab, die zur Erzielung guter Produktionsergebnisse Individualinteressen zurück und Kollektivinteressen in den Vordergrund stellen sollten. Allerdings ist noch von einem Brigadier die Rede, der die Lenkung und Leitung zu übernehmen hatte, sich ein sogenanntes „Aktiv" nach der Vorstellung Makarenkos noch nicht herausgebildet hatte. Es könnte sich daher zunächst um das erste Stadium gehandelt haben, welches in dem Bericht Erwähnung findet.

Ein Gefangener aus einem Haftarbeitslager berichtete, dass der größte Teil der Gefangenen an Anerkennung, Lob für gute Arbeit sehr interessiert wäre und sich bemühte, ein solches zu erhalten, was wiederum die Arbeitsfreude und den Arbeitselan fördern würde.[509] Die Tätigkeiten der Brigaden sollten demnach gebührend herausgestellt werden.

Ein anderer Gefangener berichtete, dass ein Artikel im Neuen Deutschland über die Erfolge einer Brigade in seiner Strafanstalt erschienen und den Gefangenen vorgelesen worden war. An diesem Tag habe eine Festtagsstimmung geherrscht, der den Wetteifer der Brigaden untereinander stark angespornt habe.[510]

Nach dem Bericht eines weiteren ehemaligen Häftlings sei der „sozialistische Wettbewerb" ähnlich wie in den Betrieben gewesen. Am Ende einer Woche sei ein neuer sozialistischer Wettbewerb in der Strafanstalt ausgerufen worden. Die Wandtafel zeigte Losungen, die jeden Häftling aufforderte, noch mehr und noch besser zu arbeiten. Jeder Häftling erhielt ein Blatt Papier, auf welches er niederschreiben sollte, was er zum Gelingen des Wettbewerbs beitragen wolle und könne. Initiatoren dieses ausgerufenen zusätzlichen Arbeitseinsatzes waren besonders aktive Gefangene. Noch am gleichen Tag hätten die ersten Handzettel an der Wandtafel gehangen. Einige Gefangene verpflichteten sich danach, für bestimmte Bauteile kürzere Fertigungszeiten zu benötigen, andere erklärten sich bereit, von jeder Serie fünf Bauteile kostenlos mehr zu fertigen.[511]

Diese Berichte aus den Anstalten bestätigen die Übertragung von Produktionswettbewerb in die entsprechenden Abteilungen im Gefängnis sowie die Einrichtung von Kollektiven in der Produktion. Jeder einzelne Gefangene sollte ein Interesse daran haben, die Norm zu erfüllen und dazu beizutragen, dass die Brigade Wettbewerbe gewinne. Berichte der Brigade als Ausdruck höchster Anerkennung im „Neues Deutschland" dienten als zusätzlicher Anreiz. Dies war

---

508 Finn (1981): S. 66 f.; Kern (1958): S. 97
509 Kern (1958): S. 100
510 Kern (1958): S. 101
511 Finn (1981): S. 68

aber nur möglich gewesen , wenn alle im Kollektiv an einem Strang zogen und ihre ganze Arbeitskraft diesem Ziel zur Verfügung stellten. Geschah dies nicht, führte dies unweigerlich zum Misserfolg und derjenige Gefangene hatte das ganze Kollektiv gegen sich. Es fand eine Erziehung in der Gruppe (im Kollektiv) statt, dass die Einzelinteressen hinter dem Interesse des Kollektivs zurückzustehen hatten.
Auf weniger disziplinierte Brigademitglieder und Bummelanten wurde vom Kollektiv selbst erzieherisch eingewirkt und die Achtung und Unterordnung unter die Kollektivinteressen eingefordert. Getrieben wurden die einzelnen Gefangenen allerdings zunächst von dem Bestreben, Strafnachlass nach einem festgelegten Modus gewährt zu bekommen. Dies konnte nur über eine große Arbeitsintensität als auch unmittelbarer Erhöhung der Arbeitsproduktivität und -disziplin erreicht werden.[512]
Eine tatsächliche Mitbestimmung im Produktionsablauf, wie dies § 25 I Nr. 5 oder § 34 I Nr. 7 vorschreiben, dass nämlich eine schöpferische Mitarbeit, insbesondere Teilnahme an den Produktionsberatungen und der Neuerertätigkeit der Gefangenen stattfinden solle, stand nach den Erfahrungen einiger ehemaliger Gefangener weitgehend nur auf dem Papier.[513]
Nach der Klassifizierung der Entwicklungsstufen Makarenkos wäre höchstens das „Dritte Stadium" erreicht worden, indem die Gefangenen im Kollektiv gemeinsam die Steigerung der Produktion anstrebten und der größte Teil an einer Anerkennung ihrer Dienste für die sozialistische Gesellschaft durch das Kollektiv interessiert waren. Sie stellten Forderungen zu Verbesserung der Situation des Kollektivs, indem sie selbst über ihre aktiven Mitglieder Wettbewerbe ausschrieben. Es hatte sich ein sogenanntes Aktiv herausgebildet, welches selbst Forderungen an das Kollektiv entsprechend dem Dritten Stadium in Makarenkos Einteilung stellte.
Dies deckt sich mit den obigen Häftlingsberichten, wonach höhere Produktivität durch höhere Arbeitsintensität oder kostenlose Sonderfertigungen erreicht werden sollten, die Einbeziehung Gefangener in die Beratungen aber nicht bestätigt wurde.

Für den Bereich außerhalb der Arbeit hatte schon ein Rechtspflegeerlass vom 4. April 1963 vielfältige und differenzierte Formen der politisch-kulturellen Einwirkung, insbesondere gemeinsame Veranstaltungen, sportliche und kulturelle Selbstbestätigung für den Strafvollzug empfohlen.

Die Hausordnung der Strafanstalt von Magdeburg-Sudenburg Mitte der 60er Jahre sah folgende Formen der kulturellen Erziehung vor:
- Arbeit in Kulturgruppen und Interessengemeinschaften;
- Durchführung von Kulturveranstaltungen durch die Strafgefangenen.

Hierbei handelte es sich jedoch um sogenannte Vergünstigungen.[514]

---

512 Kern (1958): S. 98
513 Finn (1981): S. 62
514 Finn (1981): S. 69 f.

Vergünstigungen mussten aber erworben werden, es bestand kein Recht darauf. Diese Einstellung des Strafvollzugs der DDR zum nichtproduktiven Teil des Häftlingsdaseins wurde auch beim Erlass des StVG vom 07. April 1977 deutlich, der allen Gefangenen mehr sportliche Betätigung zugestand, die entsprechenden Einrichtungen aber nicht vorhielt. [515]

3. Die Mitwirkungsrechte der jugendlichen Rechtsbrecher

Eine dem JGG vergleichbare Kodifikation hat der Gesetzgeber der DDR nicht geschaffen. Regelungen zur Situation der Jugendlichen im Strafvollzug waren in einer Reihe von Sondervorschriften bzw. Modifikationen des StGB, StPO, sowie der StVollzG enthalten.[516]

Der Vollzug der gegen Jugendliche verhängten Freiheitsstrafe erfolgte gesondert und zwar gemäß den §§ 11 und 18 StVG vom 7. April 1977 in sogenannten Jugendhäusern, für die teilweise erleichterte Vollzugsbedingungen galten.[517]

Die Hauptanstrengung wurde im Jugendstrafvollzug auf eine systematische Erziehung zur Arbeit gelegt, um die erzieherischen Potenzen der produktiven Arbeit planmäßig zu nutzen und solche Eigenschaften wie Fleiß, Ordnungssinn, Gewissenhaftigkeit und Stolz auf vollbrachte Leistungen zu entwickeln.[518]

Soweit die Jugendlichen also bereits in den Produktionsbereich integriert waren, gilt dasselbe wie im Erwachsenenvollzug, also eine Kollektivbildung durch Brigaden, Wettbewerb in der Produktion und erzieherische Einflussnahme durch das Kollektiv.

Insofern unterschied sich der Strafvollzug an Jugendlichen nicht sehr vom Erwachsenenvollzug. Nur wurde bei den Jugendlichen mehr Wert auf eine abgeschlossene Berufsausbildung und einer Erziehung mit dem Ziel einer sinnvollen Gestaltung ihrer Freizeit außerhalb des Unterrichts gelegt, damit sie nach der Entlassung aus eigenem Antrieb, im eigenen Interesse und im Interesse der Gesellschaft diese Zeit nutzen würden. Normiert war dies in § 39 StVG von 1977.[519]

Deshalb gab es bei den Jugendlichen neben der Arbeit und dem Unterricht Gruppenstunden und Interessengemeinschaften zur Organisation und Durchführung von gemeinsamen Veranstaltungen. In diesem Bereich außerhalb der Arbeit war die Erziehung in der Gemeinschaft und durch sie zum bestimmenden Faktor geworden.[520]

---

515 Finn (1981): S. 79

516 Böhm (1986): S. 122 f.f.

517 Roggemann (1978): S. 47, 413; Willamowski / Plitz (1979): S. 168 f.

518 Lekschas (1965): S. 341

519 Roggemann (1978): S. 426; Lekschas (1965): S. 341

520 Lekschas (1965): S. 342

Im Jugendstrafvollzug wurde sogar dazu übergegangen, die „Gruppe“ jugendlicher Gefangener zu schaffen. In einer Gruppe von etwa 20 Personen gab es sogenannte Gruppenaktive, die mit bestimmten Aufgaben, wie der Mitwirkung bei der Verbesserung der Ordnung und Disziplin, der Sauberkeit und Hygiene, bei der Verbesserung der beruflichen und schulischen Leistungen usw. betraut wurden.

Diese Form der Mitarbeit sollte nach der DDR-Doktrin zu der Entwicklung des kollektiven Denkens und Handelns beitragen. Durch die Übertragung bestimmter Aufgaben zunächst auf diese Aktivs zur Gestaltung des Lebens im Jugendhaus sollten Eigenschaften wie Verantwortungsgefühl, sich Einfügen in die Gemeinschaft usw. anerzogen werden.[521]

Damit wurde nach dem Modell Makarenkos bestätigt, dass dieses auch und gerade im Jugendstrafvollzug Eingang gefunden hatte. Die Übertragung von Verantwortung auf wenige Aktive mit der Aufgabe, Druck auf das Kollektiv zur Verbesserung zunächst des Lebens im Jugendhaus auszuüben entspricht dem zweiten Stadium der Einteilung Makarenkos. Sie sollten dazu beitragen, dass neben dem Kollektiv in der Produktion auch in dem Kollektiv „der Gruppe“ für den Freizeitbereich zunächst Disziplin einkehrte und darauf aufbauend die eigenen Qualifikationen schulischer und beruflicher Art gesteigert werden konnten.

Für schwererziehbare und straffällig gewordene Jugendliche gab es neben den Jugendhäusern Heime für ihre Umerziehung, sogenannte Jugendwerkhöfe. Hierbei handelte es sich um Erziehungseinrichtungen, deren pädagogische Konzeption ebenfalls in der Erziehung durch Arbeit im Kollektiv bestand.[522]

4. Resümee

Die Mitwirkungsmöglichkeiten im Strafvollzug der DDR waren in besonderer Weise von den Erkenntnissen Makarenkos geprägt. Im normativen Bereich war die Einflussnahme insbesondere durch die Vorschriften über die Einteilung der Gefangenen in Kollektive und der gesteigerten Mitbestimmung je nach Grad der Entwicklung im Kollektiv am auffälligsten.

Erstmals in einem System stand nicht die Entwicklung des einzelnen Gefangenen und seine Mitwirkungs- und Mitbestimmungsmöglichkeiten unmittelbar im Vordergrund, sondern das Kollektiv. Dieses trug zunächst die Verantwortung insgesamt, so dass die Einflussnahme auf den einzelnen Gefangenen mittelbar über das Kollektiv erfolgte.

Über ihre Aktivs erfuhr der Gefangene, wie er sich „richtig“ im Sinne der Gesellschaft zu verhalten hatte. Die Verantwortung für die Erziehung oblag dem Kollektiv und damit den anderen Gefangenen.

---

521 Lekschas (1965): S. 343
522 Lekschas (1965): S. 352

Makarenko sah in seinem Modell vier Entwicklungsstufen des Kollektivs vor, wobei die vierte Stufe als Übergangsstufe in die Gesellschaft außer Betracht bleibt (s. S. 121), so dass ein vorsichtiger Versuch eines Vergleichs des Stufenmodells der Weimarer Zeit in einzelnen Ländern des Deutschen Reichs erlaubt sein soll.

In dem ersten Stadium vergleichbar der Beobachtungsstufe im Stufenmodell erfolgte zunächst die Disziplinierung des Gefangenen und dessen Beobachtung.
Ab dem zweiten Stadium sollte sich ein Aktiv von Zöglingen herausbilden, welche bereits mit Rechten und Pflichten ausgestattet wurden. Diese sollten entsprechend den Forderungen der Erzieher positiv auf die Gruppe (das Kollektiv) einwirken. In dem Stufenvollzug erfolgte in der zweiten Stufe (der Behandlungsstufe) die Behandlung des Gefangenen, um ihn für den Weg zum weiteren Aufstieg in die dritte Stufe zu befähigen. Hierzu wurde ihm in steigendem Maße Verantwortung auferlegt, um sein Verantwortungsgefühl zu wecken und zu stärken. (s. S. 76 und S. 78)
In der zweiten Stufe bzw. dem zweiten Stadium erfolgte die erste Abspaltung von Gefangenen, die sich den Anforderungen ihrer Erzieher stellten und umzusetzen versuchten, von denjenigen, die die Verantwortung nicht übernahmen oder in ihrer Entwicklung nur langsamer voranschreiten konnten.

Der weitere Aufstieg in die nächst höhere Stufe setzte nach Makarenko voraus, dass sich bereits ein sogenanntes gesundes Passiv gebildet hatte, welches die Forderungen des Erziehers bereits angenommen hatte und in dem Bestreben, diese zu erfüllen von den Aktivs unterstützt und angeleitet wurde.
Im Rahmen der Möglichkeiten sollten Verhältnisse geschaffen werden, die eigenverantwortliches Handeln erforderten und sie bestätigen konnten, dass sie den gesteigerten Anforderungen gerecht werden.

Nicht alle Gefangenen waren willens oder in der Lage, entsprechend diesen Anforderungen mitzuwirken. Auf sie musste nach Makarenko von der Gruppe eingewirkt werden. Es finde sich nach seiner Meinung immer einer in der Gruppe, der die Verantwortung trage und den Konflikt zu lösen habe, so dass sogar selbstverantwortliches Handeln von der Gruppe verlangt wurde.

Das Ziel war letztendlich die erfolgreiche Wiedereingliederung in die Gesellschaft.

In die dritte Stufe im Stufenmodell der Weimarer Zeit sollte auch nur aufsteigen dürfen, wer nach seiner inneren Wandlung der im steigendem Maße auferlegten Verantwortung gerecht wurde.
Auch hier wurde von den Gefangenen verlangt, dass sie aktiv wurden, die Vorgaben der Erzieher annahmen und umsetzten, die Gestaltung ihres Geschickes also selbst mitbestimmten. Sie durften in der dritten Stufe Obmänner wählen, die vergleichbar den Aktivs im System von Makarenko kleinere Konflikte in der Gruppe selbst zu lösen hatten, also selbstverantwortliches Handeln in der Gruppe verlangt wurde. Obmann konnte auch nur werden, wer seine Befähigung zu

diesem Amt sowohl der Gruppe als auch der Anstaltsleitung gegenüber gezeigt hatte.
Entsprechend den Aktivs nahmen sie damit eine gewisse Vorbildfunktion ein, die den Rest der Gruppe anspornen sollte. Im Unterschied zum System von Makarenko musste jedoch nicht die ganze dritte Stufe darunter leiden, wenn ein Gefangener sich für die Mitwirkung als ungeeignet herausstellte, dieser konnte wieder abgestuft werden.
Makarenko selbst verlangte eine Konfliktlösung innerhalb des Kollektivs und ließ dieses insgesamt darunter leiden, konnte oder wollte ein Gefangener den Anforderungen nicht gerecht werden. Die Erziehung innerhalb der Gruppe dürfte nach diesem System wesentlich strenger ausgefallen sein.

Aber Parallelen in den Systemen auf dem Weg zur Wiedereingliederung in die Gesellschaft durch Übertragung von Verantwortung in steigendem Maße auf die Gefangenen sind unverkennbar.

Diese Übertragung von Verantwortung betraf im wesentlichen allerdings den Produktionsbereich, in welchem im sogenannten sozialistischen Wettbewerb eine Steigerung der Produktion erreicht werden sollte.
Im Freizeitbereich herrschte nach den Berichten der Gefangenen militärischer Drill vor zur Aufrechterhaltung der Disziplin und demzufolge eingeschränkt war auch die Übertragung von Verantwortung auf einzelne Gefangene als Vertrauensleute zur Aufrechterhaltung der Ordnung in den Zellen.

Eine Konstante des Strafvollzugswesens der DDR war die repressive Strenge besonders gegenüber Rückfalltätern, politischen Gefangenen und anderen „Feinden" der sozialistischen Gesellschaft. Diese waren von jeglichen Mitwirkungsrechten praktisch ausgeschlossen.[523]
Bei jugendlichen Gefangenen gab es für den Freizeitbereich noch die Einteilung in „Gruppen" mit den Mitwirkungsmöglichkeiten im Kollektiv, da die DDR-Führung auf deren Belehrbarkeit und Gewinnung für den Sozialismus baute.

Die Kollektiverziehung in der Produktionsbrigade mit den staatlich angeordneten Produktionswettbewerben dürfte damit zwar zur Erziehung einzelner Gefangener in der Brigade, die nicht intensiv genug arbeiten wollten, geführt haben. Der Anreiz der Vergünstigungen oder vorzeitigen Entlassung für gute Produktionsergebnisse dürfte dabei jedoch den Ausschlag gegeben haben. Allerdings ist das Motiv für das Handeln innerhalb der Brigade oder der „Gruppe jugendlicher Gefangener" nicht von entscheidender Bedeutung, da nach den aufgeführten Berichten einiger Gefangener die Erziehung in der Gruppe zur Erreichung eines gemeinsamen Zieles im Sinne eines sozialen Lernens für jeden Einzelnen und der Gruppe auf jeden Fall erfolgte.

---

523 Blau (1988): S. 18

Die Möglichkeit des einzelnen Gefangenen, auf die Kollektivpolitik Einfluss zu nehmen ergibt sich z.B. aus § 34 V StVG, wonach die ... „Mitwirkung zu der Gestaltung der arbeitsfreien Zeit“ ausdrücklich Erwähnung findet, sowie aus § 34 VII StVG, der sogar die „schöpferische Mitarbeit im Prozess der gesellschaftlich nützlichen Arbeit, insbesondere Teilnahme am Produktionswettbewerb, an Produktionsberatungen und an der Neuerertätigkeit“ ausdrücklich aufführt.

Allerdings wird dieses Recht des einzelnen Gefangenen gleich wieder eingeschränkt, weil § 34 V StVG ausdrücklich eine „aktive Einbeziehung in den Erziehungsprozess“ von dem einzelnen erwartet.

Aktiv mitwirken konnten jedoch nach dem Kollektivverständnis in der DDR nur die Gefangenen, die die Ziele des Kollektivs bereits angenommen hatten und unbedingt fördern wollten. Dies wird durch die Berichte aus einigen Haftanstalten bestätigt, in denen zur Erreichung von Zielen im Produktionswettbewerb einige Häftlinge zu einem zusätzlichen Arbeitseinsatz bereit waren, wobei andere für einen Bericht in der Zeitung „Neues Deutschland“ Arbeitsfreude und Elan entwickelten.

Diese Tätigkeit jedes einzelnen Gefangenen zur Verwirklichung der Ziele des Kollektivs und damit der Förderung der sozialistischen Gesellschaft stellte die einzige weil gewünschte Möglichkeit der Einflussnahme dar.

VII. Kapitel: Die Entwicklung der Gefangenenmitwirkung in der BRD bis zum Erlass des Strafvollzugsgesetzes

1. Die gesetzlichen Grundlagen

a) Die Phase der Konsolidierung

Diese verlief parallel zur gesellschaftlich-politischen Gesamtentwicklung bis zum Ende der 50er Jahre.[524]
Am 20.10.1945 wurde die Kontrollratsproklamation Nr. 3 und am 12.11.1945 die Kontrollratsdirektive Nr. 19[525] für den Strafvollzug im Nachkriegsdeutschland von dem alliierten Kontrollrat erlassen. Sie hatten die Grundsätze für die Verwaltung der deutschen Gefängnisse und Zuchthäuser zum Gegenstand. Als Bestandteil des Besatzungsrechts war sie zwar allgemein verbindlich, die Rechtsnatur eines förmlichen Gesetzes kam ihr jedoch nicht zu. Als Ziel hatte sie die Rehabilitierung und Umerziehung des Verurteilten in den Vordergrund gestellt.
Da in den verschiedenen Ländern besondere Strafvollzugsordnungen im Verwaltungswege ergangen waren, kam dieser Direktive nur eingeschränkte Bedeutung zu. Die einzelnen Länderverordnungen der drei westlichen Besatzungszonen stellten wieder den Erziehungsgedanken der Weimarer Zeit in den Vordergrund und knüpften damit an die humane Tradition des Strafvollzugs der damaligen Zeit an.[526]

Der Stufenstrafvollzug als die wesentliche Vollzugsart in den Ländern während der Weimarer Republik wurde grundsätzlich noch nicht erwähnt. Da die Mitwirkungs- und Mitbestimmungsrechte jedoch mit dem damals vorherrschenden Stufenstrafvollzug eng verknüpft waren, wurde zunächst auf diese Vollzugsform Bezug genommen.
Nur Württemberg-Baden nannte ihn in der Vollzugsordnung von 1947 in § 51 ausdrücklich und regelte ihn entsprechend der Verordnung von 1927.[527]
Bayern sprach nur von „Vergünstigungen“ ähnlich wie Bremen, erwähnte tatsächliche Mitwirkungsrechte jedoch nicht.[528]

Hessen sprach in der Vollzugsordnung von 23.05.1949 Ordnung für das Gefängniswesen in Hessen (OGH) in Nr. 102 vom „Ziel und Zweck des Strafvollzugs in Gruppen“.

> Er „soll die Erziehung zum gesetzmäßigen Leben dadurch fördern, daß dem Gefangenen Ziele gesetzt werden, die es ihm lohnend erscheinen lassen, seinen Willen anzu-

---

[524] Blau (1988): S. 19
[525] Krebs (1950 b): S. 17 (Text abgedruckt S. 30 ff)
[526] Blau (1988): S. 17; Krebs (1978a): S. 98
[527] Mittermaier (1954): S. 105
[528] Mittermaier (1954): S. 106

spannen und zu beherrschen. In stufenweise steigendem Maße wird dem Gefangenen Gelegenheit gegeben, sich zu bewähren." [529]

Der Wortlaut entspricht im wesentlichen § 130 der Rechtsgrundsätze für den Vollzug von Freiheitsstrafen vom 07.06.1923 wie er auch in § 2 der Dienst- und Vollzugsordnung vom 24.09.1929 Eingang gefunden hatte.
Es wird ausdrücklich vom „Strafvollzug in Stufen" gesprochen, der bereits ein Indiz für Mitwirkungsrechte darstellt, soweit an die Zeit der Weimarer Republik angeknüpft wird.
Es sollen Bewährungssituationen in stufenweise steigendem Maße gegeben werden, wodurch zumindest ein Hinweis auf Verantwortungsübertragung gegeben wird, da nur so eine Bewährungssituation geschaffen werden kann.

Berlin übernahm die preußische Dienst- und Vollzugsordnung vom 01.08.1923 mit nur kleinen Änderungen.[530]
Von Mitwirkungsrechten war in der preußischen Dienst- und Vollzugsordnung vom 01.08.1923 direkt nichts eingeräumt worden. [531]

Nordrhein-Westfalen, Niedersachsen, Schleswig-Holstein und Hamburg sowie Rheinland-Pfalz übernahmen einheitlich die Strafvollzugsordnung vom 20. Juli 1940, allerdings in überarbeiteter Form und von jeglichem nationalsozialistischem Gedankengut befreit.[532]

Allein in der Hessischen OGH mit dem Strafvollzug in Gruppen wurde ein Rahmen vorgegeben, der den jeweiligen Anstaltsleitern Möglichkeiten zur Ausgestaltung des Vollzugs und der Anwendung von Mitwirkungs- und Mitbestimmungsrechten gab.
Der Stufenstrafvollzug wurde nicht generell abgelehnt. Auch wenn er nur in der Verordnung von Württemberg-Baden ausdrücklich erwähnt wurde, so deutet dies nur darauf hin, dass die Ausgestaltung erheblich freier auf der Ebene der einzelnen Anstalten in den meisten Ländern gehandhabt werden sollte.[533]

Wesentlich war daher nicht mehr die streng formalistische Einhaltung von mehreren Stufen, sondern die Stufen sollten als Mittel verstanden werden, um das Erziehungsziel, die Wiedereingliederung der Gefangenen in die Gesellschaft, zu erreichen. Sie boten eine hervorragende Grundlage für die Anwendung der geeigneten Erziehungsmittel, der Einräumung von Mitwirkungs- und Mitbestimmungsrechten, wie sich bereits in der Weimarer Republik gezeigt hatte.

---

529 Mittermaier (1954): S. 106

530 Koch (1972): S. 79; Depenbrock (1960): S. 21

531 Gentz (1925): S. 130

532 Koch (1972): S. 79; siehe auch („Synoptische Gegenüberstellung der in den Ländern der Bundesrepublik und in Westberlin geltenden Vollzugsvorschriften" (1955) hrsg. Bundesministerium der Justiz)

533 Mittermaier (1954): S. 106.

Auf dem Gebiet des Strafvollzugsrechts steht dem Bund grundsätzlich das Recht der konkurrierenden Gesetzgebung zu (Art. 74 I Abs.1 GG).
Da der Bund in diesem Bereich noch nicht tätig geworden war - es gab nur eine JugendarrestvollzugsO, im übrigen ist von der Ermächtigung des § 115 JGG nicht Gebrauch gemacht worden - durften die Länder entsprechend für den Strafvollzug tätig werden (weitere Ausführungen zum Jugendstrafvollzug siehe S. 147).

Die Länder ihrerseits hatten alle den Strafvollzugsbereich der Justizverwaltung zugeordnet, die ihrerseits Dienst- und Vollzugsordnungen als Verwaltungsanordnungen erlassen hatte.[534]

Am 01.07.1962 löste die von Justizministern und Senatoren der Länder aufgestellte bundeseinheitliche Dienst- und Vollzugsordnung vom 1.12.1961 die bisherigen Landesvorschriften ab. Sie galt bis Ende 1976 und wurde mehrfach modernisiert[535]. Zur damaligen Zeit gingen die Justizminister und Senatoren noch von der Rechtmäßigkeit der Lehre vom besonderen Gewaltverhältnis aus, wonach im Strafvollzugswesen alle Rechtseinschränkungen, die zur Erfüllung der Zwecke des Strafvollzugs erforderlich waren, ohne weitere Legitimationsnotwendigkeit gedeckt waren.[536]
Auch die DVollzO war eine Ordnung der jeweiligen Landesjustizverwaltung, die allerdings gleichlautend erlassen wurde.
Dazu traten Einzelregelungen, die nur in dem jeweiligen Land galten.

In Nr. 57 DVollzO war das Vollzugsziel genannt. Der Vollzug sollte den Willen und die Fähigkeit des Gefangenen wecken und stärken, künftig ein gesetzmäßiges und geordnetes Leben zu führen. Vor diesem Ziel der Wiedereingliederung des Gefangenen in die Gemeinschaft rangierten das Schutzinteresse der Allgemeinheit und die bei dem Gefangenen zu bewirkende Einsicht, dass er für das begangene Unrecht einzustehen habe.[537]

Angestrebt wurde, die Gefangenen in Gruppen mit fortschreitend freierem Vollzug einzuteilen. Kriterien für diese Art von Gruppenbildung waren die Strafzeit, das in der Anstalt gewonnene Persönlichkeitsbild und das Verhalten der Gefangenen (Nr. 60 I DVollzO).[538] Damit eröffnete die DVollzO wieder die Möglichkeiten der Vollzugslockerung, die dem Progressivsystem der Weimarer Republik ähnelten.

Damals sollte nach § 130 der Reichsgrundsätze vom 07.06.1923 bereits die sittliche Hebung der Gefangenen gefördert werden. Der Vollzug je nach Fort-

534 Deutscher Bundestag, Drucksache 7/918 (23.07.1973): S. 43; Tiedemann (1967): S. 90
535 Tiedemann (1967): S. 90; Blau (1988): S. 20; Dienst- und Vollzugsordnung (abgedruckt in: Strafvollstreckung, Strafvollzug, Strafregister, Gnadenwesen, 5. Auflage, München S. 217 ff)
536 Blau (1988): S. 20; Calliess (1981): S 47 f.
537 Blau (1988): S. 20; Grunau (1972): S. 64
538 Koch (1972): S. 80 f.; Grunau (1972): S. 70

schreiten der inneren Wandlung des Gefangenen sollte zu Vergünstigungen führen, die nach Art und Grad allmählich gesteigert wurden.

Hier sollte der Wechsel von einer Gruppe in eine andere mit fortschreitend freierem Vollzug, also Vergünstigungen, von dem Verhalten des Gefangenen und dem Persönlichkeitsbild, welches in der Anstalt von ihm gewonnen wurde, abhängen.

Dies entspricht dem Eindruck, den die Anstaltsleitung in der Weimarer Republik tatsächlich als Nachweis für die „innere Wandlung" gewinnen konnte, da damals wie heute nur das äußere Persönlichkeitsbild und das Verhalten des Gefangenen einen Rückschluss auf die „innere Wandlung" geben können.

Im Unterschied zum Stufensystem, wie es sich in der Weimarer Republik entwickelt hatte, hing der Wechsel eines Gefangenen von einer Gruppe in eine andere mit freierem Vollzug ausschließlich von der Entscheidung des Anstaltsleiters ab. Dieser war bei seiner Ermessensausübung lediglich an die entsprechenden Vorschriften gebunden.

In der Weimarer Republik gab es, wie das Beispiel aus Thüringen zeigt, bereits eine Bestimmung, wonach der Vorsteher vor der Versetzung eines Gefangenen in die dritte Stufe den jeweiligen Obmann anhören konnte (s. S. 77).

Die Differenzierung zwischen den einzelnen Gruppen mit dem mehr oder weniger ausgestalteten freierem Vollzug dürfte als Ziel verbindlich gewesen sein, die Frage der Ausgestaltung dieser einzelnen Gruppen mit Vergünstigungen wurde jedoch sehr offen formuliert.
Die Dienst- und Vollzugsordnung sah nach der noch bis Ende der 60er Jahre gültigen Fassung nur ein Vergünstigungssystem vor, aber keine Mitwirkungsrechte für die Gefangenen.[539]

Dies bedeutet jedoch nicht, dass es nicht tatsächlich in den Strafanstalten Mitwirkungsrechte für Gefangene gab, da sie nicht ausdrücklich verboten waren.

b) Die Reformperiode in den sechziger und siebziger Jahren

Allgemein werden für die Reformperiode in der Bundesrepublik Deutschland als Datum die 60er Jahre bezeichnet. Für den Vollzug trifft dies jedoch nicht zu, da bereits mit der Währungsreform auch die Reform des Strafvollzugs angestrebt wurde (z. B. in Hessen). Parallel mit dem allgemein gestiegenen Lebensstandard wurde von der Bevölkerung auch eine Verbesserung der Lage der Gefangenen eher akzeptiert. [540]
Zudem setzte sich Ende der 60er Jahre in der Strafvollzugswissenschaft und dann auch in der Rechtsprechung die Meinung durch, dass auch die Grundrechte von Gefangenen nur durch ein Gesetz oder auf Grund eines Gesetzes einge-

---

[539] Kerner (1982): S. 323
[540] Eberle (1980): S. 64

schränkt werden durften und dass eine Grundrechtsbeschränkung nur in Betracht käme, wenn sie zur Erreichung eines von der Wertordnung des Grundgesetzes gewährten gemeinschaftsbezogenen Zweckes unerlässlich sei.
Der Streit um das besondere Gewaltverhältnis tobte bereits seit Beginn des 20. Jahrhunderts. Die Rede Freudenthals über „Die staatsrechtliche Stellung des Gefangenen" in den zwanziger Jahren des vorigen Jahrhunderts wird meist als Ausgangspunkt angesehen. [541]

Aber diese Problematik dürfte von Kirchmann bereits noch früher angesprochen worden sein.
Die Entscheidung des Bundesverfassungsgerichts vom 14.03.1973 (BVerfGE 33,1) entzog dem besonderen Gewaltverhältnis seine Berechtigung.[542]
Das Bundesverfassungsgericht hat später seine rechtsstaatliche Überlegungen durch sozialstaatliche ergänzt und dem Gebot der Wiedereingliederung des Gefangenen in die Rechtsgemeinschaft Verfassungsrang zuerkannt (Im sogenannten Lebach-Fall, BVerfGE 35, 203 f.[543] und konkretisiert BVerfGE 40, 276).
Damit wurde die Notwendigkeit zum Erlass eines Gesetzes deutlich und eröffnete die Möglichkeit, Mitwirkungsrechte für Gefangene einzuarbeiten.

Die Vorarbeiten zu einem Strafvollzugsgesetz waren zunächst im Zusammenhang mit der als dringlicher angesehenen Strafrechtsreform zurückgestellt und nach deren Verwirklichung (1959-1965) wieder aufgenommen worden.[544]
Zwar enthielten die ersten Vorschläge zur Reform des StGB auch Bestimmungen über den Strafvollzug, so die 1966 von einer Kommission des Rates der Evangelischen Kirche in Deutschland (EKD) vorgelegte Novelle des StGB mit Regeln über die Aufgaben des Vollzugs von Freiheitsstrafen[545] oder der ebenfalls 1966 von 14 Strafrechtslehrern vorgelegte Alternativ-Entwurf zum Allgemeinen Teil des StGB mit konkreten Bestimmungen für die Ausgestaltung des Vollzugs (§§ 36 – 39). Das zweite Gesetz zur Reform des Strafrechts vom 4. Juli 1969 erwähnt den Strafvollzug aber nicht mehr.[546]

Die entscheidende Förderung erfolgte durch die Einberufung einer aus Praktikern und Wissenschaftlern zusammengesetzten Strafvollzugskommission durch das Bundesjustizministerium. Die Leitung der Kommission wurde auf Sieverts übertragen. Am 5. Oktober 1967 fand die konstituierende Sitzung im Bundesjustizministerium in Bonn statt.[547]

---

541 Blau (1988): S. 20, 15
542 Calliess (1981): S. 48
543 Blau (1988): S. 20
544 Blau (1988): S. 21; Deutscher Bundestag Drucksache 7/918 (23.07.1973) Abteilung wissenschaftliche Dokumentation Parlamentsarchiv: S. 40
545 abgedruckt in: ZfStrVO Bd. 15, 1966: S. 259 - 266
546 Blau (1988): S. 24; Deutscher Bundestag Drucksache 7/918 a.a.O.: S. 40
547 Zum Stand der Strafvollzugsreform, ZfStrVO (1968): S. 53

Diese legte nach 13 Arbeitstagungen (1968 - 1971) den Kommissionsentwurf eines Strafvollzugsgesetzes vor.[548]

aa) Der Kommissionsentwurf

Ein 1. Arbeitsentwurf eines StrVollzG vom 01. Oktober 1970 enthielt als § 155 II folgende Regelung:

Den Gefangenen und Untergebrachten soll ermöglicht werden, an der Verantwortung für Angelegenheiten teilzunehmen, die im gemeinsamen Interesse liegen und die sich ihrer Eigenart und der Aufgabe der Anstalt nach für eine Mitwirkung der Gefangenen eignen.[549]

Diesem 1. Arbeitsentwurf waren mehrere Sitzungen der Kommission mit ausgearbeiteten und diskutierten Referaten vorausgegangen.
So war auf der dritten Arbeitstagung, die in der Zeit vom 8. bis 11. April 1968 in Tübingen stattfand, ein Referat von Helga Einsele zum Thema: „Die Behandlung im Strafvollzug" gehalten worden.[550]
Nach der eingehenden Diskussion im Anschluss beschloss die Kommission unter anderen, dass in allen Vollzugsformen die Gefangenen in möglichst kleinen Behandlungsgruppen zusammengefasst werden sollten. Ab einem gewissen Zeitpunkt sollten sie an Gemeinschaftsaufgaben beteiligt werden, die Mitverwaltung sollte also zu den Aufgaben der Gefangenenbehandlung gehören. Diese ließ sich natürlich zunächst in und für kleine Gruppen von Gefangenen am besten verwirklichen.[551]
Für bestimmte Bereiche ließ sich diese Anforderung leichter umsetzen als in anderen. So war für den Freizeitbereich beschlossen worden, dass die Mitgestaltung und aktive Beteiligung anzustreben sei und als besondere Aktivierung seien Gesprächsgruppen zu bilden unter Einbeziehung von Anstaltsbediensteten als Gruppenleiter.[552]
Die progressive Gestaltung des Strafvollzugs befürwortete die Kommission, in der die aufgelockerte Form des Vollzugs je nach Charakter der Anstalt freiere Entfaltungsmöglichkeiten verbunden mit weitergehenden Rechten ermöglichte, aber auch größere Pflichten und Verantwortlichkeiten auf die Gefangenen zukommen sollten.[553]

Die Kommission ging also von der Progression im Strafvollzug aus, was die Bildung von Gruppen sowie die steigende Übertragung von Mitverantwortung begünstigen würde.

---

548 Blau (1988): S. 25; Deutscher Bundestag Drucksache 7/918 a.a.O.: S. 40
549 Bundesministerium der Justiz (1971): S. 73; Arbeitsentwurf eines StrVollzG : S. 16
550 „Zum Stand der Strafvollzugsreform III" abgedruckt in: ZfStrVO (1968): S. 239
551 „Zum Stand der Strafvollzugsreform III" abgedruckt in: ZfStrVO (1968): S. 242
552 „Zum Stand der Strafvollzugsreform III" abgedruckt in: ZfStrVO (1968): S. 104 ff.
553 „Zum Stand der Strafvollzugsreform III" abgedruckt in: ZfStrVo (1969): S. 363

Für den Freizeitbereich war konkret der Vorschlag der Bildung von Gesprächsgruppen nur mit einem Gruppenleiter, der Anstaltsbediensteter sein sollte, unterbreitet worden.[554]

Weitere Bereiche sollten je nach Charakter der Anstalt für Mitbestimmung geöffnet werden. Gemeint war bestimmt je nach baulichen Möglichkeiten einerseits als auch Zusammensetzung der vorhandenen Gefangenen andererseits, ob und welche Bereiche zur Übertragung von Verantwortung zugänglich gemacht werden sollten. Zumindest wurde durch die Bemerkung, dass „freiere Entfaltungsmöglichkeiten eingerichtet werden könnten", den Anstalten ein weitreichender Gestaltungsrahmen im progressiven Strafvollzug als Vollzugsart eröffnet mit den verschiedensten Möglichkeiten der Gefangenenbeteiligung.

Bestätigt wird dies von den Ausführungen Edgar Selges in seinem Referat, welches er auf der siebten Arbeitstagung gehalten hatte und seinen Ausführungen u. a. zur „Progression im Strafvollzug". Die Frage der Mitverantwortung und des Mitspracherechts des Gefangenen in Vollzugsfragen ist im Rahmen der Erörterung über Möglichkeiten der Progressionsformen besonders angesprochen worden.

So sollte das Mitspracherecht dort beginnen, wo allgemeine Vollzugsfragen, die das Leben des Gefangenen in der Anstalt allgemein bestimmen, erörtert oder entschieden werden.

Gedacht wurde dabei an Bereiche wie die Gestaltung des Rundfunkprogramms für die Anstalt, von Gruppenabenden in den Freizeitgruppen, Sportveranstaltungen oder bei der Herausgabe einer eigenen Zeitung.

> „Damit sei die Möglichkeit, die Gefangenen in geeigneter Weise an der Vollzugsgestaltung zu beteiligen, sicher nicht erschöpft", schreibt Selge und bestätigt damit das Diskussionsergebnis der Kommission, daß „freie Entfaltungsmöglichkeiten eingerichtet werden sollten verbunden mit weitergehenden Rechten und Pflichten, aber auch mehr Verantwortung."[555]

Diese Überlegungen der Kommission knüpfen teilweise an Erfahrungen und Vorschriften der Weimarer Republik an.

Zwar gibt es keine Obmannwahl, wie es nicht nur Thüringen und Hamburg, sondern auch Preußen für den Freizeitbereich vorgesehen hatte. Aber der Freizeitbereich sollte gleichfalls den Mitwirkungsrechten der Gefangenen eröffnet werden. Sie sollten weitgehend selbständig die Gestaltung des Programms z.B. im Rundfunk, Gruppenabend und Zeitung vornehmen können. Damit sollten allerdings noch nicht alle Beteiligungsmöglichkeiten ausgeschöpft sein, also im Vollzugsalltag Raum für weitere Ausgestaltungsmöglichkeiten verbleiben. Die Annäherung an die Erfahrungen während der Weimarer Republik mit der Selbstverwaltung in Hamburg und Thüringen sollte damit nicht abgeschnitten werden, sondern wurde auf die Länder- bzw. Anstaltsebene verlagert.

---

554 „Zum Stand der Strafvollzugsreform IV", abgedruckt in: ZfStrVO (1969): S. 105 f.

555 Selge (1971): S. 97 f.

Im Februar 1971 wurde der Kommissionsentwurf eines Strafvollzugsgesetzes der Bundesregierung vorgelegt, der auf der Grundlage der Arbeiten der Kommission entstanden war.[556]

bb) Der Regierungsentwurf von 1972

Der Kommissionsentwurf bildete im wesentlichen die Grundlage für den Regierungsentwurf.[557] Dieser behandelte die Gefangenenmitverantwortung in § 147. Diese Ausgestaltung der Vorschrift hätte den Anstalten die Befugnis eingeräumt, auch die Gefangenen an Anstaltsangelegenheiten zu beteiligen. Welcher Art diese Mitverantwortung sei, sollte von der jeweiligen Anstalt und der Zusammensetzung der Gefangenen abhängen.[558]
Es sollte nicht die Aufgabe des Gesetzgebers sein, die Methoden der Behandlung vorzuschreiben. Deshalb sollte der Entwurf nur einen Rahmen vorgeben und es der Wissenschaft und Vollzugspraxis überlassen, die überkommenen Methoden zu überprüfen und neue zu erproben.[559]

Bestärkt wird diese zum Ausdruck gebrachte Auffassung durch die Tatsache, dass der Regierungsentwurf im Gegensatz zum Kommissionsentwurf auf die ausschließliche Alleinverantwortung des Anstaltsleiters verzichtete. Die Möglichkeit, auf Landesebene entsprechende Vorschriften zu erlassen, sollte zwar nicht versperrt werden.
Gewünscht wurde vom Gesetzgeber aber, die Möglichkeit der Anstaltsleitung zur Erprobung anderer Systeme zu nutzen. So könnten teilweise Aufgaben auch auf Gremien übertragen werden, die neue Formen der gemeinsamen Verantwortung eröffnen.[560]
Dadurch kommt deutlich zum Ausdruck, dass die Teilhabe an Verantwortung bis zur Anstaltsleitung in der Diskussion stehen sollte, so dass erst recht in tieferen Ebenen und Bereichen, die auch Gefangenen erreichen konnten, Mitverantwortung gefragt war.

Anfang des Jahres 1973 wurde der Regierungsentwurf dem Bundesrat zugeleitet. Der Bundesrat nahm im Februar 1973 Stellung.[561]

Der § 147 über die Gefangenenmitverantwortung lautete danach wie folgt:

> „Den Gefangenen und Untergebrachten soll es ermöglicht werden, an der Regelung von Angelegenheiten mitzuwirken, die ihre gemeinsamen Interessen berühren und die sich ihrer Eigenart und der Aufgabe der Anstalt nach für ihre Mitwirkung eignen."[562]

---

556 Jung (1974): S. 50
557 Deutscher Bundestag Drucksache 7/918: S. 40 a.a.O
558 Deutscher Bundestag Drucksache 7/918: S. 45, 97 a.a. O
559 Deutscher Bundestag Drucksache 7/918: S. 41 a.a.O.
560 Deutscher Bundestag Drucksache 7/918: S. 97 a.a.O.
561 Jung (1974): S. 50
562 Deutscher Bundestag Drucksache 7/918: S. 126 a.a.O

Bei der 51. Sitzung des Sonderausschusses des Deutschen Bundestages für die Strafrechtsreform teilte Beudel (BMJ) mit, dass § 147 des Regierungsentwurfs die Anstalten verpflichte, dem Gefangenen eine Mitverantwortung einzuräumen, es ihnen aber überlassen wolle, geeignete Formen und Bereiche für diese Mitverantwortung zu finden.
Die bisherigen Erfahrungen aus der Praxis würden nicht ausreichen, ein vorbildliches Modell vorzuschlagen. Außerdem hinge dies von der Größe, der Art und den Aufgaben sowie von den besonderen Schwierigkeiten einer jeden Anstalt ab.
Demnach sollte die „Mitwirkung" im Regierungsentwurf schon den Anstalten die Möglichkeit eröffnen, die Gefangenen an bestimmten Entscheidungen zu beteiligen, auch wenn es nur beratend wäre. Damit würden sie Mitverantwortung tragen.[563]
Im schriftlichen Bericht wurde auf Veranlassung des Abgeordneten Brandt (Grolsheim) festgehalten, dass „die Gruppe für eine Gefangenenmitverantwortung zwingend vorausgesetzt werde". Dadurch sollten die Länder und Anstalten angehalten werden, dass das Gesetz eine einzurichtende Gefangenengruppe voraussetzt, damit Mitverantwortung überhaupt ausgeübt werden könne. Ob dies in der Form einer Wohngruppe nach dem Alternativ-Entwurf, oder einem abtrennbaren Flur, oder in einigen abtrennbaren Zellen erfolgt, sollte von den Anstalten abhängen.
Diese Neufassung des § 147 spricht nur von „Mitwirkung", während der Regierungsentwurf von der „Teilnahme an der Verantwortung" spricht. Teilnahme an der Verantwortung ist das Tragen von Mitverantwortung, während „die Mitwirkung" nur das tatsächliche Handeln in dem vorgegebenen Bereich beschreibt, also eigentlich wörtlich genommen enger ausfällt.

Der Vorsitzende des Sonderausschusses Müller-Emmert stellt als Meinung des Ausschusses fest, dass beide Formulierungen dasselbe zum Ausdruck brächten, dass nämlich

> „noch andere beteiligt seien, so daß nur ein Teil der Verantwortung von dem Gefangenen getragen werde."[564]

Danach sollten die Gefangenen an der Verantwortung für bestimmte Angelegenheiten auf jeden Fall auch nach Auffassung des Bundesrats „beteiligt" werden, also Mitverantwortung tragen, so dass die „Mitwirkung" in § 147 weit zu fassen ist.

Die Unterscheidung läge nach Müller-Emmert im Bereich der Interessen. Während der Regierungsentwurf von Angelegenheiten von „gemeinsamen Interesse" spreche, redet der Bundesrat von Angelegenheiten, die die gemeinsamen

---

[563] Deutscher Bundestag 7. Wahlperiode, Stenographischer Dienst 51. Sitzung des Sonderausschusses für die Strafrechtsreform, Bonn 09.04.1975: S. 2032

[564] Deutscher Bundestag 7. Wahlperiode, Stenographischer Dienst, 51. Sitzung a.a.O: S. 2035

Interessen der Gefangenen „berührten“. In der Bundesratsfassung liege eine gewisse Einschränkung des Interessenkreises.
Nach den Ausführungen des Abgeordneten Spranger wolle der Bundesrat damit sicherstellen, dass die Mitwirkung sich tatsächlich nur auf „eigene Interessen“ der Gefangenen beschränke. Er ist jedoch der Auffassung, dass die „Mitwirkung“ im Bundesratsentwurf weiter greife als die bloße „Teilnahme“ im Regierungsentwurf.[565]
Demgegenüber erläutert Corves (BMJ) den Gegenvorschlag des Bundesrates anders, dass nämlich nach der Vorstellung der Länder die Mitwirkung an der Regelung weniger als die Teilnahme an der Verantwortung sei. Teilnahme würde bedeuten, dass ein Teil der Entscheidungsgewalt übertragen werde, während die Mitwirkung auch in bloßer Anhörung bestehen könne.
Der Regierungsentwurf weise daher eine stärkeren Akzent in Richtung einer eigenverantwortlichen Teilnahme am Vollzugsgeschehen auf, während der Bundesratsentwurf eine minder starke Teilnahme an der Verantwortung beabsichtige.
Die Erläuterungen von Corves bestätigen die eigene Auffassung, dass „Teilnahme“ die Beteiligung an der Verantwortung, also Mitverantwortung tragen bedeutet und damit grundsätzlich weiter greift als die bloße „Mitwirkung“. Die Mitwirkung selbst als tatsächliches Handeln setzt nur ein Tätigwerden in einem bestimmten Rahmen voraus, wobei dieser Rahmen auch sehr weit gefasst sein kann.

Eine Entscheidung zwischen diesen verschiedenen Interpretationen erübrigt sich jedoch, da die Länder bzw. ihre Strafvollzugsanstalten die Umsetzung vornehmen sollten und damit die „Mitwirkung“ auch sehr weit auslegen könnten, wann ein mitverantwortliches Handeln vorliegt. Dies wird gestützt durch die Anmerkung im schriftlichen Bericht, dass der Ausschuss in § 147 eine Experimentiervorschrift für die Zukunft sehe.[566]
Bei der 60. Sitzung des Sonderausschusses für die Strafrechtsreform am 13. Juni 1975 stand der Entwurf des StrVollzG auf der Tagesordnung.[567] Danach wurde mit Ausschussmehrheit die Urschrift des § 147 unverändert aus dem Regierungsentwurf übernommen. Damit wurde auch der Antrag des Bundesrates abgelehnt, wonach die Mitwirkung nur auf „gemeinsame Interessen der Gefangenen“ beschränkt werden sollte.

Die Ausschussmehrheit war der Auffassung, dass die Gefangenen auch über ihren eigenen Bereich hinausgehend in das Vollzugsgeschehen verantwortlich

565 Deutscher Bundestag 7. Wahlperiode, Stenographischer Dienst, 51. Sitzung a.a.O: S. 2035

566 Deutscher Bundestag 7. Wahlperiode, Stenographischer Dienst, 51. Sitzung a.a.O: S. 2036

567 Deutscher Bundestag 7. Wahlperiode, Stenographischer Dienst, 60. Sitzung, Bonn (13.06.1975): S. 2219

eingebunden werden können sollten. Der verantwortlichen Mitwirkung sollten keine zu enge Grenzen gesetzt werden. [568]

cc) Der Alternativentwurf von 1973

Dieser wurde im Sommer 1973 von einem Arbeitskreis deutscher und schweizerischer Strafrechtslehrer vorgelegt.[569]
Schwerpunkt dieses Entwurfes ist die Konzeption einer „problemlösenden Gemeinschaft“. Deren Umsetzung wurde in Organisationsnormen mit klaren Handlungsanweisungen geregelt.[570]
Angefangen werden sollte mit einem konsequent durchstrukturierten Behandlungsvollzug. Die Wohn- und Behandlungsgruppe spielte dabei eine zentrale Rolle.

Die Anstalt sollte in vier räumlich getrennte Abteilungen mit nicht mehr als fünfzig Plätzen aufgeteilt werden. Die einzelnen Abteilungen selbst waren in räumlich getrennte Wohngruppen mit nicht mehr als fünfzehn Plätzen zu gliedern (§ 9 des Entwurfs).[571]

Jede Wohngruppe sollte nach § 19 I die Angelegenheiten, die sich auf die Gruppe beschränkten, selbständig mit den zuständigen Gruppenbeamten und Sozialarbeitern regeln dürfen, soweit keine andere Entscheidungsinstanz vorgeschrieben sei.
Die Wohngruppe als zentrale Behandlungseinheit sollte von vier ausgebildeten Gruppenbeamten betreut werden unterstützt von drei Sozialarbeitern, einem Diplompsychologen und einem Diplompädagogen auf Abteilungsebene.

Auch sollte nach § 19 II jede Wohngruppe einen Gruppenrat einsetzen, regelmäßige Zusammenkünfte abhalten und Ausschüsse bilden dürfen, oder andere Formen der Zusammenarbeit entwickeln.[572]

Als nächsthöhere Instanz sollte ein Abteilungsrat fungieren, der nach § 20 aus je einem für 6 Monate gewählten Mitglied einer Wohngruppe (einem Gefangenen), den Gruppenbeamten und den Fachkräften der Abteilung bestehen sollte.
Dieser hatte in Abteilungsangelegenheiten zu entscheiden und hatte bei Meinungsverschiedenheiten innerhalb der Wohngruppe oder zwischen ihnen zu vermitteln (§§ 19, 21). [573]
Die vier Vertreter der 4 Gefangenenwohngruppen sähen sich 13 Vertretern der Anstalt gegenüber, wären also in der Minderheit.

---

568 Deutscher Bundestag Drucksache 7/3998 a.a.O: S. 46
569 Jung (1974): S. 50
570 Jung (1974): S. 52
571 Alternativ-Entwurf eines Strafvollzugsgesetzes (1973): S. 13; Jung (1974): S. 52
572 Alternativ-Entwurf eines Strafvollzugsgesetzes (1973): S. 15 f.; Jung (1974): S. 53
573 Alternativ-Entwurf eines Strafvollzugsgesetzes (1973): S. 15 f.; Jung (1974): S. 53

Auf der Anstaltsebene würde ein Anstaltsrat fungieren, dem neben je einem Gefangenen aus den vier Abteilungen vier Angehörige des Personals, drei weitere Angehörige der Anstalt und die Anstaltsleitung selbst angehören sollten.[574]

Die Anzahl und die Qualifikation des Anstaltspersonals zeigen bereits, dass der Schwerpunkt der Behandlung der Gefangenen klar im therapeutischen Bereich gewesen wäre. Der erste Eindruck, dass in der Wohngruppe mit der Einsetzung eines Gruppenrates gemäß § 19 die Wohngruppe ihre Angelegenheiten selbständig hätte regeln können, als hätten sie eine Selbstverwaltung, täuscht. Durch das Behandlungsteam, eingesetzt von der Anstaltsleitung, wird bereits auf die Wohngruppe und jeden einzelnen Gefangenen Einfluss genommen.

Bei Meinungsverschiedenheiten, schreibt § 19 III vor, sollte der Abteilungsrat vermittelnd eingreifen. Hier sind die Vertreter der Wohngruppen in der Minderheit, können also lediglich geringen Einfluss auf die Entscheidungen nehmen.

Im Umkehrschluss würde es für die Wohngruppe bedeuten, dass nur übereinstimmende Entscheidungen, also im Einvernehmen mit dem Behandlungsteam getroffen werden konnten.
Dies wird durch § 19 I bestätigt, wonach die Wohngruppe nur zusammen mit den zuständigen Gruppenbeamten und einem Sozialarbeiter ihre Angelegenheiten regeln durfte.
Die Gefangenen waren demnach fest in die Anstaltsverwaltungsorgane eingebunden und durften im Sinne einer Selbstverwaltung ihre Angelegenheiten nicht selbständig regeln.
Es kann demnach lediglich von einer Mitsprache, allenfalls Mitverantwortung in den Gremien gesprochen werden, soweit sie an Entscheidungen zumindest beratend mitwirken durften. Das bestätigt auch Kerner, der ausführt: „Die Mitverantwortung ist als Bestandteil der Anstaltsorganisation konzipiert worden“.[575]

Die im § 4 angesprochene Beteiligung des Insassen an der Planung des Vollzugs bezieht sich auf die therapeutische Behandlung zur eigenen Entwicklung und der gegenseitigen Hilfe zur Erreichung des Resozialisierungsziels.[576]
Diese Beteiligung des individuellen Insassen an der Planung des ihn selbst betreffenden Vollzugs sollte durch das oben geschilderte differenzierte Rätesystem kollektiver Mitgestaltung des Vollzugs durch die Insassengesamtheit (Wohngruppe mit Ausschüssen, Gruppen-, Abteilungs- und Anstaltsrat) ergänzt werden.[577]

---

574 Jung (1974): S. 53
575 Kerner (1982): S. 328
576 Alternativ-Entwurf eines Strafvollzugsgesetzes (1973): S. 32
577 Kerner (1982): S. 327

Dieses Rätesystem umfasste das Aufbaugefüge der Anstalt von Anfang an, also der Wohngruppe, Abteilung und Anstalt.[578]

Durch die freiwillige Mitarbeit im Rätesystem sollte gleichzeitig eine Voraussetzung der therapeutischen und pädagogischen Einwirkung auf den einzelnen Gefangenen erfolgen.[579]

Dieser Entwurf enthält einerseits eine Mitverantwortung, soweit es um die Vollzugsplanung in den Räten ging, andererseits Selbstverwaltungsbereiche in der Wohngruppe und bei der Freizeitgestaltung solange keine Meinungsverschiedenheiten eintraten.

Zur Freizeitgestaltung ist auszuführen, dass der Alternativentwurf zwei Sorten von Freizeit kennt, nämlich die „arbeitsfreie" von der Anstalt zu gestaltende Freizeit (Fortbildung, Therapie) und eine Freizeit im engeren Sinne. Letztgenannte sollte nach § 98 den Insassen die Gelegenheit geben, ihre Freizeit individuell oder in Gruppen in eigener Initiative zu gestalten.[580]

Wie oben allerdings bereits ausgeführt wurde, wäre diese Selbstverwaltung begrenzt gewesen, sobald Meinungsverschiedenheiten auftraten. Zuständig wäre dafür der Abteilungsrat als nächsthöhere Instanz gewesen mit einer Mehrheit der Anstaltsbeamten.
Diese bis in das kleinste Detail vorgegebenen Handlungsanweisungen dürften Insassen wie Beamte bei der Umsetzung überfordern und statt gewünschter Stärkung von Vertrauen und Selbstverantwortung zu Verunsicherung und Frustration geführt haben.
Die vielfach auf Anstaltsebene in der Vergangenheit erfolgten Entwicklungsmöglichkeiten würden bei diesem System behindert werden.

Dieser Alternativentwurf fand bei den Beratungen im Bundesrat und im Sonderausschuss für die Strafrechtsreform kein Gehör.
Zum einen widersprach diese bis in kleinste genau vorgeschriebene Behandlungsmethode mit dem Rätesystem der Auffassung des Bundesrats und der Ausschussmitglieder, dass den Ländern und Anstalten die Wahlfreiheit der individuellen Behandlungssysteme bleiben sollte. Ein für alle Anstalten geeignetes Modell gäbe es nach ihrer Auffassung nicht. Formen und geeignete Bereiche für eine Mitverantwortung der Gefangenen seien abhängig von der Größe und baulichen Art der Anstalt sowie den Aufgaben und den besonderen Anforderungen durch die Zusammensetzung der Gefangenen und der Anzahl der Bediensteten.
Zum anderen würde die Umsetzung der vorgeschlagenen Behandlung im Alternativentwurf an den fehlenden finanziellen Mitteln scheitern. Viele Anstalten

---

578 Baumann (1979): S. 16
579 Baumann (1979): S. 94
580 Alternativ-Entwurf eines Strafvollzugsgesetzes (1973): S. 32

müssten in kleine Gruppen, Abteilungen und Teilanstalten gegliedert werden können.[581]

Den vorgelegten Gesetzesentwürfen zum Strafvollzugsgesetz, 1971 der sogenannte Kommissionsentwurf, 1972 der sogenannte Regierungsentwurf und 1973 der sogenannte Alternativentwurf, war gemeinsam das Bestreben, den Resozialisierungsgedanken stärker zu verankern, die Rechtsstellung des Gefangenen zu verbessern, sowie eine einheitliche Rechtsgrundlage zu schaffen.

dd) weitere Entwürfe

Die Entstehung des Strafvollzugsgesetzes wurde durch eine Reihe weiterer alternativer Entwürfe und Entschließungen begleitet.

Bereits am 27. Oktober 1966 hatte der Bevollmächtigte des Rates der Evangelischen Kirche in Deutschland (EKD) dem Bundesminister der Justiz eine Novelle zum StGB über „die Aufgabe des Vollzuges von Freiheitsstrafen" übermittelt.
Diese Novelle war das Ergebnis einer im Dezember 1964 gebildeten Kommission für den Strafvollzug, bestehend aus 13 Mitgliedern, „die im kirchlichen oder staatlichen Dienst" standen oder gestanden hatten und sich in der Folgezeit bis zur Eingabe mehrfach getroffen hatten.
Angetrieben wurde die Kommission von dem Gedanken, dass die evangelischen Christen ihr Eintreten für die Gefangenen besonders durch Theodor Fliedner und Johann Heinrich Wichern eingeschärft bekommen hatten. [582]

Gedrängt wurde von der Kommission darauf, endlich auch das Recht des Strafvollzugs gesetzlich zu regeln. [583] Die Aufgabe des Vollzugs wird in 6 Punkten aufgeführt.

Auf einige soll nachfolgend eingegangen werden.

Gemäß dem Punkt 2 sollen Wille und Fähigkeit des Gefangenen zu eigener Verantwortung geweckt und gestärkt werden.
Gemeint war damit nicht nur die Verantwortlichkeit zur Entwicklung der eigenen Persönlichkeit sondern auch im Rahmen der Progression Mitverantwortung zu übernehmen. [584]

Der Vollzug in Stufen wurde ausdrücklich als Vollzugsform bestätigt.

---

581 Deutscher Bundestag 7. Wahlperiode, Stenographischer Dienst, 51. Sitzung a.a.O: S. 2032

582 Krebs (1966): S. 259

583 Krebs (1966): S. 261

584 Krebs (1966): S. 263 f.

Zu Punkt 5 heißt es:

> „Wo es der Aufgabe des Vollzugs dient oder den Übergang des Gefangenen in die Freiheit erleichtert, kann der Vollzug aufgelockert oder in freien Formen durchgeführt werden."[585]

Eingeschränkt wird diese Bestätigung des Stufenvollzugs in den Erläuterungen, als deren Praktizierung von einer „geeigneten Beamtenschaft" und „zureichenden baulichen Voraussetzungen" abhängig gemacht wird.[586]

Punkt 3 erwähnt neben Arbeit und Ausbildung auch eine sinnvolle Beschäftigung in der freien Zeit, insbesondere im Wege der Erwachsenenbildung und des Sports.[587] Hierzu wird lediglich erläuternd ausgeführt, dass dem Gefangenen die Gelegenheit geboten werden müsse, „sich in einer Gruppe und im Zusammenspiel von Kräften zu bewähren".[588]
Auch diese frühe Eingabe der EKD befürwortet den Stufenvollzug, weist zu Recht auf die Notwendigkeit geeigneten und geschulten Personals und die räumliche Trennung hin und bestätigt zur Entwicklung der Persönlichkeit mitverantwortliches Handeln der Gefangenen.

Im übrigen sind diese 6 Punkte mehr als Leitsätze zu verstehen, lassen sie doch jegliche weitere Aussage vermissen.

Der Fachausschuss I „Strafrecht und Strafvollzug" des Bundeszusammenschlusses für Straffälligenhilfe befasste sich ebenfalls mit dem Entwurf zum Strafvollzugsgesetz der Regierung und unterbreitete 1974 Vorschläge.

Die wichtigste Vorschrift im Rahmen dieser Arbeit ist § 147 des Regierungsentwurfs (RE), mit dem sich der Fachausschuss ebenfalls beschäftigt hatte.
Danach „sollte" den Gefangenen und Untergebrachten nicht nur ermöglicht werden, an der Verantwortung für Angelegenheiten von gemeinsamen Interesse teilzunehmen, wie es der RE vorsah, sondern der Vorschlag des Fachausschusses lautete:

> „Den Gefangenen und Untergebrachten „wird" ermöglicht, an der Verantwortung für die Gestaltung der Weiterbildung und der freien Zeit sowie sonstiger Angelegenheiten von gemeinsamen Interesse teilzunehmen ...."[589]

Demnach sollte im Gegensatz zum Regierungsentwurf eine zwingende Vorschrift erlassen werden mit einem Mindestkatalog von Bereichen, in denen Mitbestimmung zu praktizieren sei.[590]

Kritik wird an dem Entwurf des Ausschusses daran geübt, dass nach § 147 III ihres Entwurfs auch wieder darauf verwiesen wird, dass Näheres die Länder

---

585 Krebs (1966): S. 263
586 Krebs (1966): S. 266
587 Krebs (1966): S. 262 f.
588 Krebs (1966) S. 265
589 Jung / Müller-Dietz (1974): S. 160
590 Jung/Müller-Dietz (1974): S. 160

regeln sollen. Damit sei der Entwurf dieser Vorschrift nicht besser als der kritisierte Regierungsentwurf. [591]

Des weiteren gab es allgemeine Vorschläge der Arbeiterwohlfahrt. Zur Mitsprache und Mitverantwortung, Selbst- und Mitverwaltung wurde festgehalten, dass sie „wichtige Behandlungsmittel der Gefangenenteilhabe enthalten und seine Durchführung nahe gelegt“ werde. Eine bindende Regelung könne im Gesetz jedoch nicht enthalten sein. [592]

c) Die Entwicklung im Jugendstrafvollzug

Im Jugendstrafvollzug war der Erziehungsgedanke selbst in der nationalsozialistischen Zeit nie ausgeschaltet worden, so dass unmittelbar an den Resozialisierungsgedanken der Weimarer Zeit (das Jugendgerichtsgesetz von 1923) angeknüpft und weiterentwickelt werden konnte.[593]
Nach 1945 galt das Reichsjugendgerichtsgesetz von 1943 sowie die Jugendstrafvollzugsordnung aus dem Jahre 1944 formell weiter, wobei Vorschriften mit eindeutig nationalsozialistischem Unrecht nicht angewandt wurden. [594]

Im dritten JGG vom 04.08.1953 [595] wurde im § 91 I als alleinige Aufgabe des Jugendstrafvollzugs normiert, dass der Verurteilte dazu erzogen werden sollte,

> „künftig einen rechtschaffenen und verantwortungsbewußten Lebenswandel zu führen.“[596]

Diese Vorschrift entspricht im wesentlichen der gesetzlichen Festschreibung des § 64 RJGG von 1943, der die Erziehung des Jugendlichen mit dem Ziel, ihn verantwortungsbewusst „in die Volksgemeinschaft“ einzuordnen, vorsah.[597]

Als wesentliche Neuerung ist zum einen gemäß § 91 III JGG die Einführung des halboffenen und offenen Vollzugs als auch die Berechtigung im § 115 JGG zu nennen, wonach die Bundesregierung ermächtigt wurde, eine Rechtsverordnung über die Durchführung des Jugendstrafvollzugs zu erlassen. Eine entsprechende Rechtsverordnung ist von der Bundesregierung jedoch nicht veröffentlicht oder in Kraft gesetzt worden.[598]

Es ergab sich somit folgende Situation:

> „Während sowohl die am 1.3.1955 in Kraft getretenen, von den Landesjustizverwaltungen vereinbarten „Richtlinien“ zu dem Jugendgerichtsgesetz vom 04.08.1953 ..... als auch die 1961 erlassene Dienst- und Vollzugsordnung (§ 240) auf

591 Baumann (1974): S. 364
592 Arbeiterwohlfahrt (1970): S. 31
593 Böhm (1986): S. 125; Eisenhardt (1978): S. 147; Dallinger-Lackner (1955): S. 45
594 Cornel (1984): S. 109
595 Dallinger-Lackner (1955): S. 80, Cornel (1984): S. 1953
596 Dallinger-Lackner (1955): S. 731 u. S. 735
597 Dallinger-Lackner (1955): S. 732 f, Potrykus (1952): S. 431
598 Cornel (1984): S. 109

die Jugendstrafvollzugsordnung verweisen, die in ihrer neuen Fassung nicht zustande kam“, weshalb die JVollzO von 1944 mit Ausnahme der Vorschriften mit nationalsozialistischen Gedankenguts weiter galten.[599]

Am 12. August 1966 erließ die Bundesregierung mit Zustimmung des Bundesrates die Verordnung über den Vollzug des Jugendarrestes. Nach § 15 konnte der Vollzugsleiter den Vollzug schrittweise lockern, wenn er „einen Vertrauensbeweis verantworten konnte“. Nach § 18 sollte „auf eine sinnvolle Gestaltung der Freizeit“ hingewirkt werden.[600] Mit diesen Vorschriften wurde ein weiter Spielraum zur Ausgestaltung gelassen.

Im Gefolge des StVollzG wurde auch die Jugendstrafvollzugsordnung von 1944 durch die „Bundeseinheitlichen Verwaltungsvorschriften zum Jugendstrafvollzug“ (VVJug) zum 01.01.1977 abgelöst.[601]

2. Die Situation in den Anstalten der einzelnen Ländern

a) Die Einrichtung halboffener und offener Anstalten

Nach dem zweiten Weltkrieg entstanden neben den noch vorhandenen geschlossenen Strafanstalten im stärkeren Maße offene bzw. halboffene Anstalten, wobei einerseits der bestehende Haftraummangel Auslöser war, über andere Haftformen nachzudenken, andererseits Arbeitskräfte für den Wiederaufbau und in der Landwirtschaft benötigt wurden.
Diese Außenarbeit findet in der Geschichte bereits ihre Vorläufer. So waren die preußischen Vollzugsanstalten 1848/1849 stark überbelegt gewesen und ein wesentlicher Grund für den Erlass der „lex Wentzel“ 1854 war es, eine Entlastung herbeizuführen und den Neubau teurer Anstalten zu vermeiden.
Ein weiteres Beispiel findet sich in Thüringen während der Weimarer Republik, wobei die Motivation eine ganz andere war. In der thüringischen Strafanstalt Untermaßfeld bestand für einige Gefangene der dritten Stufe mit dem Ziel „der sozialen Wiedereingliederung“ die Möglichkeit, die „Einweisung für Tag und Nacht in das Schäferhaus“, einem landwirtschaftlich betriebenen Gut Grimmenthal zu erreichen (s. S. 81).[602] Hier war das wieder gefundene Vertrauen Grund und Motivation.[603]

Durch die Anknüpfung an diese humanen Strafvollzugsmethoden der Weimarer Republik ist das Erscheinungsbild des Strafvollzugs auch aus kriminalpädagogischer Sicht beeinflusst worden. Die Einrichtung von Vollzugslockerungen bis zur halboffenen und offenen Anstalt ist mit dem Argument „Belastung mit Ver-

---

599 Cornel (1984): S. 109, (s.a. Richtlinien der Länder zum Vollzug, Dallinger-Lackner Anhang unter AII 3f)
600 Corves / Herzog: S. 7
601 Eberle (1980): S. 70 f.
602 Krebs (1978 g): S295
603 Krebs (1978 c): S. 265

trauen“ befürwortet und durch die Einrichtung verschiedener Anstalten verwirklicht worden.[604]

Die halboffenen Vollzugseinrichtungen hatten nur geringe Sicherheitsvorkehrungen und es wurde eine relative Freizügigkeit innerhalb der Anstalt gewährt. Bei Beschäftigungen außerhalb der Anstalt standen die Gefangenen jedoch ständig unter Aufsicht.[605]

Besonders dieses System beruhte auf Selbstdisziplin und Verantwortungsbewusstsein der einzelnen Gefangenen der Gruppe den anderen Gefangenen gegenüber. Es handelte sich immer nur um „Vertrauen“, was den Gefangenen entgegengebracht und im Fall der Entweichung gebrochen wurde. Eine weitergehende Gefangenenmitverantwortung fand in diesen Anstalten nicht mehr statt.

Als praktisches Beispiel muss die halboffene Anstalt in Frankfurt am Main - Rudolphschule - Erwähnung finden. Nach 1945 war unter den völlig unzureichenden äußeren Bedingungen und unter dem großen Druck der Überbelegung der geschlossenen Strafanstalten des Landes Hessen diese Anstalt für den Vollzug an kurzfristig Verurteilten eingerichtet worden. Aufgenommen wurden bis zu 340 Erwachsene, rechtskräftig verurteilte, arbeitsfähige Männer, die nach ihrer Persönlichkeit geeignet erschienen, dass sie das in sie gesetzte Vertrauen rechtfertigen würden, und die einen Teil der Strafe bereits in einer geschlossenen Anstalt verbüßt hatten.

Der Tagesablauf war weitgehend dem im freien Leben angeglichen. Mit Ausnahme der Kräfte für die Hauswirtschaft gingen die Insassen täglich zur Außenarbeit, wobei die Arbeitgeber die Aufsicht ausübten. Nach Beendigung der Arbeit und Rückkehr in die Anstalt stand es jedem Gefangenen frei, an den Veranstaltungen für Erwachsenenbildung teilzunehmen, Bücher oder Zeitschriften zu lesen, Rundfunk zu hören, Sport oder Gemeinschaftsspiele zu treiben oder ähnliches oder sich in seinen Einzelraum zurückzuziehen. Die Tür zu dem Raum war unverschlossen und das Fenster nicht vergittert. Dieser gelockerte Vollzug war eine Vorstufe zum Leben in Freiheit. Missbrauch und Entweichungen erfolgten selten und wurden als Vertrauensbruch angesehen. [606]
Diese Anstalt stellte die erste halboffene Vollzugsanstalt nach schwedischem Vorbild dar.

1958 erfolgte der Umzug in die als Ersatz neu erstellte offene Anstalt in Frankfurt am Main- Preungesheim. Am 23.11.1959 wurde diese Anstalt zu Ehren Gustav Radbruchs mit seinem Namen versehen.[607]

Auch in der Strafanstalt Butzbach wurde bereits 1948 vom Anstaltsleiter eine besondere Auswahl unter den Gefangenen durchgeführt, welche für Vertrauens-

---

604 Blau (1988): S. 19; Krebs (1978 d): S. 235, 237
605 Eisenhardt (1978): S. 143
606 Eisenhardt (1978): S. 144; Krebs (1978 d): S. 227 f.
607 Frede (1975): S. 267

stellungen und zur Einteilung mit Außenarbeit „nach Maßgabe der Führung und des gezeigten Willens zur sittlichen Erneuerung“ geeignet schienen.[608]

Die Möglichkeit zur Arbeit außerhalb der Anstalt, wie sie vom Gustav Radbruch-Haus und Butzbach geschildert wurden, gab es nach dem II. Weltkrieg in vielen Anstalten.
Ausgelöst durch die äußeren Bedingungen der Zerstörung und dem Druck der Überlegung der vorhandenen Gefängnisse wurde an die strafvollzugsgeschichtlichen Vorbilder seit der lex Wenzel vom 11.04.1854 angeknüpft. Wie oben bereits ausgeführt wurde, gab es in der Vergangenheit immer wieder Außenarbeit aus den unterschiedlichsten Motiven. Selbst in der Nazizeit gab es sogenannte Moorlager. Die Gefangenen selbst gingen überwiegend gern dorthin, gab es dort doch besseres Essen und der Aufenthalt im Freien brachte eine bessere Gesichtsfarbe. Man sah nicht mehr aus wie ein Gefangener.

b) Mitverantwortung in Vollzugsanstalten für Erwachsene

In der Dienst- und Vollzugsordnung von 1961 war weder von Wohngruppen, gruppendynamischen Prozessen noch von problemlösenden Gemeinschaften die Rede. Auch in den Folgejahren bis 1976 war in der Dienst- und VollzugsO keine substantielle Mitwirkung vorgesehen.
Gleichwohl hatte der Vollzug längst wieder Formen von Mitverantwortung für Gefangene entwickelt. Erste in der Vollzugspraxis tolerierte, zum Teil auch aktiv geförderte Ansätze entwickelten sich wieder im Freizeitbereich, also Rundfunk, Fernsehen, kulturelle Veranstaltungen, Ausstattung von Freizeiträumen etc.
Die Bewältigung oblag eigens gewählten Freizeitkomitees oder Gruppen von mehr oder weniger informell ausgesuchten oder von Anstaltsleitungen bestätigten Gefangenen.[609]

In der Straf- und Untersuchungshaftanstalt für Frauen in Frankfurt / Main-Preungesheim gestaltete sich die Mitverwaltung nach einem Referat, gehalten bei einer Beamtenbesprechung, wie folgt.:

Es gab in den 60er Jahren bereits einen Stufenvollzug sowohl im Zuchthaus als auch im Gefängnis. Aus beiden Gruppen der Stufe II wurden durch Wahl im Mai 1961 je drei Frauen in die neu gegründete Mitverwaltungsgruppe geheim gewählt. Diese hatte begrenzte Funktionen, die sich auf die Stufe II, aber auch auf die Gesamtbelegschaft bezogen. So gab es,

- die Verwalterin für praktische Aufgaben, die die praktische Vorbereitungen für Veranstaltungen wie Stühle und Leinwand aufstellen u. ä. durchführen musste;

608 Max Bäumer (1951): S. 11
609 Kerner (1982): S. 237

- die Freizeitberaterin, die die Gestaltung der Stufenabende, Vorbereitung von Festen und Feiern u. ä. durchzuführen hatte;
- die Verwalterin der Zeitschriften und Helferin der Freizeitberaterin.

Eine dieser drei wurde zur Sprecherin gewählt, die die Gesamtheit bei den Festlichkeiten zu vertreten hatte, also die Begrüßungsrede hielt, sowie die Gruppen gegenüber der Anstaltsleiterin vertrat. [610]
Dort gab es in größeren Abständen Besprechungen, in denen Anregungen und Wünsche der Stufengruppen vorgetragen wurden.
Später wurde noch das Amt einer Verkaufsstelle eingerichtet sowie eine monatlich erscheinende Hauszeitung als Organ der Mitverwaltung herausgebracht.
In der Gruppe konnten Angelegenheiten offen diskutiert werden, zum Beispiel über die Verbesserung des Arbeitsklimas zwischen den Gefangenen in einem Betrieb.
In der Mitverwaltungsgruppe mussten die Vertreterinnen mit der Kritik an ihrer Arbeit und der Neuwahl nach ein paar Monaten umzugehen lernen. Ein Wechsel der Ämter war vorgeschrieben, damit sich keine herrschende Kaste herausbildete.[611]

In dem Referat wurde auch ausgeführt, dass in der Strafanstalt Butzbach 1966 ein schon längere Zeit bestehender Freizeitausschuss neu belebt worden sein soll. Weiter heißt es dort:

> Hierbei handelt es sich um eine Einrichtung für Gefangene innerhalb der Anstalt. Dieser arbeitet auf der Basis der Mitverantwortung und vertritt die Gefangenen gegenüber der Anstaltsleitung in Bezug auf Wünsche und Anliegen, sofern sie das Freizeitprogramm, Verbesserungsvorschläge u. ä. betreffen. Seine Mitglieder werden von der Gesamtheit der Gefangenen gewählt. Eine Geschäftsordnung legt Aufgaben und Arbeitsweise fest. Mehrere Arbeitsgruppen bearbeiten einzelne Sachgebiete z. B. Rundfunk, Sport, besondere Veranstaltungen und bereiten die monatlich einmal stattfindende Vollversammlung des Freizeitausschusses vor, die über Anträge und Vorschläge von Gefangenen durch Abstimmung entscheidet. Die Vollversammlung leitet der Vorsitzende des Freizeitsausschusses, der auch als Sprecher aller Gefangenen gegenüber dem Erziehungsleiter gilt.[612]

Dies wird von Johanns bestätigt, der noch ausführt, dass die Gefangenen die Freizeitausschüsse in freier und geheimer Wahl selbst bildeten.[613]

Bereits nach 1945 wurde einigen Gefangenen die Möglichkeit gegeben, in Anlehnung an den Stufenvollzug der Weimarer Republik und deren zweiten Stufe, an einigen ausgewählten und beaufsichtigten Freizeitveranstaltungen teilzuneh-

---

610 Wenderoth (1967): S. 223, 231
611 Wenderoth (1967): S. 225 f.
612 Kraschutzki (1970): S. 215; Wenderoth (1967): S. 227
613 Johanns (1960): S. 16

men. So gab es bereits einen Chor, ein Orchester, Filmvorführungen und Sprachunterricht.[614]
Geplant waren Kurse über Garten- und Obstbau sowie Geflügel- und Kleintierzucht. Den Gefangenen sollte die Möglichkeit eröffnet werden, diese selbstverantwortlich durchzuführen.[615]
Die hier geschilderten Fälle bestätigen eine Selbstverwaltung im Freizeitbereich zumindest bereits in den 60er Jahren mit Anfängen direkt nach 1945 des vorigen Jahrhunderts. Versucht werden sollte eine Verbindung herzustellen zum Stufenstrafvollzug der Weimarer Republik mit einer aufgelockerten Form eines Strafvollzugs in Gruppen. Erzieherisch ansprechbare Gefangene, die auch die Voraussetzungen der früheren zweiten Stufe (Bewährungsstufe) erfüllten, sollten die Gelegenheit zur Teilnahme an diesen Freizeitveranstaltungen erhalten.[616]
Es oblag den Gefangenen der zweiten Stufe, ihre Vertrauensleute zu wählen, denen bei der Freizeitgestaltung eine aktive Rolle zufiel. Der Ablauf von Veranstaltungen und Festen, die Herausgabe einer Zeitung und der Verkauf von Waren in einem Laden verlangte einige Organisation, viel Disziplin in der Gruppe, das Umgehen mit Kritik und dies alles auf freiwilliger Basis, wie die Beispiele zeigen. Gerade das ist Mit- bzw. Selbstverwaltung.[617]

Daneben gab es in Butzbach eine besondere Abteilung.

> „Im September 1948 wurde für 200 junge Gefangene bis zu einem Alter von 25 Jahren eine von der übrigen Anstalt getrennte Jungmännerabteilung errichtet."[618]

Diese besondere Einrichtung in Butzbach ist nach Bäumer erforderlich gewesen, da „die Notwendigkeit einer erzieherischen Beeinflussung nicht mit dem 18. oder 21. Lebensjahr zu Ende geht." Da die Einrichtung besonderer Strafanstalten für Minderjährige rechtlich durch das JGG begründet sei, wurde im Erwachsenenvollzug diese besondere Abteilung geschaffen.[619]
Die Möglichkeit, zu einer weitgehenden Selbstverantwortung und Selbstbestimmung zu gelangen, bot sich wie im übrigen Strafvollzug der Anstalt im Freizeitbereich. Den Jungmännern, die „bestimmte Zeit in der Anstalt" weilten und „die Voraussetzungen in Führung und Arbeitsleistung" erfüllten, durften am Unterricht teilnehmen. Dieser bestand aus abendlicher Fortbildung nach Art der Volkshochschulen.[620]

> „Vorgebildete Jungmänner und befähigte ältere Gefangenen leiten die Unterrichtsgruppen nach einem Plan, den sie selbst ausgearbeitet haben und über dessen Durchführung sie laufend einem Unterrichtsausschuß aus ihren eigenen Reihen Rechenschaft geben. Dem Unterrichtsleiter stehen von den Teilnehmern gewählte Vertrauens-

614 Bäumer (1951): S. 13
615 Bäumer (1951): S. 14
616 Bäumer (1951): S. 13
617 Loos (1970): S. 187; Johanns (1960): S. 15
618 Bäumer (1951): S. 11
619 Bäumer (1950): S. 28
620 Bäumer (1950): S. 32, Bäumer (1951): S. 11

leute zur Seite, die ihn bei der äußeren und inneren Durchführung des Unterrichts unterstützen."[621]

Daneben gab es weitere freie Arbeitsgemeinschaften wie Literaturkreis, Laienspielgruppe, Bastelkreis etc. Die Teilnahme hieran wurde erst nach einer längeren Bewährungszeit und größerem Verantwortungsbewusstsein gebilligt. Auch in diesen Arbeitsgemeinschaften lagen die Planung und Durchführung, wie bei den Unterrichtsgruppen, vollständig und verantwortlich in den Händen der jungen Gefangenen.[622]

Da sowohl die Organisation des Unterrichts als auch deren Ablauf ganz von den Gefangenen durchgeführt wurde, kann von einer Selbstverwaltung durch die Gefangenen gesprochen werden. Das gilt grundsätzlich auch für die übrigen Arbeitsgemeinschaften.
Eine besondere Gemeinschaft stellte natürlich der Sportkreis dar. Die Mitglieder des Sportkreises wählten sich Riegenführer, die den Sportvorstand bildeten. Ihm oblag die gesamte Durchführung des Pflichtsports für alle.
Darüber hinaus gab es die Möglichkeit des freiwilligen Sports im Verein. Hierzu hatten die im Verein tätigen Gefangenen eine Satzung beschlossen, die die Möglichkeit zur Aufnahme neuer Mitglieder nach einer Probezeit ebenso vorsah wie deren Ausschluss bei irgendwelchen Verstößen.[623]

Eine weitere Besonderheit stellte der Redaktionsausschuss dar. In diesem wurde unter der „Verantwortung, Planung, Gestaltung" sowie der literarischen und technischen Durchführung von 10 bis 20 jungen Gefangenen eine Zeitschrift erstellt, die erstmals am 1. Oktober 1948 in einer Auflage von 500 Exemplaren und fortan regelmäßig erschien.[624]
Die Erziehung der Jungmänner erfolgte in dieser Abteilung im wesentlichen in diesen Gruppen, wobei wissenschaftlich vorgebildete Fürsorger den Jungmännern zur Seite standen.[625]

Die jungen Gefangenen, die mindestens drei Monate in der Anstalt verbracht hatten, eine gute Führung und zufriedenstellende Arbeitsleistungen vorweisen konnten sowie erzieherisch ansprechbar waren, sollten in den Genuss kommen, an kleinen Unterrichtsgruppen und einigen ausgewählten und beaufsichtigten Freizeitveranstaltungen teilnehmen zu dürfen. Im Stufenvollzug sollte dies der zweiten Stufe (Bewährungsstufe) entsprechen.[626]

In den Gruppen wurden Anregungen und Anreize von den Jungmännern gegeben, sich einzubringen, zu lernen, Verantwortung zu übernehmen, Entscheidungen zu treffen und durchzuführen.

---

621 Bäumer (1950): S. 33
622 Bäumer (1950) S. 33, Bäumer (1951): S. 11
623 Bäumer (1950) S. 33, Bäumer (1951): S. 11
624 Bäumer (1952/53): S. 230; Johanns (1960): S. 15 f.
625 Bäumer (1951): S. 11
626 Bäumer (1951): S. 13

Nach Möglichkeit sollten alle in der Gruppe sich beteiligen und lernen, diese mitzutragen.[627]
Je nach „ersichtlichem Verhalten" der Gefangenen wurde ihnen die Teilnahme an weiteren Arbeitsgemeinschaften ermöglicht und sie sollten auch in Vertrauensstellungen eingesetzt werden. Dies soll der dritten Stufe im Stufenvollzug entsprochen haben.[628]
Es kann vorliegend von einem Erziehungsstrafvollzug in Gruppen gesprochen werden,[629] da die Jungmänner in diesen Gruppen selbstverantwortlich und verwaltend tätig werden durften und die nachrückenden jungen Gefangenen zu verantwortlichem Handeln und Mittragen von Entscheidungen angeleitet wurden.

In der Justizvollzugsanstalt Landsberg am Lech wurde eine organisierte Form der sogenannten Mitsprache der Anstaltsinsassen im Jahre 1968 auf Anregung des Bayerischen Staatsministers der Justiz entwickelt. Diese Gefangenenmitsprache wurde in einer von einer Arbeitsgruppe des Personals der Justizvollzugsanstalt erstellten Satzung geregelt. Ziel war es, die Eigenverantwortlichkeit zu wecken und dies sollte durch eine „Mitsprache" eines Teils der Gefangenen erreicht werden. Ihnen sollte die Möglichkeit eröffnet werden, durch ihre Mitsprache einen ernsthaften Beitrag zur Gestaltung ihrer sozialen Lebensbedingungen in der Anstalt zu leisten.[630]

> „Mit der Satzung wurden drei Organe geschaffen, die Vertrauensmänner und den Insassenrat, bestehend aus fünf später sechs Mitgliedern aus den Reihen der Gefangenen einerseits sowie den Beirat, ein Gremium bestehend aus Mitgliedern der Verwaltung sowie des Werk- und Arbeitsdienstes aus den Reihen der Beamten andererseits.
>
> Die Vertrauensmänner und deren Vertreter wurden in je 19 Wählergruppen mit einfacher Mehrheit geheim gewählt. Die Zusammensetzung der Wählergruppen orientierte sich an den verschiedenen Anstaltsbetrieben und Arbeitskommandos."

Diese Vertrauensmänner wählten aus ihrer Mitte den aus 5 Gefangenen bestehenden Insassenrat. Alle 3 Monate trafen sie sich mit diesem Gremium zu einer Besprechung. Als weitere Aufgabe sollten sie vermittelnd zwischen Werkbediensteten und Gefangenen fungieren. Die letztgenannte Aufgabe soll nur vereinzelt zum Zuge gekommen sein, so dass die Vertrauensmänner hauptsächlich als Wahlmänner fungiert haben sollen.[631]

Zu den Aufgaben des Insassenrates gehörte es, Verbesserungsvorschläge allgemeiner Art vorzubringen, sich um die Planung und Durchführung von Freizeitveranstaltungen sowie die Herausgabe einer Gefangenenzeitung zu kümmern.[632]

---

627 Bäumer (1950): S. 32
628 Bäumer (1951): S. 13 f
629 Bäumer (1951): S. 11
630 Groß und Wagner (1970): S. 70
631 Groß und Wagner (1970): S. 72
632 Groß und Wagner (1970): S. 73

Um die Information der Gefangenen über die Tätigkeit des Insassenrats zu verbessern, wurde ein Vertreter (Gefangener) der Zeitung (später Rundfunk) als sechstes Mitglied ständig beigezogen, aber ohne Stimmrecht.[633]

Dazu sollte sich der Insassenrat eine Geschäftsordnung geben, Verbindung zum Beirat einerseits und zu den Vertrauensmännern andererseits halten und monatlich Besprechungen durchführen.

Als Kommunikationsmittel stand dem Insassenrat ein Schaukasten und ein Briefkasten zur Verfügung.

Der Beirat wurde jedoch von der Anstaltsleitung nach Rücksprache mit dem Personalrat eingesetzt. Besetzt wurde er zunächst mit fünf Mitgliedern.

> „Bedienstete des höheren Dienstes wurden mit Absicht nicht in den Beirat aufgenommen, damit dort die Priorität der unmittelbar und ständig mit den Insassen in Kontakt stehenden Bediensteten gewahrt bliebe.“

Später wurde eine möglichst große Gruppe von Beamten des Aufsichts- und Werkdienstes und aus der Verwaltung als Beirat bestimmt, also deutlich mehr als fünf, damit „zu den Besprechungen mit dem Insassenrat genügend Personal abkömmlich waren“.
Der Beirat sollte die Wahlen der Vertrauensmänner und des Insassenrats vorbereiten und durchführen sowie diesen beraten, aber auch kontrollieren.[634]

Sowohl die zum Vertrauensmann kandidierenden Gefangenen als auch die gewählten Kandidaten mussten vom Anstaltsleiter bestätigt werden. Dadurch sollte verhindert werden, dass nach Meinung der Anstaltsleitung ungeeignete Gefangene als Kandidaten aufgestellt und gewählt wurden.

Satzungsgemäß waren folgende Prinzipien maßgebend:

- die organisierte Mitsprache sollte den Insassen echte Einwirkungsmöglichkeiten in das sie betreffende Anstaltsleben geben;
- die gewählten Organe sollten integrierte Institutionen innerhalb des Anstaltslebens werden;
- bei aller Gewährung von Selbständigkeit und Selbstverantwortlichkeit sollten Kontroll- und Eingriffsmöglichkeiten von Seiten des Personals und der Anstaltsleitung gewährleistet bleiben.[635]

Die ersten Wahlen der Vertrauensmänner und zum Insassenrat erfolgten im November 1968. Während den monatlichen Sitzungen von Insassenrat, Beirat und Anstaltsleitung wurden zu den jeweiligen Tagesordnungspunkten, die zu diskutieren waren, die zuständigen Sachbearbeiter aus Küche, Wäscherei, Wirtschaftsverwaltung etc. eingeladen. Die Behandlung der Anträge des Insassenra-

633 Groß und Wagner (1970): S. 77
634 Groß und Wagner (1970): S. 73
635 Groß und Wagner (1970): S. 74

tes dauerte oft Stunden zumal die Anträge von diesem hartnäckig vertreten wurden. Ziel war die wechselseitige Überzeugung bei diesen Diskussionen. Die Anstaltsleitung hatte letztlich die entscheidende Stellung zu beziehen.[636]
Der Insassenrat als Vertretung der Gefangenen bekam durch die Möglichkeit der Antragstellung und möglichen Überzeugung des Beirats und der Anstaltsleitung bei den monatlichen Treffen die Gelegenheit zur Mitbestimmung und Mitverantwortung. Die eigentliche Entscheidung traf jedoch nach wie vor die Anstaltsleitung. Soweit die Anträge zu Veränderungen führten, wurde die Mitverantwortung für jeden Gefangenen deutlich. So wurde z.B. die regelmäßig durchgeführte Desinfektion der Küche auch auf die nebenan untergebrachte Wäscherei ausgedehnt, sowie die Möglichkeit des Küchenpersonals wegen ihrer Überstunden zum Radiohören und damit zur Information verbessert. Der Einkauf wurde reichhaltiger und mehr Zeitungen konnten gelesen werden.[637]

> „Um die ersten Einrichtungen der Gefangenenmitsprache bildeten sich andere Gruppen, entweder direkt vom Insassenrat angeregt oder im Strom dieser Aktivitäten, ... eine Laienspielgruppe, ein literarischer Zirkel, eine Gruppe mit Verkehrsunterricht, mit Mathematikunterricht, die erwähnten Rundfunkredaktionen usw.“ [638]

Durch die Einrichtung des Beirats als Vertretung der Vollzugsbediensteten und der Teilnahme des Beirats und der Anstaltsleitung bei den monatlichen Treffen mit dem Insassenrat kam auch auf die Anstaltsbediensteten eine größere Verantwortung zu. Sie waren an Entscheidungen in stärkerem Maß als vorher beteiligt und eingebunden.

Leichte Bezüge zum Alternativ-Entwurf drängen sich auf. So sind durch die Bildung der Organe und der Anstaltsleitung auch Räte geschaffen worden und letztlich ist die Einflussnahme und Kontrollmöglichkeit der Anstaltsleitung groß gewesen.
Aber in Landsberg ist nicht ein bis ins Detail organisiertes System eingerichtet worden, mit Gefangenenvertretern in jedem Gremium, in denen sie die Minderheit gehabt hätten. Dort finden wir einerseits Vertrauensmänner und Insassenrat als Gefangenenvertretung und andererseits Beirat als Beamtenvertretung und Anstaltsleitung als Entscheidungsebene vor.

Die Interessengruppen sind klar definiert und für die Gefangenen als ihre Vertretung erkennbar. Bei dem Alternativentwurf gehen die Gefangenenvertreter hingegen in den diversen Räten als Minderheit im Zweifel unter. Ein Wiedererkennungswert für die Gefangenen existiert danach nicht.

---

636 Groß und Wagner (1970): S. 76
637 Groß und Wagner (1970): S. 78
638 Groß und Wagner (1970): S. 79

3. Die Jugendstrafanstalten

a) Die Jugendstrafanstalt Rockenberg

Seit 1949 wurde in der Jugendstrafanstalt Rockenberg die Mitsprache und Mitbestimmung, zunächst durch Gründung einer Sportgemeinschaft „Marienschloß“, später durch die Wahl eines Jugendparlaments und Jugendrats entwickelt.

Nach § 11 I der Jugendstrafvollzugsordnung von 1944 wurde die Gesamtbelegschaft eines Jugendgefängnisses in Erziehungsgruppen aufgeteilt.
Nach § 11 II war Leiter der Erziehungsgruppen ein pädagogisch vorgebildeter Beamte des gehobenen Dienstes.[639]

„Das gesamte Leben des jungen Gefangenen“ in der Strafanstalt spielte sich „vor dem Hintergrund der Erziehungsgruppe, der er zugeteilt“ wurde, ab. Der Fürsorger als Erziehungsgruppenleiter stand für alle Sorgen und Nöte aber auch für die Behandlung der Jugendlichen in der Anstalt „praktisch an der Stelle, an der für einen freien jungen Menschen in geordneten Verhältnissen Vater und Mutter stehen“, so Werner.[640]

Die Erziehungsgruppen sind demnach die Organisationsform der Anstalt.

> „Das Leben im Betrieb, in der Schule, in der Freizeit spielt sich auf der festen Grundlage der Erziehungsgruppe ab“, so Werner.[641]

Zunächst wurde die Sportgemeinschaft ins Leben gerufen.
Die Jugendlichen jeder der fünf Erziehungsgruppen, soweit sie sich für Sport interessierten, bildeten eine eigene Sportriege. Diese Riegen wählten sich aus ihrer Mitte je einen Riegenführer und einen ebenfalls frei gewählten Präsidenten. Die Riegenführer und der Präsident bildeten den Vorstand der Sportgemeinschaft Marienschloß (SGM).
Der Beitritt zu dem Sportverein war freiwillig, verpflichtete nicht zur Mittätigkeit, aber zu Zahlung eines Beitrags. Die Beiträge wurden, so Werner, im Sinne der Vereinsziele verwaltet. Die Mehrzahl der jungen Gefangenen waren in der SGM organisiert.[642]
Der SGM gehörten neben den Gefangenen auch Bedienstete und freie Bürger an, die wie in jedem anderen Verband ihren Beitrag zu zahlen hatten.[643]

In partnerschaftlicher Zusammenarbeit wurden mit dem Fürsorger Dinge den Sport betreffend wie Trainingszeiten, Wettkämpfe, Feste etc. geregelt. Die Gefangenen mussten ihre Vorstellungen und Wünsche mit den Gegebenheiten in der Anstalt in Einklang bringen. Durch die Sportgemeinschaft lernten die

639 JVollzO: S. 8
640 Werner (1959): S. 13
641 Werner (1956): S. 15
642 Werner (1973): S. 82 f.; Werner (1961): S. 23
643 Werner (1961): S. 23; Hinkel und Spieß (2000): S. 54

Jugendlichen zunächst den fairen Umgang mit den anderen, sich unterzuordnen, ein Team zu bilden und Verantwortung in der Gruppe zu übernehmen. Sie bestimmten in diesem Bereich mit, welche Aktivitäten wann erfolgen sollten und waren nicht nur an der Entscheidungsfindung beteiligt.[644]

Der Höhepunkt war das jährlich von der SGM mit Unterstützung durch Fürsorger und Beamte organisierte Sportfest. [645]
Im Herbst 1956 wurden nach einem Aufruf der Anstaltsleitung in allen Erziehungsgruppen und Arbeitsbetrieben in geheimer Wahl Sprecher zur Bildung eines Jugendrates gewählt.

Angetrieben wurde Direktor Werner, der damalige Anstaltsleiter, zu diesem Schritt nach dem überaus glücklichen Verlauf des Sportfestes mit der guten Zusammenarbeit und dem vernünftigen Zusammenhalt aller Jungen. Dies gab ihm die Zuversicht, „dass man auch in anderen Fragen des Lebens in der Anstalt vertrauensvoll zusammenarbeiten könne."
Für Werner sollte der Jugendrat eine Gruppe sein, die ihn „in allen wichtigen Fragen ehrlich beraten und mit der man sich offen über die Probleme dieses Hauses unterhalten kann, um zu versuchen, in gemeinsamer Arbeit einen Weg zu finden."[646]

Am 08.09.1956 traten sie zum ersten Mal als Jugendrat zusammen. Dieser sollte fortan Sprachrohr zwischen den Jugendlichen und der Anstaltsleitung sein. Es sollte über alle Probleme die Jugendlichen betreffend gesprochen werden dürfen. In der ersten Sitzung wurde zum Beispiel über das Rauchverbot für alle über 16 Jährigen und über die Regelung des Einkaufs diskutiert usw.[647]

Ein Ausschuss wurde gewählt, der mit der Geschäftsordnung des hessischen Landtags als Grundlage eine Satzung für das Parlament ausarbeiten sollte. Andere Ausschüsse beschäftigten sich mit der Regelung von Freizeit, Film und Rundfunk, Einkauf, Verpflegung usw..[648]

> „Der Jugendrat tagte an jedem ersten Samstag im Monat unter dem Vorsitz des Anstaltsleiters. Die Sitzungen waren – auf Beschluß des Jugendrates – öffentlich, d.h. es konnten beliebig andere Jungen als Zuhörer erscheinen, soweit die 40 vorhandenen Zuhörerstühle ausreichten. Sie waren immer besetzt".[649]

Die somit einmal gebildete Form des Mitsprachegremiums blieb in den folgenden Jahren gleich. Den Vorsitz behielt immer der Anstaltsleiter. Zu seiner Unterstützung wurde durch den Jugendrat ein Jugendlicher als Schriftführer

644 Werner (1973): S. 82; Werner (1950): S. 14
645 Werner (1961): S. 23
646 Werner (1973): S. 83
647 Werner (1973): S. 83
648 Werner (1973): S. 83
649 Werner (1961): S. 25

gewählt, der Protokolle führte, Tagesordnungspunkte sammelte und die organisatorischen Vorbereitungen für die einzelnen Sitzungen traf.[650]

Die Fragen der Jugendlichen wurden „offen besprochen und gaben Gelegenheit zu Antwort und Aufklärung. Über die Beschlüsse berichteten die Obleute in ihren Gruppen."[651]

Die Gefangenen hatten über ihre Interessenvertreter die Möglichkeit, nicht nur Probleme zur Sprache zu bringen, sondern auch bei Beschlussfassungen mitzuwirken. Für die Entwicklung des Verantwortungsgefühls und der Eigenaktivität der Gefangenen war die freiwillige Mitarbeit einiger im Jugendrat und die Mitbestimmung an den Beschlüssen von erheblicher Bedeutung.

Im Zuge der Entwicklung eines freieren Lebens innerhalb der Anstalt entstanden mit der Zeit Interessengemeinschaften, die ihre eigenen Vorstände wählten. Es bildeten sich zum Beispiel Pfadfindergruppen, katholische Jugend, Gewerkschaftsjugend usw. Ein Pfadfinderstamm bildete sich „unter Betreuung eines Gießener Stammes des Bundes Deutscher Pfadfinder Anfang 1957". [652]

> „Später kam es zur Gründung eines anstaltseigenen Pfadfinderstammes namens Marienschloß, der – gleich den Stämmen außerhalb – sich in Sippen unterteilte, die eigene Sippenabende selbständig organisierten. Einmal wöchentlich wurde ein sogenannter Stammesabend abgehalten, bei dem die befreundeten Pfadfinder aus Gießen anwesend waren."[653]

Ein anderer Arbeitskreis, der starke eigene Mitarbeit der Jungen verlangte, war der Redaktionskreis der Hauszeitung „Die Brücke". Dieser Kreis wurde im September 1949 ins Leben gerufen. [654]
In den ersten Jahren fand dieser Arbeitskreis die Unterstützung des Anstaltsleiters. Später erfolgte dies zeitweise durch die freiwillige Mitarbeit eines Gerichtsreferendars aus Frankfurt am Main. Der Arbeitskreis brachte alle zwei Wochen eine Ausgabe heraus.[655]
Der Referendar war zur Ausbildung in Rockenberg eingeteilt, hatte später als Vollzugshelfer weitergearbeitet. (Hierbei handelte es sich um den späteren Geschäftsführer der FAZ Pfeifer).

„Die gesamte Ausgestaltung des Blattes lag von Anfang an in den Händen eines Redaktionsausschusses der Jungen",[656] ist also in eigener Regie der Jungen erstellt worden.

---

650 Werner (1973): S. 84
651 Werner (1961): S. 25
652 Werner (1973): S. 84
653 Espich (2000): S. 19
654 Werner (1952/1953): S. 232
655 Werner (1961): S. 24
656 Werner (1952/1953): S. 232

Innerhalb dieser Interessengemeinschaften herrschte damit ein System der Mitbestimmung, da sie selbst ihren Vorstand wählten und den Kontakt zu Personen außerhalb der Anstalt suchen durften, die die Betreuung übernahmen.

Im Oktober 1959 trat der Jugendrat mit der 31. Sitzung in das vierte Jahr seines Bestehens. Danach wurde er nicht mehr einberufen. Die meisten Gruppen gingen ebenfalls nach kürzerem oder längerem Bestehen im Laufe der Zeit ein, was jedoch bei dem starken Wechsel innerhalb der Anstalten erklärlich ist. Bestehen blieb jedoch die Sportgemeinschaft (SGM)[657] und der Pfadfinderstamm „Marienschloss".[658]

b) Weitere Jugendanstalten

In Schleswig-Holstein kamen jugendliche Gefangene mit einer ungünstigen Prognose in die Strafanstalt Neumünster, die zunächst drei Stufen vorsah mit einem stufenweise sich steigerndem Vergünstigungssystem. Aus diesen Stufen der festen Anstalt heraus ist jederzeit der Übergang zum gelockerten Jugendvollzug, einem Lagervollzug in Moltsfelde, möglich gewesen. Die Leitung beider Vollzugsarten erfolgte aus einer Hand in Neumünster, was den Vorteil der jederzeitigen Auswechselbarkeit mit sich brachte.
Im Lagervollzug selbst gab es Wohn- und Erziehungsgruppen mit Eigenverwaltung durch die Gefangenen (Lagerhelfer, Lagersprecher) und Freizeitgemeinschaften unter eigener Anleitung der jungen Gefangenen.[659]
Hier sind innerhalb des Lagervollzugs Selbstverwaltungseinheiten sowohl als Wohngruppe als auch im Freizeitbereich geschaffen worden.

In Bayern hatte die Jugendstrafanstalt Niederschönenfeld in den ersten Nachkriegsjahren ein anstaltsinternes Vergünstigungsschema in einem Stufenstrafvollzug aufgebaut. Eingerichtet wurden auch schon einige Freizeitgestaltungs- und Sportgemeinschaften, die teilweise geführte, teilweise selbstverantwortliche Gruppen waren.[660]

Seit Weihnachten 1966 ist der Mitverantwortung der Gefangenen für das Anstaltsgeschehen größerer Raum eingeräumt worden.
Etwa 2 Jahre vorher wurden, noch als Experiment gedacht, Gangsprecher als Vertreter der Gefangenen von diesen frei gewählt. Anfangs kamen diese in einem 14-tägigen, später wöchentlichen Rhythmus unter Vorsitz des Anstaltsleiters oder Anstaltspsychologen zusammen, um Anstaltsangelegenheiten von allgemeinem Interesse zu erörtern und zu diskutieren. Hauptsächliche Themen dieser Besprechung waren Verpflegung, Einkauf, Rundfunk- und Fernsehprogramm, Gemeinschaftsveranstaltungen usw., aber auch Fragen der allgemeinen Disziplin und Arbeitsmoral.

---

657 Werner (1973): S. 84 f.
658 Espich (2000): S. 20
659 Fratzscher (1956): S. 68
660 Flik (1950): S. 26

Die Gangsprecher hatten jeden Samstagvormittag die Möglichkeit, mit den Ganginsassen die einschlägigen Probleme zu besprechen und Informationen weiterzugeben. Diese intensive Kommunikation führte bei den Anstaltsinsassen dazu, dass sie sich mit dem Anliegen der Anstalt solidarisierten und z.B. an der Ahndung gemeinschaftsschädlichen Verhaltens mitwirkten. Damit zeigten sie sich mitverantwortlich für das Anstaltsgeschehen.[661]

In dem Lagervollzug für junge Gefangene in Staumühle bei Paderborn durften die Gefangenen ihre Stuben- und Gruppenältesten selbst wählen, teilten selbständig den Tisch- und Reinigungsdienst ein und schlossen sich zu Arbeitsgemeinschaften für die Freizeit zusammen.[662]
Begünstigt wurde diese Entwicklung durch die Gestaltung des Lagers. Nach der Jahrhundertwende wurden in Staumühle viele Baracken für übende Truppen errichtet sowie ein großer Feuerlöschteich angelegt.[663] Als das Lager nach dem Krieg von den Engländern der Justizverwaltung als Jugendstrafanstalt zur Verfügung gestellt wurde und diese wegen der offenen Bauweise nur von ausgesuchten Gefangenen genutzt werden konnte, soll ihnen das Borstal System (s. S. 62) in ihrem eigenen Land vorgeschwebt haben.[664]
Das Lager verfügte über ausreichend freies Gelände, so dass die Möglichkeit bestand, Sport- und Trainingsplätze anzulegen für Ballspiele und Leichtathletik. Darüber hinaus besaß das Lager ein eigenes „Hoch- und Sommerbad“.[665]
1959 gelang es, einen Stützpunkt der deutschen Lebens-Rettungsgesellschaft einzurichten, nachdem der Teich bereits zum Schwimmen fest in das Sportprogramm integriert war. 1960 wurde der Stützpunkt zu einer selbständigen Ortsgruppe ausgebaut.[666]
Über den Sport, insbesondere der Einrichtung des DLRG-Stützpunktes und dem dadurch gewonnenen Selbstbewusstsein in der Gruppe wurde auch das übrige Lagerleben befruchtet, so dass die selbständige Wahl von Stuben- und Gruppenältesten sowie die selbständige Einteilung der Reinigungsdienste die erfolgreiche Hinführung zu mehr Einsatzbereitschaft und Gemeinschaftssinn zeigt.[667]
Hier hat zunächst über die Sportgruppen die Mitverwaltung auch in den normalen Lageralltag Einzug gehalten.

c) Das Landeserziehungsheim Dansweilerhof

Es handelt sich hierbei um ein rheinisches Landeserziehungsheim, welches unter dem Druck der Heimplatznot nach dem Krieg als Provisorium in einem separaten Teil der Arbeitsanstalt Brauweiler eingerichtet worden war. Genau wie in der Strafanstalt Rockenberg handelte es sich zunächst um ein geschlossenes

661 Reitberger (1970): S. 80 ff.
662 Grell (1961): S. 97
663 Grell (1961): S. 93
664 Steinbrink (1965) S. 306
665 Grell (1961): S. 93
666 Grell (1961):S. 93
667 Grell (1961): S. 97

Haus mit vergitterten Fenstern und einer hohen Mauer. Es waren etwa 150 Jugendliche untergebracht, die in anderen Erziehungsheimen nicht mehr zu halten gewesen waren. Jedoch ermöglichte die aufgeschlossene und ausschließlich von pädagogischen Zielen getragene Auffassung des Landesjugendamtes im Dansweilerhof eine Auflockerung zu freien und wirksamen Erziehungsmethoden.[668]

Im Jahre 1962 wurde die Einrichtung verschiedener Vertrauensstufen eingeleitet. Ein neu eingewiesener Jugendlicher konnte nach Abschluss einer Einführungs- und Beobachtungszeit von sechs Wochen und Aufstellung eines Erziehungsplans einen Antrag stellen, wonach er als Heimbürger von seiner Gruppe aufgenommen werden wollte. Der von dieser Gruppe gewählte Obmann musste zu diesem Antrag Stellung nehmen, bevor ein Gruppenerzieher darüber zu entscheiden hatte. Nach Ablauf von weiteren zwei Monaten positiver Mitarbeit konnte der Jugendliche auf dem gleichen Weg in den „Trägerkreis" des Heimes gelangen. Wer etwa ein Jahr zuverlässige Mitarbeit an eigener Entwicklung und Gestaltung des Heimlebens gezeigt hatte, wurde als Jugendmitarbeiter anerkannt.

Mit jeder dieser Vertrauensstufen waren größere Freiheiten verbunden:

- er konnte als Heimbürger zu höheren Feiertagen Urlaub erhalten;
- er konnte mit Heimkameraden in gewissem Umfang Ausgang aus dem Heim bekommen;
- er konnte einmal im Monat Heimurlaub bekommen.

Die jungen Mitarbeiter erhielten sogar einen Schlüssel zum Tor in der Mauer.

Der Sinn der Bildung und Arbeit in der Gruppe war, mit der Stärkung des Selbstbewusstseins soziales Denken und Gemeinsinn zu entwickeln. Die Wahl eines Sprechers oder Obmanns zwang in der Gruppe zu Auseinandersetzungen und Diskussion. Was in einer gesunden Familie selbstverständlich ist, nämlich gegenseitige Achtung und das Wissen um den guten Willen aller, das gemeinsame Durchdenken von Chancen und Möglichkeiten, sollte durch die Gruppe und der Erziehung zum demokratischen Verhalten ersetzt werden.
Auf dieser Grundlage konnten den Gruppen Aufgaben gestellt werden, die praktische Mitverwaltung bedeuteten. Die Jungen regelten kleinere Dienste, die zum Funktionieren der Gruppen lebenserforderlich waren, unter sich. Sie berieten und bestimmten gemeinsam mit ihrem Erzieher über ihre Freizeit und bereiteten u. a. ihre Feste vor.[669]
Gleichzeitig mit der Einführung der Vertrauensstufen wurde zur Bildung eines Jugendrates aufgerufen, der ähnlich wie in Rockenberg ausgebildet war. Das aktive Wahlrecht erhielten alle Gefangenen, das passive Wahlrecht nur die Heimbürger mit Zugehörigkeit zum Trägerkreis. Der erste Jugendrat trat im Ok-

---

668 Werner (1973): S. 85
669 Werner (1971): S. 5

tober 1962 zusammen. Ein gewählter Ausschuss erarbeitete weitere Richtlinien, die ein Jahr später, am 03.12.1963 als Geschäftsordnung erlassen wurden.[670]

Der Heimleiter hatte den Vorsitz und der Schriftführer wurde von einem Erzieher gestellt.[671]

Die Aufgabe des Jugendrats war es, die Notwendigkeit und den Sinn von Fragen über die Stellung zur Öffentlichkeit, Schutz vor Gefahren wie Alkohol, Rauschgift, Gewalttätigkeit sowie die Regelungen aller Fragen die Arbeitspflichten betreffend, kritisch zu prüfen, Alternativen zu durchdenken und dabei Verständnis und Toleranz zu üben. Dieses Gremium war dabei Sprachrohr aller Gruppen, Ventil für Klagen und ausgleichender Faktor bei Spannungen.[672]
Voraussetzung für eine sozialerzieherische Wirkung eines Heimparlaments war, dass freie und offene Diskussionen ermöglicht wurden. Zur praktischen Mitverwaltung wurden die gewählten Vertrauensleute der Gruppen herangezogen, die als Jugendrat die Heimleitung berieten. Gewählte Ausschüsse des Gremiums haben in die Vielfältigkeit der Verwaltungsaufgaben des Heimes Einblick.

Ende April 1966 wurde der Dansweilerhof aufgegeben und es erfolgte Anfang Mai 1966 der Umzug in das neu erbaute Heim in Heneff, das nach dem mit übernommenen Gutshof den traditionellen Namen „Abtshof" erhielt.[673]

Der Jugendrat tagte weiter alle 14 Tage. Die Mitarbeit schränkte sich jedoch immer weiter ein und die Beteiligung in der Öffentlichkeit war schwach.[674]

Im Dezember 1969 wurde die Geschäftsordnung des Jugendrates dergestalt geändert, dass als Vorsitzender nicht mehr der Heimleiter, sondern ein Jugendlicher gewählt wurde. Es wurde auch beschlossen, dass je zwei Vertreter zu einer der wöchentlich stattfindenden Konferenzen, in der allgemeine Fragen des Heimlebens erörtert wurden, geschickt wurden. Durch diese Änderung sollte die Mitverantwortung der Jugendlichen und eine größere Selbständigkeit gefördert werden.
Leider beteiligten sich trotz eifrigster Bemühungen weniger als die Hälfte der Heiminsassen an den Versammlungen. Beschlossen und von der Anstaltsleitung bestätigt wurden geänderte Ausgangs- und Rückkehrterminzeiten vom Urlaub, ein Pflichtsport für alle, wobei die Sportarten weitestgehend selbst bestimmt werden sollten und ein Hobbytag pro Woche, der für einen Abend ebenfalls für alle verbindlich sein sollte.[675]

---

670 Werner (1973): S. 86 (Schreiben zu den verschiedenen Ausschüssen und Beschlüssen siehe S. 87 und S. 88)
671 Werner (1973): S. 86
672 Werner (1971): S. 7 f.
673 Werner (1973): S. 88
674 Werner (1973): S. 89
675 Werner (1973): S. 92

Im Herbst 1970 wurde daher notgedrungen ein Jugendrat in der ursprünglichen Form unter Vorsitz des Heimleiters erneut einberufen, da auf die unmittelbare Anhörung, die Mitsprache und die Aussprache der Vertreter aller Gruppen in regelmäßigen Zeitabständen nicht verzichtet werden sollte. Der neu gewählte Jugendrat trat am 21.09.1970 zusammen und wählte einen Schriftführer sowie einen Verpflegungsausschuss und einen Ausschuss zur Neubearbeitung der Geschäftsordnung. Bis auf eine erste Diskussion über mit Rauschgift zusammenhängenden Problemen ist bis 1973 nichts Sensationelles geschehen.[676]

4. Resümee

Die theoretischen und praktischen Mitbestimmungsmodelle reichen über „Weimar“ hinaus, obwohl sie daran anknüpfen. Die enge Bindung an das klassische Stufenmodell ist mindestens gelockert.

Die Gefangenenmitverantwortung ist im Regelvollzug (ab der 2. Stufe) verankert. Damit ist sie für manche Freizeitbereiche und für den Sport teilweise eingeführt. Es kommen neue Formen einer gemeinsamen Gremienarbeit (Gefangenen und Bedienstete in den Gremien des AE aber auch z.B. im Rahmen der SGM in Rockenberg) auf. Zu dem immer noch im Vordergrund stehenden Gedanken, dass Mitverantwortung ein Meilenstein auf dem Weg zur Resozialisierung ist (ein Lernfeld neben Schule, Arbeit, Therapie) tritt die Vorstellung, dass Mitverantwortung für die sinnvolle Verwaltung der Anstalt wichtig ist, aber auch, dass die Gefangenengruppe das (demokratische) Recht hat, eigene Bedürfnisse einzubringen.

676 Werner (1973): S. 93 f.

VIII. Kapitel: Schlussresümee

In der Arbeit wurde aufgezeigt, wie sich die Verantwortungsübertragung auf Gefangene von der ersten Vertrauenseinräumung bis zur Selbstverwaltung in einer Gruppe entwickelt hat. So wurde bereit 1804 mit dem preußischen Generalplan durch die Klassifizierung der Gefangenen der Anfang eines Stufenmodells in der Theorie entwickelt. Zeller regte 1824 an, ein Stufensystem für Gefangene mit vorläufiger Vertrauenseinräumung einzuführen, während in dem System von Obermaier und in Rockenberg bereits erste praktische Erfahrungen mit der Mitverantwortung der Gefangenen gemacht wurden.

Geprägt wurde das 19. Jahrhundert jedoch durch die Einführung eines militärischen Systems in den Gefängnissen. Militärischer Drill aber auch Entwickeln von Ehrgefühl bei den Gefangenen prägten das Anstaltsleben. Es wurden Saal- oder Flurälteste für Ordnungsaufgaben bestimmt wie das Beispiel vom Kölner Klingelpütz zeigt, und damit Vertrauen eingeräumt. Durch die begrenzte Auswahlmöglichkeit unter mehreren Kandidaten war eine Vorstufe der Gefangenenmitverantwortung erreicht.

Das Einzelhaftsystem, beeinflusst durch das pennsylvanische und das auburnsche System, wurde von einer Mehrheit der Teilnehmer eines internationalen Gefängniskongresses 1846 vertreten und in der Strafvollzugsliteratur propagiert. Für die Praxis war die Einzelhaft wegen der hohen Kosten für die Umbauten vorhandener Anstalten und die erforderlichen Neubauten nicht durchsetzbar. Bis auf wenige Prestigeanstalten in Moabit und Bruchsal sowie der äußerlichen Reorganisation einiger Zuchthäuser blieb es bei dem militärischen System. Für die Entwicklung der Mitverantwortung war das Einzelhaftsystem sowieso contraproduktiv gewesen.

Erst in der Zeit der Weimarer Republik erfolgten für die Entwicklung der Mitverantwortung entscheidende Schritte, die ihren Ursprung bereits im Deutschen Reich und früher hatten.

Das Stufensystem, welches von Zeller bereits 1824 angeregt, in der britischen Strafkolonie in Australien als Markensystem eingeführt worden war, fand über England und der Weiterentwicklung von Crofton im irischen System seinen Weg in den deutschen Strafvollzug, wenn auch grundsätzlich ohne Markensystem.

Das irische Modell stellte bereits ein komplettes Stufensystem dar, da es die Möglichkeit zum Aufsteigen von der niedrigeren zur höheren Klasse im Gefängnis vorsah. Der Gefangene musste allerdings aktiv werden, da er sich durch ein Markensystem den Aufstieg in die höhere Klasse erst erarbeiten musste.
In einer Zwischenanstalt erfolgte die eigentliche Vertrauensübertragung.
Unterstützt wurde die Einführung des Stufensystems in der Weimarer Republik auch durch das „Reformatory-System" in Amerika. Dort war als Auswirkung eines Kongresses in Cincinnati 1870 und deren Thesen in der Elmira Anstalt in

New York 1876 ein Stufensystem eingerichtet worden. Bezug genommen worden sein soll auf diesem Kongress neben dem irischen Modell auch auf das System von Obermaier.[677]

Die Auswirkungen dieser Thesen des Kongresses von 1870, die auf S. 61 aufgezählt sind, finden sich noch im Strafvollzug der Bundesrepublik Deutschland.

Das Stufensystem selbst bot eine ideale Möglichkeit, Klassen oder Stufen einzurichten, verbunden mit der Möglichkeit des Auf- aber auch Abstiegs nach Erfüllung bestimmter Voraussetzungen oder deren Verwirkung. Die Gefangenen konnten in eine aktive Rolle gedrängt werden, was sie selbst oft als Belastung empfanden. In den höheren Stufen konnte mit den Gefangenen durch Vertraueneinräumung, Mitwirkung in bestimmten Bereichen (meist der Freizeitgestaltung), Einräumung von Mitverantwortung und Mitbestimmung gearbeitet und diese auf ein Leben nach der Entlassung vorbereitet werden.
Dieses System nahm seinen Anfang im Jugendstrafvollzug, wie die Elmira-Anstalt in New York und in Borstal, England, von 1902 zeigen.

In den Jugendstrafanstalten und Erziehungsheimen traf der Gedanke des Stufensystems auf hochmotivierte Jugendbewegte, die in der Zeit des Deutschen Reichs in den verschiedenen Bünden Erfahrungen mit Gruppen und ihren Mitwirkungsmöglichkeiten gemacht hatten. Im weitesten Sinn waren es Erziehungsgemeinschaften gewesen und viele Jugendbewegte hatten, geprägt von dieser Zeit, nach dem I. Weltkrieg ihre pädagogische Mission gefunden.
Da es sich in diesen Bünden zumeist um junge Menschen gehandelt hat, wundert es nicht, dass Jugendbewegte als Erzieher (Fürsorger) oder Lehrer zunächst in Erziehungsheime und Jugendanstalten drängten.
Dort führten sie Wahlen zu Vorständen und Jugendrat ein, motivierten zum Mitmachen und unterstützten Mitwirkung und Mitverantwortung in ausgewählten Gruppen wie den Innenring in Hahnöversand oder die dritte Stufe im Jugendgefängnis Wittlich.

Für die Entwicklung der Gefangenenmitverantwortung stellte dies einen gewaltigen Sprung dar. Mit dem Recht zur Wahl und der direkten Einflussnahme erfolgte eine Mitbestimmung in den Anstalten, welches als der eigentliche Beginn der Verantwortungsübertragung angesehen werden kann.
Auch wenn die Entwicklung stark von den Persönlichkeiten abhing, die die Ideen in den Anstalten umzusetzen suchten, war die Entwicklung in Verbindung mit dem Stufensystem nicht mehr aufzuhalten.
Verschiedene Länder erließen Verordnungen, in denen die Teilnahme an Mitwirkungsrechten in der dritten Stufe auch im Erwachsenenvollzug zum Programm gehörte. Die Selbst- bzw. Mitverwaltung in der dritten Stufe bildete den letzten Teil für die Befähigung der Gefangenen zu ihrer Wiedereingliederung in die Gesellschaft.

---

677 Liepmann (1923): S. V. Einleitung

Thüringen hatte neben der Einführung des Stufenstrafvollzugs und der Selbstverwaltung in der dritten Stufe in einigen Bereichen auch als erstes Land den Fürsorger für das Gebiet der Gefangenenfürsorge in seiner DVO von 1929 gesetzlich verankert. Diese unterstützten u.a. die Gefangenen auf ihrem Weg von der Vertrauenseinräumung über die Mitverantwortung und Mitbestimmung zur Selbstverwaltungsgruppe in der III. Stufe. Die Schilderungen über die Verwirklichung der Selbstverwaltung in der thüringischen Strafanstalt Untermaßfeld (s. S. 80) belegen die erzieherischen Einwirkungsmöglichkeiten der Fürsorger auf die Gruppe der Gefangenen.
Es wurde ein kameradschaftlicher Umgang gepflegt, sowohl innerhalb der gewählten Ausschüsse als auch zu den übrigen Gefangenen. In dieser Form wurden Aufgaben übernommen, Verständnis für Mitgefangene aufgebracht und mitverantwortlich gehandelt.

Die Zeit des III. Reichs führte zu einem grundsätzlichen Einschnitt durch die Abkehr von der Erziehung mit Mitwirkungsrechten zur Resozialisierung hin zur Einführung eines Führerprinzips. Die jugendbewegten Anstaltsleiter und Erzieher wie z.B. Krebs, Herrmann oder Werner wurden entlassen oder verhaftet.
Der Alltag in der Strafanstalt verlief jedoch menschlicher als es nach den Vorstellungen der Nazis gewünscht war. Im Jugendstrafvollzug konnte durch die Beschäftigung von Lehrern als vorgebildeten Pädagogen sogar ein Fortschritt erzielt werden.

Nach 1945 entwickelte sich in der DDR ein Strafvollzug geprägt von den Erkenntnissen Makarenkos. Die Erziehung erfolgte im Kollektiv mit einer gesteigerten Mitbestimmung je nach Grad der Entwicklung in diesem.
Erstmals in einem System standen nicht die Mitwirkungsrechte des einzelnen Gefangenen im Vordergrund sondern die Entwicklung des Kollektivs. Der 1939 verstorbene russische Pädagoge hatte mit dieser „Bildung von Selbstverwaltungsgemeinschaften jugendlicher Rechtsbrecher" das Interesse über Russlands Grenzen hinaus geweckt.[678]
Die Verantwortung für die Erziehung des Gefangenen oblag dem Kollektiv und dieses übertrug ihm in steigendem Maße Verantwortung, um ihn zum Aufstieg in die nächst höhere Stufe zu befähigen.
Nach Makarenko sollten in dem Kollektiv die sogenannten Aktivs als Vorbilder die Passivs von der Richtigkeit ihre Tuns für das ganze Kollektiv überzeugen und zum Mittun bewegen.
Konflikte, soweit vorhanden, sollten innerhalb des Kollektivs selbstverantwortlich gelöst werden.
Dieses System Makarenkos als Jugendkollektive für jugendliche Rechtsbrecher in den zwanziger Jahren des 20ten Jahrhunderts in Sowjetrussland entwickelt[679] beeinflusste auch den gesamten Strafvollzug der DDR.

---

678 Schleicher (1960): S. 91
679 Schleicher (1960): S. 90

Allerdings bezog sich die Mitbestimmung im Kollektiv nur auf die Tätigkeit in der Produktion und galt auch nicht für alle Gefangenen. Im Freizeitbereich galt weiterhin der militärische Drill.

In der Bundesrepublik Deutschland wurde zunächst an die Mitwirkungsmodelle und die positiven Erfahrungen der Weimarer Republik angeknüpft.
Die Gefangenenmitverantwortung setzte jedoch in der weiteren Entwicklung bereits in der zweiten Stufe für einige Freizeitbereiche ein. In der dritten Stufe fand die eigentliche Mitbestimmung in der Gruppe statt. Neue Formen der Zusammenarbeit in Gremien und Vereinen zwischen Gefangenen und Bediensteten oder mit Personen außerhalb der Anstalt (z.B.: SGM in Rockenberg) wurden gefunden.

Gestützt auf diese Erfahrungen begannen ab 1968 die Beratungen zum Erlass eines Strafvollzugsgesetzes mit einer Vorschrift über die Gefangenenmitverantwortung.

Diese Beratungen, Vorlagen, Entwürfe etc. endeten wie folgt:

> „In seiner 221. Sitzung am 12.02.1976 hat der Deutsche Bundestag dem Antrag des Vermittlungsausschusses vom 04.02.1976 zum Gesetz über den Vollzug der Freiheitsstrafe und der freiheitsentziehenden Maßregeln der Besserung und Sicherung – Strafvollzugsgesetz (StVollzG) – mit kleineren Modifikationen zugestimmt. Nachdem auch der Bundesrat seine Zustimmung erklärt hat, ist das Strafvollzugsgesetz nunmehr am 16.03.1976 zustande gekommen."[680]

---

680 Müller-Dietz (1976): S. 913

Literaturverzeichnis

Ahlborn, Knud: Die Freideutsche Jugend und Menschheitsgedanke, in: Seidelmann, Karl: Die deutsche Jugendbewegung, Bad Heilbrunn/ OBB 1966

Alternativ-Entwurf eines Strafvollzugsgesetzes: Vorgelegt von einem Arbeitskreis deutscher und schweizerischer Strafrechtslehrer, bearbeitet von Jürgen Baumann, Anne-Eva Brauneck, Rolf-Peter Callies, Klaus Geppert, Ernst-Walter Hanack, Stephan Quensel, Claus Roxin, Rudolf Schmitt, Horst Schüler-Springorum, Günter Stratenwerth. Tübingen 1973

Arbeiterwohlfahrt: Vorschläge der Arbeiterwohlfahrt zur Reform des Strafvollzuges, Bonn, 1970

Arndt, Jörg: Strafvollzugsbau. Bochum 1981

Aschrott, P.F.: Strafensystem und Gefängniswesen in England, Berlin, Leipzig 1887

Aschrott, P.F.: Die neuen Grundsätze über den Vollzug von Freiheitsstrafen in Deutschland, in: ZSTW, Band 18 I,1898.

Bachmann, H.: Die Rechtsstellung des Strafgefangenen. Dissertation Leipzig, 1938.

Baumann, Jürgen: Bundeszusammenschluß für Straffälligenhilfe, Fachausschuß I, Vorschläge zum Entwurf eines Strafvollzugsgesetzes in: MschrKrim 57. Jahrgang, Heft 6, 1974

Baumann, Jürgen: Einige Modelle zum Strafvollzug, Bielefeld, 1979

Bäumer, Max: Erziehung im Strafvollzug an Jungmännern, in: ZfStrVo, Heft 2, 1950

Bäumer, Max: Die Strafanstalt Butzbach. Rückblick und Ausschau., in: ZfStrVo, Heft 2, 1951.

Bäumer, Max: Erfahrungsbericht über den Abteilungsspiegel, in: ZfStrVo, Heft 4, 1952/53

Bäumer, Max: Die Rechtsordnung, in : JuS Schriftenreihe Gerog Brunner: Einführung in das Recht der DDR, München 1975

Behnke, Egon: Jugendgefängnis und Erziehungsheim als Maßnahmen gegen Jugendkriminalität, in: ZSTW, Band 56, Berlin und Leipzig,1937

Bennecke /Fuhr: Geschichte der Gefängnisverwaltung in Hamburg von 1622 - 1872. Ein Literaturbericht über Strengs Buch, in: ZSTW XI Band, Berlin 1891

Bias-Engels, Sigrid: Zwischen Wandervogel und Wissenschaft, Köln, 1988

Blau, Günter: Die Entwicklung des Strafvollzugs seit 1945, Tendenzen und Gegentendenzen. in: Schwind/Blau, Strafvollzug in der Praxis, Berlin- New York, 1988.

Bleidt, Wilhelm: Jugendgefängnisse, in: Strafvollzug in Preußen, Preußisches Justizministerium, Mannheim, Berlin, Leipzig, 1928

Böhm, Alexander: Die strafrechtliche Entwicklung in Deutschland, - Divergenz oder Konvergenz, Köln Berlin Bonn München 1986

Böhm, Alexander: Hundert Jahre Strafvollzug in Butzbach in: psychosozial 19. Jg. Heft III, 1996

Böhm, Alexander: Zur Geschichte der Gefängnisseelsorge seit 1927, in: RGS Heft 11, Berlin, 2002

Böhm, Alexander: Strafvollzug in Rockenberg, Menschenfreundlicher Zweck oder unbeliebte Nutzung? Vortrag gehalten auf der Wissenschaftlichen Tagung der Vereinigung für Heimatforschung in Vogelsberg, Wetterau und Kinzigtal e.V. am 21. September 2003 in JVA Rockenberg, 2003 a

Böhm, Alexander: „Strafvollzug“, 3. Auflage, Neuwied und Kriftel, 2003 b

Bohnenkamp, Hans: Jugendbewegung und Schulreform, in: Die deutsche Jugendbewegung. Welt und Wirkung. Zur 50. Wiederkehr des Freideutschen Jugendtages auf dem Hohen Meißner. Kern, Suppert, Vogt., Düsseldorf - Köln, 1963

Bondy, Curt: Die proletarische Jugendbewegung in Deutschland mit besonderer Berücksichtigung der Hamburger Verhältnisse.Lauenburg (Elbe), 1922

Bondy, Curt: Der Strafvollzug an jungen Gefangenen, in: Frede, Lothar / Grünhut Max, Reform der Strafvollzugs, Berlin u. Leipzig 1927

Bondy, Curt; Frede, Lothar: Gefängniskunde, in: ZStW, Bd. 50, 1930

Brenner, Hildegard: alternative Fürsorgliche Macht, Zwei Jahrhunderte Gefängnis, Heft 134/35, 23. Jahrgang, Berlin, 1980

Brisinski, von; Gerd Spitczok: Behandlungs- und verwahrungsorientierter Strafvollzug. Sein Einfluss auf das Verhalten von Gefängnisinsassen. Band 2, Berlin, 1982.

Bumke, Erwin: Grundsätze für den Vollzug von Freiheitsstrafen vom 7. Juni 1923, in: „ Deutsches Gefängniswesen. Ein Handbuch.“ Berlin ,1928.

Bundesministerium der Justiz: Synoptische Gegenüberstellung der in den Ländern der BRD und Westberlin geltenden Vollzugsvorschriften, Bonn, 1955

Bundesministerium der Justiz: Sonderband zu den Tagungsberichten der Strafvollzugskommission Band XI bis XIII, Bonn, 1971

Callies, Rolf-Peter: Strafvollzugsrecht, JuS Schriftenreihe. 2. Auflage, München,1981.

Callies / Müller-Dietz: Kommentar zum StVollzG. 4.Auflage, München,1986..

Cornel, Heinz: Geschichte des Jugendstrafvollzugs, Weinheim und Basel, 1984

Corves, Erich; Josef Herzog: Verordnung über den Vollzug des Jugendarrestes, Berlin und Frankfurt a.M., 1966

Corvin: Die Einzelhaft und das Zellengefängnis in Bruchsal, Hamburg 1857

Dallinger, Wilhelm; Lackner, Karl: Kommentar zum JGG, München-Berlin 1955

Depenbrock: Erwachsenenstrafvollzug, Bonn, 1960

Döring, Hans-Joachim: Die Zigeuner im NS-Staat, Kriminalstatistik, Band 12, 1964

Dörner, Christine: Erziehung durch Strafe, Die Geschichte der Jugendstrafvollzugs 1871 – 1945, Weinheim und München 1991

Dünkel, Frieder: Die Geschichte des Strafvollzugs, in: Strafvollzug, Erfahrungen, Modelle, Alternativen. Göttingen,1983.

Eberle, Hans-Jürgen: Lernen im Justizvollzug. Voraussetzungen und Ansätze einer Justizvollzugspädagogik und ihrer Didaktik. Frankfurt am Main,1980.

Ehrenthal, Günther: Die freie Jungendbewegung bis 1928 , in: Die deutsche Jugendbewegung, Seidelmann, Karl: Bad Heilbrunn / OBB; 1966

Eichler, Hans: Neuzeitlicher Strafvollzug, in: ZSTW, Band 48, Berlin und Leipzig, 1928.

Eisenhardt, Thilo: Strafvollzug, Reihe: Wissenschaft und soziale Praxis. Stuttgart Berlin Köln Mainz,1978.

Ellger, H.: Der Strafvollzug in Stufen, in: Strafvollzug in Preußen, Preußisches Justizministerium, Mannheim, Berlin, Leipzig, 1928

Espich, Horst: Dr. Robert Werner, Ein mutiger Reformer im Jugendvollzug, in: 50 Jahre Fliedner-Verein Rockenberg. Butzbach, 2000

Fasoli, Hemma: Zum Strafverfahrensrecht und Gefängniswesen im 19. Jahrhundert. Kehl am Rhein, Strassburg, Arlington, 1985.

Finn, Gerhard: Politischer Strafvollzug in der DDR. Köln, 1981

Flik: Die Jugendstrafanstalt Niederschönenfeld, in: Zeitschrift für Strafvollzug, Bd 1, 1950

Frank, Hans: Grundzüge eines deutschen Strafvollstreckungsrechts, Berlin, 1934

Fratzscher, Adolf: Das Vollzugssystem der Jugendstrafanstalt Neumünster, in: Zeitschrift für Strafvollzug, Band 6, 1956

Frede Lothar: Strafvollzug, Geschichte, in: Handwörterbuch der Kriminologie, Band 3, Sieverts / Schneider, Berlin, 1975

Frede, Lothar: Der Strafvollzug in Stufen in Thüringen. in: ZSTW, Band 46, Berlin und Leipzig,1925.

Frede, Lothar: Der Strafvollzug in Stufen, in: Frede, Lothar / Grünhut, Max: Reform des Strafvollzugs, Berlin und Leipzig, 1927

Frede, Lothar: Die vom Reichsrat am Entwurf des Strafvollzugsgesetzes vorgenommenen Änderungen. in: ZSTW, Band 48, Berlin und Leipzig,1928.

Frede, Lothar: Gefängnisgeschichte, in: Handwörterbuch der Kriminologie, 1. Band, Berlin und Leipzig, 1933

Freßle, Paul: Die Geschichte des Männerzuchthauses Bruchsal, Dissertation, Freiburg i.Br.1970.

Freudenthal, Berthold: Bestimmung über den Vollzug von Freiheitsstrafen in Stufen. in: ZSTW, Band 47, Berlin und Leipzig, 1927

Fulda, Karl: Die Gefängnisverbesserung und das Strafvollstreckungsgesetz für das deutsche Reich, Kassel, 1873

Gallas, Wilhelm: Strafe und Erziehung im Jugendstrafrecht. in ZSTW 56. Band,1937.

Gentz, Werner: Der moderne Strafvollzug. in: ZSTW, Band 46, Berlin und Leipzig,1925.
Gentz, Werner: Die „Declaration of Principles“ in ihrer revidierten Fassung vom 14. Oktober 1930 in: MschrKrim, 23. Jahrgang, Heidelberg, 1932
Gentz, Werner: Ein Jahr progressiver Strafvollzug in Preußen, in: ZSTW, Band 47, Berlin und Leipzig, 1927
Giesecke, Hermann: Vom Wandervogel bis zur Hitlerjugend, Jugendarbeit zwischen Politik und Pädagogik, München, 1981
Greifenhagen, Horst: Die wesentlichen Neuerungen der bundeseinheitlichen DVollzO aus der Sicht des hamburgischen Strafvollzugs. Dissertation. Hamburg,1963.
Grell, Hellmut: Rettungsschwimmen der DLRG im Lager für junge Gefangene Staumühle, in: ZfStrVO, Heft 2, 1961
Groß, Elmar; Wagner, Georg: Ein Jahr Mitsprache der Gefangenen in der JVA Landsberg am Lech, in: ZfStrVO, Heft 2, Darmstadt, 1970
Grunau, Theodor: Erläuterungen zur Dienst- und Vollzugsordnung, Strafvollzug an Erwachsenen, Köln Berlin Bonn München, 1972
Grünhut, Max: Forderungen zum Strafvollzugsgesetz. in: ZSTW, Band 51, Berlin und Leipzig, 1931.

Hänell, Carl Wilhelm: System der Gefängniskunde, Göttingen, 1866
Herr, Paul: Das moderne amerikanische Besserungssystem, Berlin-Stuttgart-Leipzig, 1907
Herrmann, Walter: Das Hamburgische Jugendgefängnis Hahnöversand Hamburg, 1923
Hinkel, Ulrich; Spieß Norbert: Sport in der Jugendstrafanstalt Rockenberg, in: 50 Jahre Fliedner-Verein Rockenberg, 2000
Hippel, R.v.: Beiträge zur Geschichte der Freiheitsstrafe, in: ZSTW, 18. Band, Berlin, 1898.
Hitler, Adolf: Mein Kampf, 1. Band, München, 1939
Hoffmann, Ernst Emil: Das Gefängniswesen in Hessen, Sonderheft der „Blätter der Gefängniskunde“, Dissertation, Heidelberg, 1899
Holtzendorf, Franz von; Jagemann, Eugen von: Handbuch des Gefängniswesens Band I, Hamburg, 1888

Johanns, Günter: Streiflichter aus dem Strafvollzug, in: Strafvollzug in Hessen, Eine Festgabe für Albert Krebs zum 40jährigen Dienstjubiläum, 1960
Jung, Heinz-Heike: Ist der Alternativ-Entwurf eine Alternative oder Utopie? in: ZfStrVo, 1974
Jung, Heinz-Heike; Müller-Dietz, Heinz: Vorschläge zum Entwurf eines Strafvollzugsgesetzes, Bonn - Bad Godesberg, 1974

Kaldewey: Sträflingsarbeit und freie Arbeit in Preußen, in: Blätter der Gefängniskunde, 23. Band, 1889
Karsen, Fritz: Deutsche Versuchsschulen der Gegenwart und ihre Probleme, Leipzig, 1923

Kern, Herbert: Die Erziehung im Strafvollzug , Berlin,1958.

Kerner: Strafvollzug, in: Kaiser / Kerner / Schöch, 3. Auflage Heidelberg,1982.

Kindt, Werner: Die Wandervogelzeit, Quellenschriften zur deutschen Jugendbewegung 1890 – 1919, Düsseldorf-Köln, 1968

Klein; Wackermann; Wutzdorff: Preussische Gefangenenanstalten. Die Vorschriften über Verwaltung und Vollzug in den Gefangenenanstalten der preussischen Justizverwaltung. 4.Auflage, Berlin, 1924.

Koch, Bernd: Das System des Strafvollzugs in Deutschland unter besonderer Berücksichtigung seiner Entwicklungsgeschichte. Dissertation, Freiburg i.B., 1972.

Koepsel, Klaus: Gefangenenmitverantwortung, in: Schwind / Blau, Strafvollzug in der Praxis, Berlin - New York, 1988

Kolling, Hubert: Das Gerichtsgefängnis Marburg 1891 - 1971. Baugeschichte und Vollzugsalltag. Marburg, 1988.

Kraschutzki, Heinz: Die Gerechtigkeitsmaschine Erfahrungen mit Strafen und Strafvollzug. Karlsruhe, 1970.

Krebs, Albert: Theodor Fliedner, in: ZfStrVo Heft 4, 1950a

Krebs, Albert: Die Durchführung der Kontrollratsdirektive Nr. 19 in den vier Besatzungszonen Deutschlands, insbesondere in der amerikanischen Zone, in: ZfStrVo, Heft 3, 1950 b

Krebs, Albert: lex Wentzel, Gesetz betreffend die Beschäftigung der Strafgefangenen außerhalb der Anstalt vom 11. April 1854, in: ZfStrVo, Heft 2, 1954

Krebs, Albert: Aufgabe des Vollzugs von Freiheitsstrafen, in: ZfStrVo, Heft 5, 1966

Krebs, Albert: Über Methoden in der neueren Geschichte des Strafvollzugs, dargestellt am Beispiel der Thüringischen Landesstrafanstalt Untermaßfeld in den Jahren 1923 – 1933, in: ZfStrVo, Heft 4, 1967

Krebs, Albert: Die Aufgabe des Freiheitsentzugs, in: Sonderband zu den Tagungsberichten der Strafvollzugskommission, Bonn, 1971 (a)

Krebs, Albert: Behandlungsziele des Vollzugs der Freiheitsstrafe in Deutschland seit der Aufklärung. in: Erziehung und Recht im Vollzug der Freiheitsstrafe Wuppertaler Beiträge zur Straffälligenpädagogik, Deliquenzprophylaxe und Rehabilitation, Deimlin, Gerhard und Häußling, Josef M., Wuppertal, Band 1, 1974

Krebs, Albert: (1978 a) Die Vorschläge von Heinrich Balthasar Wagnitz zur Ausbildung der Strafanstaltsbediensteten in ihrer Bedeutung für die Gegenwart. in: Freiheitsentzug, Heinz Müller-Dietz, Berlin 1978

Krebs, Albert: (1978 b) Von den Anfängen des Progressivsystems und den Vorschlägen Carl August Zellers, in: Freiheitsentzug a.a.O

Krebs, Albert: (1978 c) Nikolaus Heinrich Julius, „Vorlesungen über die Gefängnis-Kunde" Eine Studie, gehalten 1827 zu Berlin, in: Freiheitsentzug a.a.O

Krebs, Albert: (1978 d) Der Strafvollzug in der Gedankenwelt Gustav Radbruchs, in: Freiheitsentzug a.a.O
Krebs, Albert: (1978 e) Der Erziehungsbeamte in der Strafanstalt, in: Freiheitsentzug a.a.O
Krebs, Albert: (1978 f) Die Selbstverwaltung Gefangener in der Strafanstalt, in: Freiheitsentzug a.a. O
Krebs, Albert: (1978 g) Landesstrafanstalt in Untermaßfeld, in: Freiheitsentzug a.a. O
Krebs, Albert: (1978 h) Die Aufgabe des Freiheitsstrafvollzuges, Ideen- und begriffsgeschichtliche Bemerkungen. in: Freiheitsentzug a.a.O
Krebs, Albert: (1978 i) John Howards Einfluss auf das Gefängniswesen Europas - vor allem Deutschlands. in: ZfStrVo, Heft 5
Kriegsmann, N. Hermann: Einführung in die Gefängniskunde, Heidelberg, 1912
Krohne, K.: Arbeitsbetriebe in den Strafanstalten, Verhandlungen der Versammlung des Vereins der deutschen Strafanstaltsbeamten in Bremen 1880, in: BlfGK, 15. Band, Heidelberg, 1882
Krohne, K.: Lehrbuch der Gefängniskunde unter Berücksichtigung der Kriminalstatistik und Kriminalpolitik, Stuttgart, 1889
Kümmerlein, Heinz: Reichs-Jugendgerichtsgesetz mit den ergänzenden Rechts- und Verwaltungsvorschriften auf dem Gebiet des Jugendstrafrechts, Jugendhilferechts und strafrechtlichen Jugendschutzes, München, Berlin 1944

Lekschas, J.: Jugendkriminalität und ihre Bekämpfung in der sozialistischen Gesellschaft. Berlin,1965.
Liepmann, Clara: „Die Selbstverwaltung der Gefangenen“, Schriften zur gesamten Strafrechtswissenschaft. Heft 12., Mannheim-Berlin-Leipzig,1928.
Liepmann, Clara: Einleitung, in: Das Hamburgische Jugendgefängnis Hahnöversand, Herrmann, Hamburg, 1923
Liszt, von: Preussen, Königreich Sachsen und die übrigen Norddeutschen Staaten, in: Handbuch des Gefängniswesens, Franz von Holtzendorf und Eugen von Jagemann, Band 1, Hamburg, 1888
Loos, Ernst: Die offene und halboffene Anstalt im Erwachsenenstraf- und Maßregelvollzug. , Beiträge zur Strafvollzugswissenschaft. Heft 7, Stuttgart, 1970.

Makarenko: Ausgewählte Pädagogische Schriften, Paderborn, 1969
Mehner, Heinrich: Aspekte zur Entwicklung des Straf- und Untersuchungshaftvollzugs in der ehemaligen sowjetischen Besatzungszone Deutschlands (SBZ) sowie in den Anfangsjahren der DDR, in: ZfStrVo, Heft 2, 1992
Messer, August: Die Entwicklung der freideutschen Jugendbewegung, in : Die freideutsche Jugendbewegung - Ursprung und Zukunft, Grabowski, Adolf und Koch Walter, Gotha, 1920
Mittermaier, Wolfgang: Gefängniskunde, Berlin-Frankfurt, 1954.

Mollenhauer,Wilhelm: Die erzieherische Ausgestaltung des Jugendstrafvollzugs. in: ZSTW, Band 55, Berlin und Leipzig,1936.
Müller-Dietz, Heinz: „Johann Hinrich Wichern". Ein Vorkämpfer der Gefängnisreform in Preußen. in Kriminalistik,28.Jahrgang.Hamburg,1974.
Müller-Dietz, Heinz: Das Strafvollzugsgesetz, in: NJW, München, Frankfurt am Main, 1976
Müller-Dietz, Heinz: Der Strafvollzug in der Weimarer Zeit und im Dritten Reich. in: Busch, Max/ Krämer, Erwin. Strafvollzug und Schuldproblematik. Pfaffenweiler,1988.
Muntau, Johannes: Strafvollzug und Gefangenenfürsorge im Wandel der Zeit. Celle,1961.

Neuendorf: Die Erziehungsfrage in der Jugendbewegung, in: Die freideutsche Jugendbewegung. Ursprung und Zukunft, Grabowsky, Adolf u. Koch, Walter, Gotha, 1920

Obermaier, Georg Michael: Anleitung zur vollkommenen Besserung der Verbrecher in den Strafanstalten, Kaiserslautern, 1835
Oleschinski, Brigitte: Die Abteilung Strafvollzug der Deutschen Zentralverwaltung für Justiz in der Sowjetischen Besatzungszone 1945 - 1949, in: ZfStrVo, Heft 2, 1992
Organ des Vereins der deutschen Strafanstaltsbeamten: in: BlfGK, 15. Band, Heidelberg, 1882

Pohl, Max: Die Geburt des Wandervogels in Steglitz, in: Die deutsche Jugendbewegung, Seidelmann, Karl, Bad Heilbrunn / OBB, 1966
Potrykus, Gerhard: Kommentar zum Jugendgerichtsgesetz, Nürnberg Düsseldorf, 1952
Preißer, Friedrich: Das erste deutsche Jugendgefängnis, in: ZStW, Band 39, 1918
Puls, Willi-Walter: Auf dem Wege zur Politik, in: Die deutsche Jugendbewegung. Welt und Wirkung, Zur 50. Wiederkehr des Freideutschen Jugendtages auf dem Hohen Meißner. Kern, Suppert, Vogt, Düsseldorf-Köln, 1963

Quedenfeld, Hans-Dietrich: Der Strafvollzug in der Gesetzgebung des Reiches, des Bundes und der Länder, Tübingen, 1971

Radbruch, Gustav: Die ersten Zuchthäuser und ihr geistesgeschichtlicher Hintergrund, in: elegantiae juris criminalis, 2.Auflage, Basel,1950.
Rauch, Herbert: „Die Neugestaltung des Jugendstrafvollzugs", in ZSTW,Band 57, Berlin, 1938.
Reichsminister der Justiz: Entwurf eines Strafvollzugsgesetzes Nr. 3628, in: Materialien zur Strafrechtsreform, 6. Band, Bonn, 1954
Reitberger, Georg: Erfahrungen mit der Mitsprache der Gefangenen in der Jugendstrafanstalt Niederschönenfeld, in: ZfStrVo, Heft 2, 1970
Roggemann, Herwig: Strafgesetzbuch und Strafprozessordnung der DDR mit Nebengesetzen. 2.Auflage,Berlin,1978.

Rotthaus, Karl-Peter: in Schwind, Hans-Dieter/Böhm, Alexander, Kommentar zum StVollzG. Berlin, New York, 1983.

Saal: „Über den Bau und die Einrichtung der preussischen Gefängnisse“ in Deutsche Strafrechtszeitung, Heft 1 / 2, Berlin,1915.

Sagaster, Ursula: Die thüringische Landesstrafanstalt Untermaßfeld in den Jahren 1923 - 1933. Reihe Strafvollzug, Randgruppen, Soziale Hilfen. Band 1, Frankfurt a.M. -Bern- Cirencester,1980.

Schäfer, Leopold; Hauptvogel, Fritz: Deutsche Gesetzentwürfe und Vorschriften über den Strafvollzug Mannheim, Berlin, Leipzig 1928

Schaffstein, Friedrich: Die Bedeutung des Erziehungsgedankens im neuen deutschen Strafvollzug. in: ZSTW, Band 55, Berlin und Leipzig,1936.

Schaffstein, Friedrich: Gedanken über Strafvollzug an jungen Gefangenen, in: ZSTW, Band 56, 1937

Schattke, Herbert: Die Geschichte der Progression im Strafvollzug und der damit zusammenhängenden Vollzugsziele in Deutschland. Dissertation, Frankfurt a.M., Bern, 1979.

Schleicher, Rolf: Formen des Gemeinschaftslebens in der Strafanstalt, in: Straffvollzug in Hessen, Eine Festgabe für Albert Krebs zum 40jährigen Dienstjubiläum, 1960

Schneider, Bernd: Daten zur Geschichte der Jugendbewegung, Bad Godesberg, 1965

Schüler-Springorum, Horst: Strafvollzug im Übergang, Göttingen,1969.

Schulze, Kurt; Ellger, Hans: Gefängniskunde, Ein Leitfaden zur Ausbildung und Fortbildung im Dienst der preussischen Gefangenenanstalten, Halle a.S.,1925.

Schwandner: „Die Verwendung von Straf- und Kriegsgefangenen zu Außenarbeit“, in Deutsche Strafrechtszeitung, Heft 4. Berlin,1915

Schwind, Hans-Dieter: Eine Einführung in die Probleme und Realitäten des Strafvollzugs und der Entlassenenhilfe, in: Blau, Günter, Strafvollzug in der Praxis, Berlin-New York, 1976.

Seidelmann, Karl: Abschied von der Freiheit - Das letzte Treffen der Bündischen Jugend, in: Die deutsche Jugendbewegung, Bad Heilbrunn/OBB, 1966

Selge, Edgar: Stufenvollzug, Entlassungsvollzug, Freigang, Die Progression im Strafvollzug, in: Sonderband zu den Tagungsberichten der Strafvollzugskommission, Bundesministerium der Justiz, Bonn, 1971

Sieverts,Rudolf: Das englische Borstalsystem, in: ZStW, Band 56, Berlin und Leipzig, 1937

Starke: Disziplin und Hausstrafen, in: Frede, Grünhut, Reform des Strafvollzugs, 1927

Steinbrink, Walter: Der offene Lagervollzug in Staumühle, in: ZfStrVo, Heft 5, 1965

Szikibik, Heinz: Sozialistischer Strafvollzug, Berlin, 1969

Tiedemann, Klaus: Die normative Grundlage des deutschen Strafvollzuges, in: NJW 1967

Valentini, von Hermann: Mit den Gefangenen ... ist alles zu machen. Gefangene auf Außenarbeit, in: ZfStrVo, Heft 6, 1954

Vormbaum, Thomas; Welp, Jürgen: Strafgesetzbuch für das Deutsche Reich vom 15. Mai 1871, in: Das Strafgesetzbuch, Sammlung der Änderungsgesetze und Neubekanntmachungen, Bd. 1: 1870- 1953, Baden-Baden, 1. Aufl., 1999

Wahlberg: Die Gesamtentwicklung des Gefängniswesens und der Haftsysteme von der Mitte des XVI. Jahrhunderts bis zur Gegenwart, in: v. Holtzendorf, Franz / v. Jagemann, Eugen, Handbuch des Gefängniswesens, Band I, Hamburg, 1888

Weißenrieder, Otto: Zur Geschichte des Besserungsgedankens im Vollzug der neuzeitlichen Freiheitsstrafe, in: BlfGK 56, 1924/25

Wenderoth, Anneliese: Mitverwaltung, in: ZfStrVo, 1967

Werner, Robert: Erziehungsarbeit in Rockenberg, in: ZfStrVo, Heft 3, 1950

Werner, Robert: Die Hauszeitung der Jugendstrafanstalt Rockenberg, in: ZfStrVo, Heft 4, 1952/53

Werner, Robert: Aufgabe und Praxis des Jugendstrafvollzugs, in: Schriften des Fliedner-Vereins, Nr. 10, Rockenberg, Mai 1956

Werner, Robert: Erziehungsmöglichkeiten und -methoden im Jugendstrafvollzug, in: Schriften des Fliedner Vereins, Nr. 18, Rockenberg, März 1959

Werner, Robert: Pädagogik im Strafvollzug, in: Schriften des Fliedner-Vereins, Nr. 24, Rockenberg, 1961

Werner, Robert: Der Weg zu demokratischen Lebensformen im Heim, in: Schriften des Fliedner Vereins Nr. 39, Rockenberg / Oberhessen 1971

Werner, Robert: Mitverwaltung als Erziehungsmittel, in Zentralblatt für Jugendrecht und Jugendwohlfahrt, Köln, 1973

Willamowski, Horst; Plitz, Heinz: Strafprozeßordnung und angrenzende Bestimmungen, Berlin, 1979

Wolf, Erik: Das künftige Strafensystem und die Zumessungsgrundsätze. in: ZSTW, Band 54, Berlin und Leipzig,1935.

Wulff, C.: Die Gefängnisse der Justizverwaltung in Preussen, ihre Einrichtung und Verwaltung. Ein Handbuch für den praktischen Gebrauch. 2. Auflage, Hamburg, 1900.

Ziemer, Gerhard: Hoher Meißner 1913 und Freideutsche Jugend in: Die deutsche Jugendbewegung, Seidelmann, Karl, Bad Heilbrunn / OBB, 1966

Peter Lang · Europäischer Verlag der Wissenschaften

Jörg-Uwe Schäfer

Nicht-monetäre Entlohnung von Gefangenenarbeit

Die Neuregelung des § 43 Strafvollzugsgesetz

Frankfurt am Main, Berlin, Bern, Bruxelles, New York, Oxford, Wien, 2005.
XIV, 151 S.
Europäische Hochschulschriften: Reihe 2, Rechtswissenschaft. Bd. 4212
ISBN-10: 3-631-53915-0 / ISBN-13: 978-3-631-53915-6 · br. € 34.–*

Mit der Neuregelung des § 43 Strafvollzugsgesetz ist etwas völlig Neues eingeführt worden: Die Entlohnung der Gefangenenarbeit enthält nunmehr eine nicht-monetäre Komponente. Der Autor untersucht die theoretischen Grundlagen dieser Neuheit und ordnet sie in den straf- und strafvollzugsrechtlichen Kontext ein. Er stellt eine praktikable Anwendung der komplizierten Vorschrift vor und schließt seine Arbeit mit einer rechtstatsächlichen Untersuchung aus der rheinland-pfälzischen Vollzugspraxis ab.

Aus dem Inhalt: Rechtliche Einordnung der Haftzeitverkürzung · Verhältnis zu Art. 3 GG · Verhältnis zum Strafvollzugsgesetz · Zellenurlaub · Arbeitsurlaub · Ausnahmetatbestände · Ausgleichsentschädigung · Rechtstatsächliche Untersuchung · Gesamtergebnis

Frankfurt am Main · Berlin · Bern · Bruxelles · New York · Oxford · Wien
Auslieferung: Verlag Peter Lang AG
Moosstr. 1, CH-2542 Pieterlen
Telefax 00 41 (0) 32 / 376 17 27

*inklusive der in Deutschland gültigen Mehrwertsteuer
Preisänderungen vorbehalten

Homepage http://www.peterlang.de

Kolibri 360 GmbH
Ferdinand-Jühlke-Straße 7
99095 Erfurt, Deutschland
produktsicherheit@kolibri360.de

Druck:
CPI Druckdienstleistungen GmbH
im Auftrag der
Kolibri 360 GmbH
Ferdinand-Jühlke-Str. 7
99095 Erfurt